地方高校创新型人才培养路径研究

卢东祥 著

北京工业大学出版社

图书在版编目（CIP）数据

地方高校创新型人才培养路径研究 / 卢东祥著. — 北京：北京工业大学出版社，2020.12（2021.11 重印）
ISBN 978-7-5639-7741-3

Ⅰ. ①地… Ⅱ. ①卢… Ⅲ. ①地方高校－人才培养－研究－中国 Ⅳ. ① G649.2

中国版本图书馆 CIP 数据核字（2020）第 247608 号

地方高校创新型人才培养路径研究
DIFANG GAOXIAO CHUANGXINXING RENCAI PEIYANG LUJING YANJIU

著　　者：	卢东祥
责任编辑：	李倩倩
封面设计：	点墨轩阁
出版发行：	北京工业大学出版社
	（北京市朝阳区平乐园 100 号　邮编：100124）
	010-67391722（传真）　　bgdcbs@sina.com
经销单位：	全国各地新华书店
承印单位：	三河市腾飞印务有限公司
开　　本：	710 毫米 ×1000 毫米　1/16
印　　张：	15
字　　数：	300 千字
版　　次：	2020 年 12 月第 1 版
印　　次：	2021 年 11 月第 2 次印刷
标准书号：	ISBN 978-7-5639-7741-3
定　　价：	60.00 元

版权所有　　翻印必究

（如发现印装质量问题，请寄本社发行部调换 010-67391106）

前　言

创新是一个民族进步的灵魂，是国家兴旺发达的不竭动力。高校作为国家创新体系的重要组成部分，其核心任务就是培养创新型人才。社会发展重点领域急需创新型人才。地方高校应担负起面向区域经济建设、服务地方经济发展的重要使命。因而加快创新型人才培养，提高人才培养质量必将成为高等教育未来改革与发展的重要主题。本书对地方高校的创新型人才培养的基础理论、方法和途径，以及各种模式下创新型人才的培养进行了阐述，以期对我国创新型人才培养做出贡献。

构建创新型国家、迎接知识经济的挑战关键在于培养大批具有创新精神和创新意识的高素质人才。高校作为国家创新体系的重要组成部分，不仅自身承担着创新的重要责任，还要为国家和社会培养大批创新型人才做出贡献。因此，培养和造就一批又一批高素质创新型人才，是时代赋予高等学校的历史使命，也是高校教育工作者和理论工作者义不容辞的历史责任。

近年来，国内外教育界和理论界对创新型人才的培养进行了研究和探索，积累了大量有价值的理论成果。本书立足于创新型国家的构建和知识经济时代对高素质人才的要求，根据地方高校培养创新型人才的实践，运用马克思主义的立场和观点，对新时期高等学校创新型人才培养问题进行了系统研究。

首先，本书通过对创新、创新型人才等基本概念的界定，系统探讨了素质教育理论、创新教育理论等对培养创新型人才的重要作用和意义，为进一步研究奠定了理论基础。其次，本书研究了创新型人才培养的环境问题，环境是创新型人才成长的重要场所，往往对创新型人才培养具有决定性的意义。再次，本书对创新型人才培养模式进行了理论和实践方面的探讨，培养什么样的人才往往受制于培养目的和培养模式的制约，在系统探讨创新型人才培养模式的构成要求、特点、指导思想和原则的基础上，结合高校实践对创新型人才培养模式构建的专业设置、人才定位、培养方案等进行了探讨。最后，本书分别从工科、理科等创新型人才培养模式出发，系统总结了高校在培养不同创新型人才具体实践中的经验和不足，并立足于各专业对创新型人才培养的要求，提出了适合不同专业要求的创新型人才培养模式，并具体探讨了他们在高校的应用情况。

目 录

第一章 创新与创新型人才概述 ... 1
第一节 创新与创新的价值 ... 1
第二节 创新型人才的特征及其培养的重要性 ... 5
第三节 影响创新型人才培养的不利因素 ... 10
第四节 地方高校创新型人才培养的目标 ... 17

第二章 构建高校创新型人才个性化培养模式的基础 ... 29
第一节 构建高校创新型人才个性化培养模式的理论基础 ... 29
第二节 构建高校创新型人才个性化培养模式的内涵逻辑 ... 37
第三节 构建高校创新型人才个性化培养模式的原则 ... 44

第三章 高校培养创新型人才的方法与途径 ... 49
第一节 创办培养创新型人才的学校 ... 49
第二节 培育培养创新型人才的教师 ... 53
第三节 打造培养创新型人才的课堂 ... 66

第四章 高校创新型人才培养的教育环境建设 ... 79
第一节 创新型人才与环境 ... 79
第二节 创新型人才培养的文化环境 ... 83
第三节 创新型人才培养的制度环境 ... 92
第四节 创新型人才培养环境的评估 ... 95

第五章 素质教育与创新型人才培养 ... 103
第一节 素质教育概述 ... 103
第二节 创新型人才培养与素质教育 ... 110

第六章 基于素质模型的地方高校创新型科技人才培养模式优化 …… 123

第一节 培养模式优化的系统构造与影响因素 …… 123
第二节 培养模式优化的指导思想与总体原则 …… 126
第三节 培养模式优化的路径探寻 …… 131
第四节 创新型科技人才培养中的创新型教师队伍建设 …… 151
第五节 创新型科技人才培养中的科技实践平台建设 …… 156
第六节 创新型科技人才培养中的创新教育环境建设 …… 160

第七章 地方本科高校工科类专业创新型人才培养模式 …… 167

第一节 地方本科高校工科类专业创新型人才培养模式的现状 …… 167
第二节 地方本科高校工科类专业创新型人才培养的特点 …… 175
第三节 地方本科高校工科类专业创新型人才培养模式的改革与实践 …… 177

第八章 地方本科高校理科类专业创新型人才培养模式 …… 195

第一节 地方本科高校理科类专业人才培养模式的现状 …… 195
第二节 地方本科高校理科类专业创新型人才培养的特点 …… 201
第三节 地方本科高校理科类专业创新型人才培养模式的改革与实践 …… 202

第九章 新形势下地方高校创新型人才培养的战略选择 …… 215

第一节 新形势下地方高校创新型人才培养的实践探索 …… 215
第二节 新形势下地方高校创新型人才培养的模块选择 …… 229

参考文献 …… 231

第一章 创新与创新型人才概述

第一节 创新与创新的价值

一、创新的含义

当今时代,创新已成为学校、企业、科研机构、政府和团体最流行、应用频率最高的词汇之一。

(一)创新的定义与内涵

创新的英文是"innovation",起源于拉丁语,其原意有三层含义:一是更新;二是创造新的东西;三是改变。我国比较权威的汉语词典的《辞海》与《辞源》均未收录创新一词,而只有对创造的解释。《辞海》对创造的解释是"作出前所未有的事情,如发明创造";《辞源》对创造的解释是"发明或制成前所未有的事物"。由此可见,创新一词为外来词,是知识经济时代的产物,是知识经济时代大力弘扬的理念。

创新一词最早是由美籍奥地利经济学家约瑟夫·熊彼特在其《经济发展理论》一书中提出的。按照熊彼特的观点,所谓创新,就是"建立一种新的生产函数",即把一种从来没有过的关于生产要素和生产条件的"新组合"引入生产体系。这种创新或新组合包括五种情况:一是采用一种新产品或一种产品的新的特性;二是采用一种新的生产方法;三是开辟一个新的市场;四是掠取或控制一种原料或半成品的新供给来源;五是实现任何一种工业的新的组织或打破一种垄断地位。熊彼特所说的创新是经济领域里的创新,即新的、重新组合的或再次发现的知识被引入经济系统的过程。创新作为一种促进人类社会发展的不竭动力,不仅存在于经济领域,而且存在于人类所从事的一切领域。美国管理学家德鲁克认为,创新包括技术创新和社会创新,即在经济与社会中创造一种新的管理机构、管理方式或管理手段,从而实现在资源配置中取得更大的经济与社会价值。此后,由于社会各方面都在使用新方法、新举措来提高工作质量和效率,众多学者进一步深化了对创新的认识,加强了对创新理论的研究和探索,并从各自所强调的侧面给予了创新不同的定义,于是就出现了目前的理论创新、知识(科学)创新、技术创新、教育创新、文化创新、制度创新、机制创新、管理创新、市场创新、组织创新等诸多概念。由此创新的内涵也由最初的技术创新扩展到社会、经济、科教、文化、管理等各个领域。

综合各种研究和各个领域的创新定义,我国学者唐五湘在其《创新论》一书中,总结归纳了关于创新的五种定义:创新是开发一种新事物的过程;创新是运用知识或相关信息创造和引进某种有用新事物的过程;创新是对一个组织或相关环境新变化的接受;创新是指新事物本身,具体地说,就是指被相关使用部门认定的任何一种新的思想、新的实践或新的制造物;创新是从产生新思想到行动。这些定义从不同侧面反映了创新的本质特征。

由此可见,创新是一个内涵丰富的概念,是一个综合的概念。从本质意义上可以概括为,创新是主体(人们)为实现一定目的,遵循事物发展规律,对事物整体或其中的某些部分进行变革,从而使其得以更新和发展的活动。这种更新与发展,可以是事物的一种形态转变为另一种形态,如知识形态转变为技术形态,基础成果形态转变为应用成果形态,不完善形态转变为完善形态等;也可以是事物的内容与形式由于增加新的因素而得以丰富、充实、完善等;还可以是事物结构内部构成因素的重新组合。总之,创新具有目的性、能动性、规律性、变革性、新颖性、发展性和价值性等特征。

(二)创新和创造的联系与区别

创新与创造是一对关系密切的概念,在不少文献中,往往把创新与创造视为一物,认为创新与创造只有概念上的差别,没有实质上的差别。这种认识有失偏颇,应该说创新与创造确有紧密联系,存在相通和共性之处,但两者实质上又有明显区别,而且两者的关系更多体现在区别上。

对创造的定义,国内外众多学者进行过归纳,虽然定义众多,阐述各异,但人们对其本质特征的认识则是比较一致的,即创造必须具有以下特征:一是首创的、独创的,前所未有的成果,不能是简单的重复或原样模仿;二是必须对社会有意义或有用,能解决存在的实际问题或理论问题。因此,创新和创造既有共性,又有实质区别。

创新和创造的共性之处:创新和创造都具有目的性、能动性、规律性、新颖性、发展性和价值性等特征，而且在某些情况下人们习惯于强调两者的共性和相通性，通常相互替用，特别是在教育领域，如在对学生的发展要求上（如创新意识和创造意识、创新能力和创造能力、创新思维和创造思维、创新精神和创造精神、创新个性和创造个性等），人们常常把创新和创造进行替换使用。

创新和创造不同之处：首先，创新不一定是首创，可以是对已有事物进行更新和完善，创造则强调首创性、独创性；其次，创新和创造都重视新颖性，但在水平、层次上创新具有相对性、比较性，创造则突出开创性；第三，创新强调事物的转型，即事物由一种形态转为另一种形态，由一种类型转变为另一种类型，本质上不一定发生变化（如计划经济向市场经济转变，但社会主义经济的性质不变），创造则强调事物的质变，即事物由一种事物变为另一种事物，二者有本质变化；第四，就教育领域而言，创新比创造使用的范围（外延）更广一些。

（三）创新的哲学分析

第一，创新是人的本质属性的最高表现。马克思主义哲学认为，人的属性包括自然属性与社会属性，其中社会属性是人类特有的属性，是人类区别于其他动物的根本所在。从认识哲学的角度来看，创造是人的本质的对象化活动。由此可见，创新是人类的本性，是人的生命的本质特点。人天生就有创造的冲动，人们正是在创造的冲动和支配下，通过创造性的劳动改变着世界，也改造着人类自身，体验了创新的快乐与生活的美好。因此创新是人的本质属性的最高表现，是人类个体生命应有之义，是个体生命的提升。

第二，创新是人类自我实现的最高表现形式。美国著名心理学家马斯洛认为人的需求至少包括生理需求、安全需求、社交需求、尊重需求和自我实现需求五个层次，依次由较低层次向较高层次递增，其中自我实现需求的目标即人发挥创新的潜能。从价值哲学的观点来看，创造是指人自我实现的活动，其最根本的一条是人的主体性的发展与内在的完善。而人的主体性中最核心、最本质的部分就是超越精神，这种超越精神，可理解为创造或创新精神。创造所带给人的精神愉悦是任何物质享受和感官享乐所无法比拟的，它是灿烂的生命之花最深沉、最辉煌的绽放，是人类最高层次的精神享受。

第三，创新并非天才所专有，而是人人皆有的潜能。从存在哲学来看，创造力并不是只有天才才能够拥有的一种能力，而是每一个健全的人都具备的潜能，只不过在天才的身上，这种潜能通过主体的悟性和实践努力变成了现实的力量并作用于客观世界。这就意味着，创新不是一少部分社会精英的专利，而是人类社会每一个个体都有的能力与权利。我们每一个人的工作与生活本身都是值得去创造的，这一点也正是美国著名实用主义教育家杜威所着重强调的。在杜威看来，理想的民主主义国家应当充分利用各人不同的却饶有变化的才能，来共同促使社会前进，绝不该借人的天赋不齐而造成阶级鸿沟。这就决定了以创新为基础的教育的民主性、大众性。

二、创新的价值

（一）创新在科技发展中的价值

自古以来，人类文明发展的关键在于科学技术的进步，而创新是科技发展的动力和源泉，每一次科技进步都是创新的结果。科学的本质就是创新，科学是反映人对客观世界能动关系的知识形态，它要求人们不断发现未知的事实，通过生产实践、生活实践和科学实验来获得关于客观事实和规律的新知识。

创新性的科学知识推动了技术的创新，并作为技术创新的平台，为之提供不竭的动能。近代以来，以能量守恒和转化定律、生物进化论和细胞学说三大发现为标志的科学创新，使历史上的经验科学变成了系统的理论科学；信息理论的创立、DNA双螺旋结构的发现以及地球板块学说和宇宙大爆炸假说的提出，使人类对物质、时空、信息、生命、地球和宇宙的认识产生了深刻的、革命性的变化。

（二）创新在社会发展中的价值

创新是经济增长和社会发展的内驱力和源泉。它是当代西方经济学的一个重要原理，也是马克思主义的应有之题和已有之义。马克思主义创始人曾从辩证唯物主义和历史唯物主义的高度将其事业和学说概括为破坏旧世界、创造新世界。而创造新世界，就是对创新范畴的根本诠释和高度总结，充分肯定了创新对社会发展和经济增长的巨大作用。可以说，人类社会的任何发展进步都是追求变革与创新的结果。一个国家和民族勇于创新、善于创新，就能够迅速发展和壮大；思想僵化、因循守旧，就必定要走向落后，甚至衰亡。以科技为代表的创新不仅揭示了事物发展的客观规律，使人类形成了对自然界和人类社会的科学认识，而且推动了科学技术的巨大进步，使科学技术成为一种在历史上起推动作用的、革命性的力量和社会变革的有力杠杆。在近现代，由于科技创新及其影响，人类的视野得到了前所未有的拓展，使科技知识按指数规律加速增长。由科技创新所引发的一系列创新，不仅使物质文明的面貌焕然一新，而且推动人类观念、思维方式的改变，极大地丰富了人类文明宝库，为人类社会的可持续发展开辟了广阔道路。

（三）创新在知识经济发展中的价值

以科技为先导的综合国力的竞争，是当今国际竞争的一个重要特征，随着知识经济的到来和迅速发展，这种竞争将会越来越尖锐和激烈。知识经济是以智力资源为资源配置第一要素的经济，而智力资源最本质的特征就是创新能力。

知识经济是全球经济发展的重要趋势，伴随着知识经济日益受到重视，一些国家在经济发展中更加重视知识的作用，并把科技创新作为发展知识经济的重要手段。发达国家由于拥有强大的资本实力，在获取知识的能力和机会上占有优势，具有更强的创新能力，从而为知识经济的发展奠定了坚实的基础，如美国在全球生产过剩的情况下，经济仍能持续发展，主要就是靠科技创新，不断产生新技术，不断提供新产品。对于我国来说，知识经济的到来既是严峻的挑战，又是难得的机遇：一方面，由于原有经济和科技基础相对落后，在科技创新能力上存在不足，成为经济和社会发展的一大制约因素；另一方面，信息技术的发展和全球网络的形成，使我国能够以更快的速度和更低的成本利用发达国家的知识积累，通过科技创新，充分调动国家的知识资源，打破传统的产业模式，改变其经济发展对发达国家的依附局面，从而融入世界知识经济发展的潮流。

第二节 创新型人才的特征及其培养的重要性

一、创新型人才及其特征

劳动者是生产力中最革命、最活跃的因素，而创新型人才则是劳动者中最积极、最进取的成员，是先进生产力和先进文化的开创者和代表者。纵观现代社会，创新型人才已经成为一个国家综合国力的重要组成部分，关系到国家的发展和民族的前途和命运。那么，什么是创新型人才呢？创新型人才具有哪些特征呢？

创新型人才的特征如下。
①具有积极进取的开拓精神。
②具有崇高的道德品质和对人类的责任感。
③具有在急剧变化的竞争中有较强的适应能力。

④具有宽厚扎实的基础知识和广泛联系实际问题的能力。
⑤具有终身学习的本领，能适应科学技术综合化的发展趋势。
⑥具有丰富多彩的个性。
⑦具有和他人协调与进行国际交往的能力。

创新型人才与创新出现的背景相类似，它们都是知识经济时代的产物。创新型人才的定义与特征可从创新的精神、能力、人格三个方面来界定。

1. 创新精神

所谓创新精神，即创新意识，是指不满足于现状，不满足于现成的答案，有强烈的不断探索的兴趣和欲望，勤于思考，善于发现问题和提出问题，渴望变革，追求卓越。创新精神是创新的灵魂，主要包括好奇心、探究兴趣、求知欲，对新异事物的敏感、对真知的执着追求等。具有强烈创新精神的人总是拥有一种渴望认识世界的激情，拥有追求知识、追求发明和发现的强烈愿望。

2. 创新能力

创新能力是创新的本质力量所在。创新能力可以分为知识水平与能力结构两个方面：一方面，创新者要有扎实的基础知识，有厚实的人文底蕴、较高的科学素养、较宽的知识面；另一方面还要有应用知识的能力，即较强的实践能力、丰富的实践经验与理性的创新思维能力。二者是相辅相成、互相联系的，后者以前者为基础。其中创新思维是创新的主要表现形式，是创新的起点和前提，没有创新思维就没有创新。如果说创新精神是创新的原动力，那么创新思维就是创新的载体。

3. 创新人格

创新人格是创新型人才的核心要素，以非智力因素为主。创新人格是创新主体内在素质的结晶，是创新的保证，对创新型人才的形成起决定作用。

创新人格是创新型人才的最主要特征，是创新型人才形成的最根本条件。人格是个体在实践中形成的德和才的内在素质的整合体，包括世界观、方法论、价值观、道德品质、气质、个性心理品质和学识才能等。所谓创新人格就是创新主体合理的智力因素与非智力因素交互作用在创新实践中形成的超越自我的人格。其中非智力因素在创新人格中居于主导地位，也就是说，在构成创新人格的智商（IQ）与情商（EQ）中，情商的作用居主导地位。美国医学心理学家韦克斯勒曾收集了众多诺贝尔奖获得者少年时代的智商资料，结果发现，这些获奖者中大多数不是高智商，而是中等或中上等智商，但这些创新型人才的非智力因素也就是情商却十分惊人。有学者认为，在一个创新型人才的成功因

素中,智商的作用占25%,情商的作用占75%,可表达为:

成功 =25% 智商 +75% 情商。

情商是指人们的价值观、世界观、方法论,以及勤奋、毅力、责任心、事业心、兴趣、爱好等。关于情商的作用,发明大王爱迪生根据自己的体验得出了"天才是百分之九十九的汗水加上百分之一的灵感"的结论。

美国心理学家戴维斯在国际心理学大会上概括出创新人格十个方面的特征:独立性强;自信心强;敢于冒风险;具有好奇心;有理想抱负;不轻信他人意见;富有幽默感;易被新奇事物吸引;具有艺术的审美观;兴趣爱好既广泛。我国也有类似研究,如《中国当代名人成功报告》总结出五百余位名人的创新人格特质,包括:善于抓住机遇,有深厚的功底,有杰出的才华,有坚定的信念,有敬业精神,有特殊个性,勇于承受压力,有良好的人际关系,善于表现自己等。

综上所述,创新型人才可以定义为具有创新精神、创新能力与创新人格的人。与普通人相比,创新型人才往往个性更独立、心灵更自由、好奇心更强、观察力更敏锐、思维更独特、意志更顽强、批判精神与超越欲望更强烈。

二、创新型人才培养的重要性

(一)创新型人才培养在我国人才队伍建设中的重要性

我国是一个人口大国,却不是一个人才资源大国。我国人才质量不高、创新能力弱、市场意识差等问题非常突出,其突出表现如下:一是创新意识、创新思维和创新能力不足;二是知识面相对狭窄,缺少大批具有复合型知识结构的人才;三是终身教育观念淡薄,离开学校后系统学习的动力和能力欠缺;四是学用结合、学以致用做得不够,实践能力较弱。因而,我国缺少一批能抢占世界科技制高点的精英人才,缺乏大批谙熟市场经济规律的高层次经营管理人才。

(二)创新型人才培养在国家两大发展战略中的重要性

科教兴国战略和可持续发展战略是中国面向新世纪的两大发展战略。科教兴国战略和可持续发展战略,从某种角度上说,就是人才战略和创新战略。科教兴国,就是要全面落实科技是第一生产力的思想,坚持以教育为本,把科技和教育摆在经济、社会发展的重要位置,增强国家的科技实力及向现实生产力转化的能力,提高全民族的科技文化素质,把经济建设转移到依靠科技进步和提高劳动者素质的轨道上来,加速实现国家的繁荣强盛。科技和教育是这一战略的两大支柱，前者涉及知识的创造和应用，后者涉及知识的传播与普及，不论是知识的创造和应用，还是知识的传播与普及，都离不开创新型人才。而可持续发展，则是指在满足当代人需求的同时，不危害后代人满足需求能力的发展，就中国的现代化建设来说，必须坚持经济、人口、社会、资源、环境等诸要素的协调发展。这一目标的实现，需要方方面面的努力，但创新型人才培养是关键。因此，唯有创新型人才大量涌现，科教兴国和可持续发展的目标才有可能实现。

（三）创新型人才培养在应对国际人才竞争中的重要性

由于科技发展日新月异，使得知识更新越来越快，产品换代周期越来越短，人才需求类型越来越多，层次越来越高，人才匮乏成为世界各国共同面临的问题。现在许多国家特别是发达国家都在为培养和吸引人才，尤其是为高层次创新型人才采取措施，制定政策。可见通过加强教育和培养更多的创新型人才，已成为世界潮流和多数国家的既定国策。面对挑战，面对激烈的竞争形式，我们的选择只能是迎接挑战、参与竞争，既要采取措施控制人才外流，积极争取人才回归，更要采取有效措施加强人才特别是创新型人才的培养。

（四）创新型人才培养是新时期高等教育发展的必然选择

高等学校的根本任务是培养人才。高等学校培养的人才，必须实现人的素质的全面发展，其重点是具有创新精神和实践能力。因此，创新型人才的培养是新时期高等教育发展的必然选择，体现了高等教育改革的正确方向和发展趋势。

1. 创新型人才培养是实现高等教育培养目标的客观要求

《中华人民共和国高等教育法》明确规定："高等教育必须贯彻国家的教育方针，为社会主义现代化建设服务，与生产劳动相结合，使受教育者成为德、智、体、美等方面全面发展的社会主义建设者和接班人。高等教育的任务是培养具有社会责任感、创新精神和实践能力的高级专门人才，发展科学技术文化，促进社会主义现代化建设。"以上规定明确提出了高等教育的培养目标，就是培养素质全面的、具有创新精神和实践能力的高级专门人才。要实现高等教育的培养目标，就必须积极实施素质教育和创新教育，努力培养学生的思想道德素质、科学文化素质和身心素质，尤其要把蕴藏在受教育者身上的聪明才智和创新潜能充分开发和释放出来，培养其创新能力和创新品格，使其具有强烈的创新意识，成为德、智、体、美等方面全面发展的适应时代和社会发展需要的社会主义建设者和接班人。因此，创新型人才的培养，既是高等教育培养目标的客观要求，也是高等教育的根本任务。

2. 创新型人才培养是对传统高等教育的提升

创新人才培养客观上要求各级教育必须实施创新教育，着力开发学生的创新能力、优化学生的创新环境，提高学生的创新素质。

创新教育在继承和发展传统教育过程中，摒弃并否定传统教育的种种弊端，显现出在人才培养上的优化功能和核心作用。第一，创新教育的目标是培养具有创新精神和实践能力的学生。与传统教育相比，创新教育虽然同样重视学生对必要知识的积累，但更强调合理的知识结构；同样重视学生的各种能力，但更强调学生创新能力的培养；同样重视思想道德品质的塑造，但更强调创新品格的培养。创新教育不仅相信人人都有创造力，而且认为人的创造力可以通过教育不断地开发出来。第二，创新教育的主旨是教育必须注重挖掘学生的创新潜能和培养学生的创新能力。它体现在教学中要求教师传授的主要内容不仅要学生知道怎么做，而且要学生知道怎么想，对学生不仅传授知识，而且要激励学生思维；在教学方法上，既有必要的知识灌输，更注重启发教学。第三，创新教育的评估体系不是根据学生考试成绩的好坏来评价学生的优劣，不仅要看学生对于知识掌握的程度，更要看学生利用所学知识来分析问题、解决问题特别是创造性解决问题的能力。

3. 创新型人才培养是人的知识、能力、素质整体发展的最佳途径

知识和能力是构成人素质的基本要素，人素质的全面发展既表现为知识的增长，又表现为能力的提高，更体现为两者的统一和升华。知识是人们从精神上对客体的把握，能力是人们所具有的从认识和实践上把握客体的力量，两者是既有联系又有区别的对立统一体。知识作为人们精神世界的重要构成部分，是决定能力的最重要因素之一，知识的产生和能力的形成是同一个过程，没有认识能力的形成，就没有知识的产生。而认识能力又只能逐步形成于获得知识的过程之中，通过知识表现出来，并得以确认。因此，在认识过程中两者是相互作用、相互转换的，但知识与能力的相互转换是有条件的。

在能力转化为知识的过程中，人们现有的能力只是为它提供了获得新知识的可能性，这种可能性要变为现实，还需要认识活动和实践，否则不仅知识不能增长，能力也可能会衰退。同样，知识转化为能力也是有条件的，人们已获得的知识，可以帮助认识新事物，提供理解对象的背景材料，供其进行借鉴和类比，而要真正转化为能力，还需要善于联想与思考。此外，能力的形成不仅

仅取决于知识，还依赖于多种因素，包括意识、品质、意志、价值观念等。

创新型人才的培养，注重强化培养学生能力，寓知识创新的思想和方法于知识传授之中，它要求教学活动不仅以学生获得知识为目的，而且要引导学生在学习过程中不断发现问题，提出问题，自己尝试去寻求问题的答案，探寻解决问题的途径和方法，使学生积累知识的过程同时成为培养能力的过程，在增长知识的同时增强创新精神和实践能力。此外，创新型人才培养还要把发展学生的非智力因素、实现学生全面素质的发展作为目的，注重学生思想道德素质、科学文化素质和身心素质的和谐发展。

第三节　影响创新型人才培养的不利因素

尽管创新型人才培养已在教育界达成共识，甚至呼声很高，但却没有出现人们期待的效果。调查研究表明，这主要是当前影响创新型人才培养的不利因素很多，给高校创新型人才的培养造成严重的阻碍。如果对这些不利因素缺乏充分的认识，创新型人才的培养将会很难顺利进行。

一、缺乏科学认识和研究

培养创新型人才是当今世界高等教育改革的新趋势、新潮流，也是我国兴国强国之国策。然而许多调查研究表明，当前我国创新型人才培养仍然缺乏科学的认识和系统的研究，由此导致的不良影响也较多。

（一）缺乏科学认识和研究的影响

1. 对创新型人才培养的重要意义与作用缺乏科学的认识

目前有许多高校的领导和教育行政主管部门对创新型人才培养缺乏正确的认识和了解，根本就没有上升到从兴国强国之大计、兴校强校之方略的层面上认识这个问题，因而也就缺乏有力的举措和积极的改革、创新行为，既不想进行理论上的探讨研究，也不愿意进行实践上探索，导致创新教育很难实施。

2. 对创新型人才培养形成了一些错误的认识

有些高校的领导和教师对创新型人才培养形成了一些错误的认识与看法：有的认为这只是针对少数学习尖子学生的培养教育；有的认为这只不过是多培养几个小发明家而已；有的认为培养创新型人才是名牌大学、重点大学的事情，与普通高校关系不大；也有的认为那主要是培养科技人才，主要是理工类学科的责任，与文科类学科没有多大关系等。这就导致有些高校的领导和有些高校的教师对创新教育缺乏兴趣与热情，不能积极主动地开展创新教育。

3. 对创新型人才及其培养缺乏理论指导

尽管近几年来对创新型人才的培养已有较多的探讨研究，但绝大多数只是侧重于重要性、必要性的宣传以及怎样改革的分析探讨，对于创新型人才具体的规格要求有哪些方面，不同类型、不同层次的创新型人才究竟有哪些方面的主要差异，不同专业与学科怎样改革才有利于不同的创新型人才的培养，高校各部门怎样改革、怎样配合才有利于创新型人才的培养，各级各类学校在创新型人才培养上应怎样定位等实质性的问题缺乏深入、细致、系统的探讨研究，没有形成科学的理论体系。这就必然导致各级各类高校对创新型人才的培养缺乏明确的目标与要求，不知道该怎样开展创新教育和教育创新。

（二）克服不利影响的对策思路

1. 加强创新教育和教育创新深层次的理论研究

要站在时代的前沿，以全新的理念、全新的视角、全新的思维方式，探讨研究创新教育的本质、内涵、重要功能与作用等深层次的问题。要尽可能使更多的人认识到培养创新型人才在兴国强国、兴校强校中的重要功能与作用。要尽可能让全社会认识到：只有不断培养大批优秀的创新型人才，才能不断增强我国的整体创新能力和国际竞争力，促进国家的持续快速发展；才能增强学校的创新能力与竞争力，促进学校的快速持续发展。要尽可能引起全社会对培养创新型人才的高度重视与支持，才能促进创新型人才培养的快速开展与顺利进行。

2. 加强创新型人才规格要求的探讨研究

要探讨研究创新型人才在知识结构、智能结构、个性结构等方面应该具有哪些具体的规格与要求，其中哪些规格与要求是主要的，哪些规格与要求是次要的，它们相互之间具有什么样的联系与影响以及对这些方面进行培养的有效方式、方法与途径。

3. 加强不同类型、不同层次的创新型人才培养的探讨研究

要探讨研究不同类型、不同层次的创新型人才在培养规格与要求上有什么共性与差异性；要探讨研究不同类型、不同层次创新型人才划分的理论依据及其标准；要探讨研究各级各类学校在创新型人才培养上的侧重点与切入点以及不同类型、不同层次创新型人才培养的有效方式、方法与途径。

4. 加强不同专业、不同学科对创新型人才培养的探讨研究

要探讨研究不同专业、不同学科在不同类型、不同层次创新型人才培养中担负的角色与主要任务；要探讨研究不同学科应怎样改革才有利于创新型人才的培养；要探讨研究不同学科在创新型人才培养中的相互联系与相互影响以及配合的有效方式、方法与途径。

5. 加强高校各项工作对创新型人才培养影响的探讨研究

要探讨研究高校的制度、教育、教学、科研、管理、服务、评估、师资建设、校园文化建设等各项工作对创新型人才培养的影响；要探讨研究这些方面应怎样改革才能有利于创新型人才的培养；要探讨研究这些方面在创新型人才培养中的相互联系与相互影响以及应怎样配合才更有利于创新型人才的培养。

教育行政主管部门、教育理论研究部门、各级各类高校，都要组织专家对以上各个方面进行全面、深入、细致、系统的探讨研究，尽可能形成科学的理论体系，以便能为各级各类高校应培养什么样的创新型人才，应怎样进行改革提供科学的理论指导，要尽可能使各级各类高校的改革与创新建立在科学的基础之上。

二、传统教育模式的影响

（一）传统教育模式的影响

由于受传统办学与教育模式的影响，无论是学校领导、教师，还是学生，都已形成了一些根深蒂固的观念与习惯，对传统按部就班的教学、教育活动有着强烈的依恋情结。现在要打破传统的教育模式，改变他们的观念与习惯，进行改革与创新，无论是学校领导、教师，还是学生，在认识上、情感上、行为上都有一些不适应，甚至心理上也有一些障碍，很难转过弯来。尤其是有些高校领导担心会把原来正常的教学秩序与工作秩序打乱，不仅可能会给管理工作带来一些困难，而且也会增加自己工作上的难度与麻烦，同时也有心理上的矛盾和思想上的顾虑，因而也就影响他们开展创新型人才培养的积极性与热情。

（二）克服不利影响的对策思路

1. 确立新的人才质量观，彻底转变教育理念

要尽快地让教育界和社会各界深切地认识到目前国际上激烈的竞争，归根结底是人才的竞争，而人才的竞争又演变为教育的竞争。培养创新型人才是时代的呼唤，是形势发展的必然趋势，是一个国家或民族增强国际竞争力，促进

国家快速发展的最重要任务。传统的教育模式已经适应不了形势发展对人才质量的要求，各级各类高校必须彻底转变教育理念，改变传统的人才质量观，要有强烈的责任感、义务感、紧迫感，要围绕培养创新型人才的核心目标积极进行各种改革与创新活动，尽可能地为国家培养大批不同类型、不同层次的创新型人才，推动全社会创新活动的蓬勃开展。

2. 改革人才选拔方式，割断人们对传统教育模式的依恋情结

由于受传统教育模式的影响，无论是高考选拔人才，高校内的考核、评优，还是社会就业、政府部门或社会各界招聘人才，都侧重于基本知识、理论、基本技能技巧方面的检测和考核，缺乏创新意识、创新精神、创新能力、创新个性的考核与检测。这种传统的人才选拔方式严重阻碍了当前高校创新教育和教育创新的顺利开展。有些人士认为，如果不改革传统人才选拔方式，尤其是通过高考进行人才选拔的方式，就很难转变人们传统的教育理念，也很难消除人们对传统教育模式的依恋，开展教育创新也就必然很艰难。如果不改革高考方式，学校、教师、学生、家长、教育行政主管部门都很难从应试教育的重压中解放出来，也摆脱不了应试教育阴影的笼罩。如果基础教育不注重对学生各种创新因素的培养与训练，高校要搞创新教育，要培养创新型人才也就很难顺利进行下去。

因此，国家必须加强人才选拔方式改革的理论与实践研究，尤其要加强高考方式改革的理论与实践研究，要通过人才选拔方式的改革，割断人们对传统教育模式的依恋情结，促进学校、教师、学生、家长、教育行政主管部门将注意力转移到创新教育上来，积极投身于教育创新的活动中去。

3. 改革检测、评估方式，打破传统的认知模式与行为习惯

许多专家和社会人士认为，要彻底消除传统教育模式的消极影响，还必须改革教学、教育、管理、服务等各项工作的检测、评估方式。无论是对学生的成绩考核评定，还是对教师、领导干部的业绩、业务能力与水平的考核评估，无论是对学生的评优、选优活动，还是对教师和管理干部的评优、选优活动，都要突出创新因素，要把勇于开拓创新与获得的创新成果作为最重要的考核、评估标准。只有通过这样的改革举措，才能打破教师对传统教学、教育、管理、服务等方面的认知模式与行为习惯，激励大家积极投入创新教育和教育创新的改革中去。

三、教师方面的不利因素

（一）来自教师方面的不利影响

教师是教学与教育工作的策划者、组织者、指导者，是培养创新型人才的中坚力量，教师的工作动机、价值取向怎样，教师的积极性、上进心怎样，教师的创新素质与创新能力怎样，对创新型人才的培养至关重要。然而当前在教师方面也存在着一些不利因素，影响着高校创新型人才培养的顺利进行。

1. 传统教学模式形成的"动力定型"的影响

数年或数十年的教学生涯使许多教师对传统的教学模式形成了稳定的"动力定型"，他们的教学活动已成为一种习惯性的行为反映。现在要打破这种"动力定型"，改变传统的行为习惯，无论在观念上、情感上还是在行动上都具有一定的困难，尤其是一些老教师，认为几十年都是这样过来的，不是想转变就能够转变的。如果没有得力的措施，或者不能使他们感觉到有强烈的危机感，要打破他们的这种"动力定型"是很困难的。

2. 利益关系的影响

许多教师认为，搞教育创新必须付出大量的时间与精力，是否能获得预期的效果还很难把握，如果得不到相应的回报，也就没有必要非得这样做。尤其现在许多高校都存在重科研、轻教学的现象，导致许多教师把时间和精力都集中于自己的科研上，不愿在教学和人才培养上花费时间和精力。这种对利益的权衡与考虑，也影响一些教师对教育改革和创新的热情与积极性。

（二）克服不利影响的对策思路

正因为教师中存在着一些顾虑和心理矛盾，严重影响了他们的积极性和上进心，而要消除这些不利因素的影响就必须采取以下对策。

1. 培养高档次、高创造性的师资队伍

要开展创新教育，培养创新型人才，就必须拥有一支高档次、高创造性的师资队伍。这种师资队伍的高创造性不仅体现在教师本身对科学技术、科学理论的探讨研究上，更重要体现在对创新型人才的培养上。因此，各级教育行政主管部门和高校均应积极加强对教师创新理论、创新能力、创新素质的培养和训练。通过培训，要尽可能地使每位教师掌握较多的创新理论、创新的方式方法与途径，使之具有较强的创新意识、创新激情与创新能力，彻底转变教师的教育观念，打破原来的"动力定型"，逐步建立新的"动力定型"。

2. 营造浓厚的创新教育氛围

教育行政主管部门应组织专家教授进行创新教育的试点研究,总结经验并进行推广。各级各类高校应成立创新教育研究机构,主要负责探讨研究本校创新教育应怎样进行的系列具体问题并进行具体的实践指导。另外,各级各类学校应积极开展教育创新、教学创新、科技创新、管理创新、服务创新等方面的改革活动,要尽可能形成一种浓厚的创新教育氛围。这样不仅可以彻底消除教师因风险意识而形成的各种顾虑,而且能使创新教育内化为每个教师的一种心理需要与欲望,自觉投入创新教育的改革中去。

3. 改革分配制度与激励机制

作为高校来说,积极开展其他各方面的科学研究,增强学校的整体创新能力固然重要,但更重要的是要加强教学与教育的研究探索,培养社会急需的创新型人才。因此,要将奖金与课时酬金分配以及评优、选优,晋级、职称评定等方面尽可能考虑那些在创新型人才培养中勇于开拓创新并获得一定成效的教师,使他们的辛勤耕耘有所回报,也能激励他们以更大的热情与积极性继续开拓创新。

四、学生方面的不利因素

(一)来自学生方面的不利因素影响

学生是被培养的对象,从理论上讲,大学生是教育创新和创新教育的主要受益者,他们对实施创新教育应该是最具有积极性和热情的,因为每个大学生都希望自己能够成为一个适应时代发展的创新型人才,走上社会后能大展宏图,获取事业上的成功,铸就自己人生的辉煌。然而当前在大学生中也存在着一些不利因素,影响着高校教育创新的顺利进行,其主要表现为以下三个方面。

1. 对创新教育和教育创新的不适应

许多大学生对实施创新教育和教育创新有矛盾心理。一方面,绝大多数学生能认清形势发展需要,懂得加强能力、素质与创造力培养的必要性与重要性,也希望学校能进行各种改革与创新,加强学生创新精神、创新能力、创新个性的培养与训练,能够把每个学生都培养成优秀的创新型人才;另一方面,他们的学习方法、学习习惯、认知模式也已定型,担心创新教育和教育创新反而会影响自己的学习成绩。因此,大多数学生的心理是矛盾的,既想成为适应时代发展要求的创新型人才,又不愿改变自己的学习方法、学习习惯与传统的认知模式,这样也就必然影响他们的积极性和热情。

2. 急功近利思想的影响

由于受社会经济思潮的影响，许多大学生有急功近利的思想意识，他们认为，创新意识、创新精神、创新能力、创新个性的培养与训练的确很重要，但可以等参加工作后慢慢培养、训练，当务之急是要获得一个好的学习成绩，以便找到一份令其满意的工作。如果搞创新教育，在学习上的要求就更高了，学生的思想压力与心理负担也会增强，他们不仅要付出更多的努力，而且不一定能获得预期的效果，弄不好会影响学习成绩，影响自己找工作。也有一些学生认为，现在社会上找工作看重的仍然是文凭和成绩，如果不改变这种现状，学生对搞创新教育就不会有很大的兴趣，也不会有很高的积极性，因为大家最关心的还是就业，希望能找到一个令自己称心如意的工作，如果搞创新教育影响学习成绩，影响自己找工作就得不偿失了。

3. 能力与素质较差的影响

由于受应试教育的影响，许多大学生的综合能力与素质都较差，尤其是缺乏创新能力与创新素质。许多大学生不仅不懂得创新的基本理论、基本方法，缺乏创新的技能技巧，而且也缺乏创新的意识、创新的热情与欲望。有些学生甚至把创新想象得高不可攀，认为自己根本就没有那样的能力，因而对开展教育创新和创新教育有所顾忌，缺乏热情与积极性。

（二）克服不利影响的对策思路

大学生中存在一些不利因素，影响高校创新型人才培养的顺利开展，要消除这些不利因素的影响，就必须做好以下方面的工作。

1. 要加强创新理论、创新方式方法的宣传与引导，提高学生的创新素质

一方面，要尽可能利用校报、宣传栏、黑板报以及校园网多进行一些创新理论和创新方式方法的介绍、宣传、分析评价，也可以通过这些途径进行创新理论、创新方式方法、创新成果的讨论；另一方面，要开设创新理论课程，最好是将其作为基础课开设，如现在国外许多高校都开设了创新理论课程，大多数都是作为基础课开设的。另外，在各科教学与实验的过程中，要结合本学科的实际与特点，进行一些创新理论、创新方式方法的指导。总之，要尽可能多地采用一些途径促使学生了解、掌握一些创新的理论与方式方法，提高学生的创新素质。

2. 开展创新活动，增强学生的创新能力与创新素质

高等教育本身就具有探讨性、研究性、创新性的特点，必须多组织、引导

学生开展一些创新活动，增强学生的创新能力。一方面，要结合各学科、专业的具体情况与特点，在教学、实验、实习等过程中组织、引导学生多开展一些科技研究与创新活动，进行创新能力与创新素质的培养、训练；另一方面，要鼓励学生积极从事一些其他方面的研究与创新活动。例如：参加各种科技小组的一些科研活动；参加教师科研课题的一些科研活动；参加大学科技园的一些科研或创业活动；参加企业、社会团体或政府部门的一些科技改革、科学研究活动；积极开展一些社会调查研究活动；积极撰写论文与著作，等等。另外，要多开展科技、文学艺术、设计、改革策划、管理创意等方面的创新竞赛活动，鼓励学生积极参加各种创新竞赛活动。总之，要尽可能通过各种方式方法与途径，促进学生积极投入各种创新活动中去，通过实践活动的磨炼，增强学生的创新能力与创新素质。

3. 改革评估标准，消除学生的顾虑

要消除学生对学业、就业方面的思想顾虑以及由此形成的一些矛盾心理，就必须改革评估标准。这主要是在学习成绩考核评定、综合测评、奖学金评定，"三好学生""优秀干部""优秀毕业生"评定，以及入党、学生干部选拔、社会就业与人才招聘等方面，都要突出创新因素在检测中的应用，要把创新能力与创新素质作为衡量大学生优劣最主要的标准。只有这样，才能完全消除学生的各种矛盾心理与思想顾虑，激励他们积极投入各种创新活动中去，自觉进行各种创新因素的培养与训练。

第四节 地方高校创新型人才培养的目标

一、创新意识的培养

创新意识是指人们在客观事物的刺激下，自觉产生改变客观事物现状的创新意愿和创新欲望。创新意识是创新活动开展的先决条件，也是创新能力开发和创新思维培养的原始起点。对于高校学生来说，没有创新意识，就不可能产生创新需求和萌发创新动机，也就不可能深入持久地开展创新活动，因而加强学生创新意识的培养无疑是创新型人才培养的重要方面。进行学生创新意识的培养主要包括以下五个方面。

1. 培养强烈的好奇心

好奇心是指人们力图了解和掌握事物本质真相的一种心理。由于好奇而对某一事物感到疑惑，进行思考和探索，以求弄清事情的原委，因而成为创新的起点、动机和驱动力，也成为人们产生坚强毅力和持久耐心的源泉。由好奇心驱使而去观察和探寻往往是创新发明的前奏。一般来说，人们在认知需求中有层次之分，好奇可分为了解的好奇和理解的好奇。其中了解的好奇主要依赖于自然的成长过程，而理解的好奇则主要依赖后天的学习和研究。理解的好奇是一种理性的好奇，不仅对新奇事物产生浓厚兴趣，而且对该事物的发生原因及发展规律产生兴趣，从而进行深入研究。因此，根据学生的认知需求，激发好奇心态，是塑造大学生创新意识的需要，也是其探索未知事物的精神动力。

2. 培养旺盛的求知欲

求知欲是指人们对知识和真理的渴求欲望。在探索自然和人类社会发展奥秘的过程中，人们总是力求掌握事物发生与发展的真相和规律，总是需要用科学理论的系统知识来解释周围的各种事物与现象，这就使人们渴望能用知识武装自己，在探索未知的历程中取得事业的成功。随着科技的进步与社会的发展，人类面临着知识经济与信息时代的挑战，知识量、信息量剧增，如果不能适应这种变化，将会在时代面前落伍。因此，高校学生若能保持旺盛的求知欲，必将能够立足已知，探索未知，在漫长的求索途中目的明确、百折不挠地向前迈进。

3. 培养适度的怀疑感

怀疑是创新的向导。适度的怀疑感可以使人们保持思维的独立性和求真性，促进意识的能动性和进取性。没有一定的怀疑感，对界围的事物安之若素，就必然丧失学习和创新的热情。实际上，适度的怀疑感有助于人们剖开事物真相和看清事物本质。高校是各种知识和文化高度汇集的场所，鱼龙混杂、真伪并存，如果高校学生不能保持适度的怀疑感，那就可能在各种学说和流派的冲击下迷失方向。因此从某种意义上说，适度的怀疑感是帮助学生保持清醒头脑，避免盲信、盲听和盲从，确定自我发展正确方向的有力武器。当然，适度的怀疑不是怀疑一切，更不是否定一切，其目的是不被事物已知的结论所束缚，敢于对各种结论做逆向思维和怀疑思维，在自我探索过程中培养敏锐的质疑能力和判断能力。

4. 培养进取的心态

进取的心态是人们积极向上、奋力拼搏的动力源泉，它促使人们不满足于现状、不局限于现有，开拓进取、求知探索，始终保持在思想上、学习上以及工作上的进取态势。有了进取心，可以完成由未知到已知的转换，可以实现由知之甚少到知之甚多的跃进。无论是科学研究，还是发明创造，都需要强化进取的心态，与保守平庸、无所作为的消极心态彻底决裂，发扬刻苦钻研、不畏艰难的精神，不断努力，不懈攀登。

5. 培养求索的意识

求索意识是指不断追求探索的精神状态，是创新型人才的基本素质，也是创新意识的重要组成部分。具有求索意识，意味着对新观念、新思路、新事物有高度的敏感性和积极的探索性，有助于发挥个人思维的能动性和创造性；具有求索意识，也意味着对新知识和新事物的追求将更为坚定和执着，可以审时度势、对比检验，对传统思想中的消极落后观念有新感悟、新认识，自觉摒弃陈旧思想，激发创新决心和意志，从而不断汲取新知识、探索新方法、树立新理念。

二、创新思维的培养

创新思维：从广义上讲，是指在创新过程中发挥作用的一切形式的思维活动的总和；从狭义上讲，是指人们在创新实践中由已知探求未知，从而获得有价值的新观念、新方法和新技术的思维活动，或者说是指产生新颖、独创、有价值思维结果的思维活动。创新思维具有独创性、突发性、求异性和模糊性的特征，是人们创新实践和创新活动的灵魂和核心。高校学生的创新思维是其创新素质的重要组成部分，它贯穿其创新活动的全过程，并起着主导和决定的作用，其主要形式有以下四个方面。

1. 培养发散思维

发散思维又称为扩散思维、辐射思维、分散思维或求异思维，是指对同一问题从不同方向、不同角度和不同层次去思考，以寻求解决问题的多种途径或办法的思维活动和思维方法。发散思维是创新思维形式中最能体现人的思维活跃程度的思维形式，可细分为多路思维、立体思维、旁通思维、逆向思维等。它围绕所思考的问题，灵敏迅速地进行思考，充分发挥想象、联想、类比、直觉、灵感等思维形式和方法的作用，通过多种多样的思路去寻求问题的答案，在多种多样的思维结果中选择出最佳结论，达到突破前人、打破常规、不断创新的思维目的。

2. 培养收敛思维

收敛思维又称集中思维、耦合思维、求同思维或封闭思维，是与发散思维相对应的思维方式。它以某个思考对象为中心，运用已有的经验和知识将众多信息重新组合，从不同的角度将思路指向这个中心，以寻找解决问题的最佳方案，其特点是逻辑性强。它体现思维的综合与分析能力，运用分析、综合、演绎能力，挖掘出本质性的东西，找出思维的闪光点。收敛思维既是将相互关联的事物之间的共同点寻找出来的思维方法，也是从多种可能、途径、方法中寻找最优答案的思维过程。

3. 培养直觉思维

直觉思维又称灵感思维或顿悟思维，是指对感性经验和已有知识进行思考时，不受逻辑规则的约束，往往以偶然突发的形式出现，直接领悟事物本质的思维形式，其特点是不一定清楚具体的过程和细节，体现了思维的突发性和跳跃性。直觉思维是一种整体性能力，人们必须经常进行逻辑思维、形象思维等锻炼，并以此作为思维活动的经验积累，才能从中形成更为高级的直觉洞察力。

如果不具备起码的逻辑思维、形象思维等基本的思维能力，就不可能形成思维直觉统摄能力，也就根本不可能产生思维直觉过程。实践证明，许多科学家对某个问题形成瞬时的直觉思维过程，是以他平时对该问题进行多次逻辑思考而不得其解的过程为前奏、为潜伏阶段的。如果没有以显意识思考活动为基础、沉淀于潜意识领域的话，就不可能在潜意识领域因信息的碰撞而产生一种直觉过程。因此，直觉思维是在潜意识与显意识相互沟通、相互贯通中产生的。

4. 培养形象思维

形象思维又称具体思维或具象思维，是指人们在认识过程中借助于想象、联想、类比等形象地揭示事物本质的思维形式，包括感觉形象（人的感官对客观形象的反映）、观念形象和艺术形象，其特点是具有具体性、直观性和描述性。形象思维主要通过三种途径来实现，即对事物进行连续的观察、对事物进行语言的描述和对事物进行联想。一般来说，形象思维必须和逻辑思维结合起来，接受理性的支配和逻辑思维的调节，否则就不可能产生现实的、有价值的创造性成果，正如科学家运用形象思维把原子结构的科学发现形象地描绘成"葡萄干面包模型""太阳系原子模型"等。总之，形象思维用形象表述事物的本质，用个别表现一般，保留事物的直观形象，具有鲜明性、生动性的特征。

三、创新能力的培养

创新能力是指人们在创新活动中表现出来的创新潜能。从某种意义上来说，历史留给人类唯一的任务就是要求每个人都必须从事不同程度的创造性工作，而这一任务的完成，只有充分发掘和培养人们的创新能力才有可能实现。因此，培养创新能力是创新型人才培养的关键。根据新形势下高校的发展，结合高校学生的实际和特点，在创新能力方面应重点加强学生以下几方面的培养。

1. 培养良好的观察和记忆的能力

良好的观察和记忆能力，是创新能力最基础的能力素质。观察能力是指搜集科学事实、获得感性认识的能力，是创新人才必备的基本条件。观察能力强的人，既善于观察事物的全局和整体，也善于观察事物的局部和细节；既善于观察转瞬即逝的现象，也善于观察发展缓慢的现象。记忆能力则是指储存和重现经验知识的能力，是创新型人才开展创新活动的又一基本条件。记忆能力强的人，能迅速而准确地记住必要的信息材料，尤其善于把所学或所用的信息材料与过去已有知识或经验结合起来，纳入自己个人的精神财富中，以便在需要的情况下，可从记忆的仓库里检索出来，加以利用。缺乏良好的观察和记忆能力，经验知识和信息短缺，科学研究将无从着手，更谈不上创新。

2. 培养组织学习活动的能力

组织学习活动的能力，是指独立确立学习任务、制订学习计划、选择合理的学习方法、掌握各种学习技巧、学会自我考核的能力。它反映了高校学生对学习过程的认识，以及将这种认识运用于组织独立实践活动的能力。

组织学习活动能力的核心是阅读书本的能力，包括：学会科学阅读，掌握阅读、精读、浏览、研读等阅读方法和技巧；能从教材和资料中找到问题的答案，并能对问题进行对照、分析、综合、证明、评价；能抓住材料中主要内容等方面。这种能力的培养和锻炼，也有利用于养成良好的学习习惯。

3. 培养分析和探究问题的能力

分析探究问题的能力，是指对问题的分析、归纳和推理的能力。具有这种能力，就能将研究的问题分解成它的构成成分并理解其组织结构，如对各部分的鉴别，分析各部分之间的关系和认识其中的组织原理等。同时，具有这种能力，也能将部分组成新的整体，如发表演说或撰写学术论文，拟订一项操作计划或概括出一套抽象关系等，并且能够根据分析、归纳的材料提出解决问题的构想，提出修改建议或设计替代新体系，最终选择切合实际、行之有效的解决方案。

4. 培养问题和难点的解决能力

客观世界极其复杂，任何创新活动都不是一帆风顺的，都必定会充满艰难曲折，会遇到大量的问题和难点，这就需要人们具有分析问题、解决问题、确定难点、克服难点的能力。为了有效地解决问题，攻克难点，必须掌握科学的思想方法，敢于从运动、联系、全面、深化的角度分析问题，解剖难点，善于通过现象看本质，通过局部看整体，基于现实看发展，抓住关键看联系。在错综复杂的大量问题和难点中找出主要矛盾，集中力量进行突破，再以点带面，各个击破。

5. 培养组织和管理的实施能力

组织和管理的实施能力，是指在科学研究和技术创新过程中组织、管理和协调方面的能力。科学技术高度系统化、整体化、复杂化的发展趋势，使得任何领域内的创新都变得更加需要高度的组织能力、管理能力和协调能力，这样才能完成各种科技攻关任务。因而作为肩负经济、社会和科技发展重大历史责任的高校学生来说，必须努力提高组织和管理能力，善于协调各方面的关系，善于组织各方面的资源，善于发挥各方面的优势，善于集中各方面的力量去攻克创新难关。

6. 培养文字和语言表达能力

文字和语言表达能力，是指能够较娴熟准确地驾驭文字、自如流畅地表达语言的能力。文字和语言表达能力是高校学生必备的基本功，无论科研论文、专题报告、实验分析、项目论证，还是论文答辩、专题演讲、实验解说、项目汇报，任何一项都不能缺少文字的表达和语言的阐述。同时，文字和语言表达能力的培养和提高，能够极大地促进学生创新思维和实践能力的同步增长。

7. 培养创新成果的表现和物化能力

创新成果的表现能力和物化能力，是指能够将创新成果以学术论文或实物的方式呈现出来的能力。任何创新活动的最终目标都是要获取创新成果，因此，创新成果的表现和物化能力是创新实践的落脚点和归宿。如果创新成果表现为学术论文，就要求人们必须了解论文写作的基本要求和规范格式，掌握学术论文的逻辑结构和谋篇布局等；如果创新成果表现为实物形式，则必须具备选择和使用相关仪器、设备和工具，加工、处理、装配零部件的技术能力，以及掌握相关市场信息的能力等。

四、创新品格的培养

创新品格，是指创新人才具有的独特的创新个性心理特征，如对创新的现实态度、对创新的意志表现、对创新的情绪特征以及对创新的理智行为等。创新品格是创新活动的动力机制，任何创新活动，都受着人格因素的极大制约。根据我国高校的实际情况，学生创新品格应着重从以下方面加强培养。

（一）培养崇高的理想

正确的人生观是创新人才的基本要求。创新活动从本质上来讲是一种探索未知的活动，其成果也往往带有独创性特征。这就表明，探索性和独创性是创新过程和创新成果最显著的两个特点，也是创新型人才的必备条件。创新活动所具有的探索性特点，决定了任何创新活动都不可能"旗开得胜""马到成功"。

每一项创新都既有成功的希望，也有失败的可能，而且后者的概率比前者要大得多。创新活动所具有的独创性特点，使得创新者必须走前人没有走过的路，探索别人没有解决的问题，提出与众不同的新见解、新认识，因而也容易受到传统观念、习惯势力的非难与阻碍，这就决定了在创新过程中出现失败、挫折在所难免，并且即便成功也可能遭遇冷落、非议、压制甚至扼杀。因此，要想坚定地投入创新活动，就必须具有不怕艰辛、不怕失败、不怕嘲讽的精神，最重要的是要有全身心投入创新的崇高理想。

（二）培养求实的态度

一切创新活动都是探索未知的认识和创造活动，它离不开科学思维的帮助，也离不开世界观的指导。在创新过程中，人们必须按照客观规律办事，才能取得创新成果，而辩证唯物主义实事求是的态度，就是指导人们按客观规律去从事创新活动的基本出发点。一个杰出的创新人才，总是求实、求真和开拓进取的，他留给后人的，不仅是创新成果，还有宝贵的精神财富。尊重真理、承认真理，在真理面前不坚持自己的错误，不隐瞒自己的过失，脚踏实地、求真务实的研究方法和工作作风，这是创新型人才所需要具备的重要精神品质。创新型人才需要求实的态度，绝不是一个人随心所欲的行为，而是对创新对象客观规律的不懈追求，没有求实的态度，客观规律便不能掌握，创新必定会寸步难行。

（三）培养广阔的视野

创新型人才的创新能力与其本身的知识和经验密不可分，任何创新都要有许多相关知识作为中介和媒介，才能获得成功。事实表明，一个人思维的深度和知识的广度，对他的联想能力、类比能力、综合能力以及想象能力等都有影响。在其他条件相同的情况下，一个人知识和经验越丰富，视野越广阔，产生创新设想和独到见解的可能性就越大。如果只限于狭窄的学术领域里钻研，让知识局限在一个点上，就难以把自己的思维延伸、扩展到其他学术领域，从其他学科得到启发、获得借鉴，也很难与别人互通有无、取长补短。因此，拓宽视野，多学习、多储存、多联想、多运用，才能使自己的创新思维和实践能力得到提高。实践证明，绝大多数卓越的科学家都是学识渊博、兴趣广泛、视野广阔的人。

（四）培养非凡的胆魄

具有崇高的理想、求实的态度、广阔的视野，是一个人成为创新型人才的先决条件，但如果缺乏非凡的胆魄，其创新理想则无从实现，创新才能也无从发挥。从一定意义上说，创新型人才既是智者，也是勇士。科学研究和探索需要敢担风险、坚持真理、不断追求的精神，需要艰苦跋涉、勇于挑战、不畏困难、不受传统观念束缚的勇气，只承认真理，只尊重事实。只有这样，才能在多变的条件下，树立克服疑难、跨越障碍的信心，明辨事物的真伪，把握事物的本质，进行敏感、机智和高度灵活的选择和决策；才能敢于班门弄斧、藐视权威，敢于坚持真理、摒弃错误，敢于东山再起、卷土重来，通过不懈努力，最终取得丰硕的创新成果。

（五）培养特殊的意志

创新活动因其复杂性、反复性、不可测性，从而离不开特殊的意志品质。所谓意志，是指有意识支配、调节自己行为，经过克服困难，实现预定目标的心理过程。创新型人才具有的特殊意志品质表现为四个方面：一是独立性，即不屈服于环境的压力，不随波逐流，能根据自己的认识和信念，独立地做出决定、执行决定；二是果断性，即有能力及时做出有充分根据的决定，并在深思熟虑的基础上通过科学决策去实现决定；三是坚定性，即不受外物左右，长时间坚持自己决定的合理性，并持之以恒、毫不动摇地为实现决定而努力；四是自制力，即善于进行自我调节和自我控制，具备掌握和支配自己行动的能力。

（六）培养协作的精神

协作的精神是创新的人格支持。时代和社会发展改变了原有的生产方式和生活方式，在科技和创新活动中，人与人交往频率增加了，人与人的联系增强了，人与人的合作强化了，"单枪匹马""万事不求人"的活动模式和行为准则已成为影响人们创新活动的阻碍因素，只有协作才能形成合力，只有协作才有可能充分依靠集体智慧创造优秀成果。所以相互协作、善于交流合作、恪守集体纪律等优良品质是创新型人才重要的人格特征。

五、创新技法的培养

创新技法是指进行创新活动的技巧和方法，是利用创新活动的客观规律形成创新成果的途径、手段和方式的总和，实质上也就是创新能力的开发方法，即指导人们如何有效地开发人的创新能力的方法。创新技法有助于人们打破习惯思维束缚、激发潜意识思维、调动创新潜能。到目前为止，人们提出的创新技法已超过300种。它们各有侧重，各有优点，相互促进，从而形成了较为系统的创新技法体系。在高校创新人才的培养中，结合高校学生特点，应着重加强以下几种技法的培养。

（一）智力激励法

智力激励法又称脑力激荡法，即召开人数为10人左右的研讨会，制造一种热烈的、争先恐后的、激励的气氛，以解放思想、集思广益。智力激励法能使与会人员在会议气氛的激励感染下，自然而然地超越思维障碍，进行发散思维，其基本原则和方法包括以下几个方面：一是营造鼓励和赞扬的气氛，从而克服焦虑情绪，摆脱束缚思维的枷锁；二是通过有意识的努力激发潜意识，刺激人们的灵感；三是将观念的产生与分析批判分开进行，即不轻易否定任何创新观念，并在发展中逐步完善；四是营造一个充满鼓励，严禁批评的环境，倡导无所顾虑、大胆尝试、积极探索。

（二）类比法

类比法是根据两个（两类）对象之间某些方面的相同或相似性推出它们在其他方面也可能相同或相似的逻辑方法，即用已知事物的特性和功能来与所要创新的对象相比较，从而获得新发现、新发明的方法。类比法运用类比联想，从已知事物或既有设计的某个侧面，如特征、形态、色彩、结构、功能、机理入手，触类旁通，由此及彼，举一反三，开发性地更新和开发既有的设计、设备、技术、工艺或材料，并根据实际情况和具体需要加以调整、改造、完善，构成一种崭新的创新性设计，其基本原则是进行异质同化和同质异化。异质同化是异中求同，充分利用已知事物的某些结构、功能去代替拟创新事物的结构和功能，使未知事物逐步变成比较熟悉的事物；同质异化是同中求异，通过对原事物加以改进，使原事物具有新结构、新功能。

（三）联想法

联想法是从一事物到其他事物的心理过程，由当前事物回忆起有关事物的过程。创新是高于现实的再创造，它需要幻想、假设和一切超越现实的联想。联想可分为简单联想和复杂联想。简单联想包括正反向联想、时间联想、相似联想、对比联想等；复杂联想包括放大联想、多维交合联想、反馈联想、磁性联想、空间联想等。

（四）模拟法

模拟法是人们对客观世界各种事物进行模拟而创造发明新东西的方法。采用模拟法进行创造发明，首先应确定发明对象并围绕发明对象进行研究分析，找出难点问题，再带着难点问题到其他事物中去寻求启示，有所领悟后，再回过头来模仿启发物，解决难点问题，完成发明。例如，从生物的原理、结构和功能中得到启示，形成了许多如导航、识别、计算等系统。

（五）反面求索法

反面求索法是利用逆向思维进行创新的方法，它首先要列出大量想法，然后以其同趋向为正向，做逆向思维。所谓逆向思维即反其道而行之，反过来想一想，找出此逆向与正向之间的共同趋向，以此共同趋向为新正向，再做逆向思维，反复这样做就能使思维既深入又全面，达到创新的目的。

（六）设问法

设问法，又叫检核分析法，就是通过列举和设问提出问题，然后根据问题的可能性、可行性、经济性等因素做出创新。提出一个问题往往比解决一个问题更重要，因为解决一个问题也许仅仅是一个数学上的或者实验上的技能而已，而提出新的问题、新的可能性，从新的角度去考虑问题，却需要创造性的想象力，而且标志着科学的真正进步。典型的设问法是美国人发明的5W1H（Why、What、When、Where、Who、How）法，即首先提出要思考的题目或问题，然后就此提问，从而解决问题。例如，这为什么是必要的（Why）？究竟应该做些什么（What）？应该在什么时候完成（When）？应该在哪里完成（Where）？应该由谁完成（Who）？应该怎样完成（How）？

（七）形态分析法

形态分析法是通过分析当前事物所处的状态及特点和处于这种状态的原因，做出可能性和可行性分析，从而发现创新的思路。它把所研究的对象看成一个完整的系统，用系统方法将其分成若干结构上或功能上特有的形态特征，即把系统分成据以解决问题和实现基本目的的参量和特征，然后重新加以排列组合，得到解决各种问题的多种方案，最后评选出最优方案。

（八）需求创造法

需求创造法是指人们在调查了解客观需要的基础上，经过分析研究，抓住一点最有价值的东西进行创造发明的方法。

第二章 构建高校创新型人才个性化培养模式的基础

第一节 构建高校创新型人才个性化培养模式的理论基础

一、哲学基础：个性发展理论

（一）理论概述：内涵与特征

1. 内涵

个性是一个多学科的概念。在心理学上，个性是一种个人较为稳定的心理状态和性格品质；在社会学中，个性强调个人在社会上培养并显现出来的特征与品质；在教育学中，个性是一个人的整体精神面貌，主要成分是个性心理特征，包括能力、气质和性格，个性倾向性，需要、动机、兴趣、理想、信念、人生观、世界观等，以及自我意识；在哲学上，关于个性的内涵源于马克思对共性与个性的论述，并在马克思关于人的个性发展理论中得到进一步的发展。

个性是与共性相对应的一个范畴，是一事物有别于他事物的个别的、特殊的规定性。在马克思主义哲学中，共性与个性是一切事物固有的本性，共性寓于个性当中，没有脱离个性的共性，个性又受到共性的制约，个性与共性是辩证统一的整体。

马克思说人是一个特殊的个体，并且正是他的特殊性使他成为一个个体，成为一个现实的、单个的社会存在物。在人的本质结构中，存在着类本质和社会本质，即人的社会属性，同时更包含着人的个人本质，即个体区别于其他个体的本质规定性，其中最根本的因素是人的个性，体现出个人在意志品质、性格特征、行为倾向等方面的与众不同，展示出独特性和独特本质，因而它是唯一的，不可取代的。

人的个性不仅是独一无二的，还是可以认识与改变的，它在自我和社会的双重形塑中实现着突破与发展。个性是相对于共性而言，因而个性发展实质上是一种差异化的发展，标注着每个人个性成长变化的不同方向与路径。一方面，遗传基因的生理差异导致每个人在智力和行为方式的倾向不同，一个很明显的例子就是心理学上根据神经特质对于人类不同性格类型的界定，并据此提出了进行生涯规划和个人发展的建议。另一方面，个体之间在智力、气质、能力、兴趣、理想等方面的不同构成了个体间的心理差异，包括智力因素和非智力因素。正因为生理差异与心理差异的存在，导致个性发展的参差不齐。个性发展实际上也是一种强化个人优势的发展，每个个体都试图突破平庸，显示出自己不同于他人的独特性，从而形成一个人社会发展的优势所在。马克思曾说，个性的发展尤为重要，它是个人发展的根本标志，社会发展的终极目标，表征着社会进步的程度，是社会发展的重要力量源泉。

2. 特征

个性是个体区别于他人的标志性存在，标志着个体独特的个性品质，相应地，个性的发展也因此是独特的，不仅源于每个个体先天的生理与心理的遗传性差异，更源于一种个体对自身认识基础上的发展路径认知。因而，这种个性发展的独特性更多地体现在个体对自身个性的后天改造过程中，这也就是个性化中"化"的内涵和意义所在。

关于人的个性的形成和发展，比较一致的看法是个性在先天条件基础上的后天改造过程，是通过参与社会实践与汲取间接经验双向作用的结果。辩证唯物主义强调"人是实践的主体，是生产力的源泉"。个性发展实践的主动作为者最终落实到个体自身，主体性成为个性发展的内在动力。没有主体自我的觉醒意识和主动作为意识，欠缺相应的自我行动、自我审查和自我反思的能力，个体便失去将外在知识内化为自我发展的动力，即便有良好的社会环境和教育氛围，个性的发展从根本上也是受到牵制的，因而也是"未完成式"的、不健全的。

苏霍姆林斯基曾指出，人的个性，是一种由体力、精神力量、思想、情感、意志、性格、情绪等因素组成的极复杂的合金。由此观之，健全的个性发展也必然是综合性的，是个体生理和心理多重因素的共同行进过程。在这个过程中，创造性能力发挥着至关重要的作用，个性的发展离开了创新能力的突破，就无法实现对"平庸""大众""云云"等共性的桎梏，个性的形成与发展也只能沦为纸上谈兵。反过来，个性也是创造性的源泉，美国心理学家特尔曼曾对800人进行了几十年的追踪研究，结果发现有创造成就者和无创造成就者的差异主要在于个性特征的不同。因而，人的个性发展主要表现为创造性的发展，个性发展奠定了创新能力发展的基础，创造性也成为个性发展的最高形式。

（二）理论启示：教育观念导向

1. 启迪教育培养理念

个性发展理论为我们揭示出每个人与众不同的个性存在及个性发展的必要性与必然性，为个性发展特别是人的心理品质、性格特征、感情世界、行为方式和自我意识的形成和发展提供了宏观的哲学理论基础和认知问题的有效启示。个性的发展成为人的发展不可回避的重要命题，同时，个性的发展是主体在一定的社会环境中积极作为的过程，客观环境影响着个性的形成、发展与完善，于是，人才培养理念获得了一次新生，高等教育获得了开始重新思考我们的所作所为和即将作为的有利契机。

个性发展理论在高等教育培养对象和重心上实现了一次思维理念上的"拨乱反正"。高等教育说到底是对人的教育，这种从"统一式传统教育"到"个性化教育理念"的认知建议，启迪着高等教育人才培养向"人"的转向，大学生回归到培养的主体地位，高等教育逐渐显露出向"人本"进行转移的可能性。

2. 开启教育本体论追问

高等教育归根结底是培养人的教育，进一步来说，"培养什么样的人，如何培养人，为谁培养人"必然成为高等教育改革逃脱不了的重要命题。马克思个性发展理论为我们揭示出每个人与众不同的个性存在以及为创新型人才个性发展的可能性提供了一种哲学上的积极视角。个性发展理论对于高等教育人才培养带来的最大启示就是"特别"一词。没有人与人之间个性的迥异，自然也就没有大学生个性的说法，每个学生都是在以自身的差异性确认着自身的存在，正是这些个性差异的存在，为我们认识大学生的多样性和多元化提供了更加明晰的视角。学生不应该是千篇一律的同质体，也并不是一成不变的存在物，他们的个性需要高等教育在有效认知的基础上进行进一步深入挖掘。同理，对于上述命题的发问，我们也就不难找出答案，高等教育应致力于对学生个性的培养，致力于打造与众不同的学生个体，打造"不一样的人，不一样的人才"。

二、心理学基础：多元智能理论

（一）理论概述：内涵与特征

1. 内涵

智能是心理学中的一个重要概念，与个性概念一样，学者们对于智能的界定不下于150种，在生物学、心理学、社会学等多学科视野下，智能获得了质的规定性。

人身上存在着相对独立的八种智能：语言智能、逻辑－数理智能、视觉－空间智能、身体－动觉智能、音乐智能、自知智能、人际交往智能和认识自然智能。每一种智能都有其自身不同于其他智能的独特的运行方式和表现形式。语言智能是指运用书面语言和口头语言的能力；逻辑－数理智能特指进行逻辑分析、推理和演算的能力；视觉－空间智能是一种感知空间并运用空间进行思维活动的能力；身体－动觉智能侧重于肢体的表达和行动能力；音乐智能表示对声乐、旋律的感知和运用能力；自知智能即内心的敏感度及其自我反省、自我控制的能力；人际交往智能是一种基于对他人认识、理解基础上的沟通、交往能力；认识自然智能是指对周围环境中的事物的认知及洞察能力。这八种智能构成个体内在的能力结构。不仅如此，个体与个体之间以及每个个体内部的智能结构、组合形式和表现形式也是各不相同的。差异性是智能结构的本质特性。

2. 特征

在多元智能理论中，智能首先是一种多样化的存在。在不同的神经机制或操作系统的作用下，每种智能在个人发展中发挥着不同的职能或作用，显示出与众不同的特性。美国教育学家加德纳曾经在对特殊人群及"神童"的研究中就发现，在幼儿阶段各方面智能都"早慧"的几乎没有，而某一方面能力超常的却大有人在，在某种程度上来说，智能的独立性也可以实现自我的正常运作。与此同时，不同智能之间也并不是完全独立的，特别是对于解决一些综合性问题，需要依赖多种智能的合力。八种智能总是以各种各样的组合方式存在，并形成个体智能的独特结构和核心结构，构成个体不同于他人的能力属性。加德纳指出，幼儿是其能力和天赋的俘虏，这些能力与天赋也许以优秀的形式而存在，但它们又是相互孤立的，相互之间不能进行有创造力的联系，而成熟的个体能有意识地导向各种组件能力，并调动这些组件能力而达到其不同的目的。对不同智能的组合及运用能力往往构成一个人区别于另一个人智能水平的标志。

差异化的多元智能之间不可避免地存在着优势智能与劣势智能的差别，优势智能领域构成个体的特殊才能，即我们平常所说的优势、优点、特长等，而弱势智能是发展相对滞后和薄弱的环节，形成个人性格特征和智力发展上的弱势与缺点。优势与劣势智能之间的势能差又必然导致不同智能之间的相互迁移与互补，在实际解决问题中，需要充分调动不同智能之间的相互协调性，通过充分利用自身多方面的智能解决各种各样的问题，这就是我们要强调的人的智能的发展性。

在加德纳多元智能理论中，智能的不同，一方面源于每个人与生俱来的不同大脑结构，另一方面源于不同社会文化背景所看重的角色和技能的不同以及由此而形成的智能发展偏向的不同。因此，环境在个体智能发展中发挥着重要的作用。

（二）理论启示：培养思路拓展

1. 知识人才到能力本位的思维转变

就人才培养来看，多元智能理论揭示出每个大学生内在能力结构的多样化，指出了顺应和开发学生个性潜能的思路和方向，在认识论上进一步提供了看待学生个性差异的独特而细致的视角，为理清高校的基础人才个性化发展思路提供了有益的参考与指导。

多元智能理论从一开始就是对传统的偏向认知的智力理论的挑战。传统的智力理论对于"知识"的青睐，在多元智能理论中变得无足轻重，一种关于如何运用知识及其对知识运用能力的能力本位占据了上风。多元智能理论肯定每个人内在的潜力并试图唤醒每个人内在的潜质，从而进行个性化的"量身定做"。这种对于动态的能力的强调为高校个性化人才培养开拓了思路，个性化的人才培养不应该只是对不同类型知识的灌输。知识是死的，而人是活的，而且是能动地活着，知识的灌输与储备可以达到相同，但能力的塑造和发展却容易拉开差距，个体对于知识的运用越来越成为区别人与人之间的重要标志。个性化培养归根到底应该以塑造学生独一无二的能力为主要任务和目标。

对于能力的强调再次将素质教育的话题拉进高校人才培养的视域，两千多年前孔子就给予素质教育以重要的地位。素质教育反对"高分低能"，强调能力素质，个性化人才培养应当实现从知识人才观到能力人才观的转变。

2. 素质教育中核心素养的思路启发

多元智能差异性的存在不仅成为素质教育中"因材施教"的一种佐证，还为我们进一步"因材施教"提供了独特的视角。一方面，多元智能之间的相互迁移水平，常常标志着个性发展的分量，学生优势智能领域的特点急需迁移到弱势智能领域中去，从而使弱势智能领域也得到最大限度的发展，实现全面发展。另一方面，在加德纳看来，智能之间的差异性特别要求在教育中充分挖掘并发挥学生的特长和潜能，实现取长补短，学生优势智能的开发与增长才能最终形成一种人才区别于另一种人才、一个学生区别于另一个学生的质的规定性，形成学生未来适应社会的核心素养和核心竞争力。

存在即合理，智能的多样化存在，在某种程度上标志着多元智能和谐共生的"太平"场面，每一种智能各司其职。与个性化的人一样，每种智能都以其独特的内涵、职能与作用在个人性格形成和能力发展中发挥着不可替代的作用。这种静态的和谐场景往往存在解决问题的"分析"阶段，一旦遭遇"综合来看"，多元智能之间免不了形成"斗争"，毕竟社会竞争的残酷性需要核心竞争力的培养，加之每个人用以培养自身各方面能力和精力的有限性，高校有望在素质教育基础上进行学生核心素养的培养。

联合国教科文组织曾经强调了核心素养的"五大支柱"，即学会求知、共处、做事、发展和改变；经济合作与发展组织（OECD）曾对个体发展应具备的三种关键能力进行过界定，即自主能力、交互运用知识能力和人际交往能力；我国周代的六艺——礼、乐、射、御、书、数，也不失为一种对于核心素养的探究。

三、教育学基础：学习产出理论

（一）理论概述：内涵与特征

1. 内涵

所谓学习产出，就是指学生在学校教育活动中的实际学习成果，是学生在一段时间的学习之后获得的清楚的、看得见的、可证实的成果。这些成果反映在三件主要事情上：一是学生知道什么；二是以他或她知道的，学生真正能做什么；三是在证实成果中学生的信心和动机。基于学习产出的教育理论学习产出理论，又叫作成果导向教育或结果导向教育，其核心观点如下：大学如同一个"黑匣子"，对入校的学生进行某种"加工"，使学生在毕业时呈现一种"变化"。该理论不关注入学时不同学生的能力层次，也不关注学生在毕业时的静态水平，而是注重学生毕业时能力与入学时相比较的"净增长"。大学应该给学生以"净增长"。为了使学生在校学习的成果具体化、细致化，学者们为学习成果建构了一整套可测量化、可操作化的主要因素和评价标准。国内学者在探讨学习产出要素中多指向探索精神、思考与质疑、批判思维和创造能力，创新人才从某种程度上来看已成为学界对高校学生学习成果评价的核心标准。

在这种标准和目标的指引下，一种关于探究地方高校学习产出的学习模型渐成热潮。在众多影响因素中，基于内外因综合考量的"学生输入和环境交互作用的函数"得到公认，学生学习效果与"学生参与教育活动的程度"及"高校吸引学生参与的作为"密切相关，高校教育教学活动的目标导向和组织形式成为最终的落脚点。

2. 特征

基于结果或成果的学习产出理论：一方面，期望学生在学校学习后能够取得并拥有相应的知识、能力和质量，实现对自身素质的提升，获得一定的社会生产力；另一方面，架构并控制学校，从教学目标、教学大纲到教学组织形式等多方面出发进行设计，以便学生的能力成效能够达成。学习产出理论假设所有的学生都学习成功，只是以不同的方式和途径。一次成功的学习经验将帮助学生获得更多、更大的成功经验，在此过程中，教师起着至关重要的作用，学校成为直接影响学生成功与否的关键因素。

因此，学习产出理论是一种以结果为基础的教育理论，强调从输入到输出的思维转变，要求高校在教育目标的实现过程中坚守四项原则：一是所有的教育必须明确地集中于有价值、有意义的结果中，结果在某种程度上指导着一切；二是教育要为学生取得相应的成果进行必要的支持和帮助，使学生的成功最大化；三是教育要给予学生成功足够的信任和期待；四是根据结果进行反向设计，要求人才培养思路和模式的设定能实现溯源式设计。

（二）理论启示：培养实践逻辑

1. 人才培养评价标准的重心标示：多元标准中强调创新能力

基于结果导向的学习产出理论既打开了高校人才培养设计的思路，即高等教育人才培养活动是一项围绕学生能够获得的能力为导向的过程；同时，也为高等教育质量观，即人才培养的评价标准开启了新的维度，在某种程度上成为衡量人才培养目标的重要参照。基于学习的结果导向和对学生可能产生效果的积极认知，高等教育的评价标准也应当是积极的；在多样化结果和因素的启示下，高等教育的评价标准也应当是多元的。

于是，学习产出理论不仅架起了创新型人才个性化培养与高校之间的桥梁，也像一个目标和指明灯，指引着创新型人才培养的方向，并反过来形成一种对于人才培养效果或成果的观照。出发点和观测点的不同导致了学者们对于学习成果因素的不同关注和认知，其中，创新进入了绝大多数学者的眼中，成为多元评价标准中独树一帜的能力载体和标示。

透过多元智能理论，高等教育中能力人才观走在了知识人才观的前面。在加德纳看来，智能是解决问题和制造产品的能力，这种对智能的解释具有很强的创造性。当能力的培养被重视，开发优势智能，取长补短的教育思路得以拓展，优势能力间也不可避免地形成势能差，使创新获得新的生命力。学习产出成果中的创新能力再次启发高等教育要在能力人才观上抓住重点和根本，一种关于人才评价的新观念、新标准和新路径——创新人才观，成为新宠。高校在开发学生智能的过程中，在没有充分分辨出学生优势智能与劣质智能之前，每一种潜在的智能都存在成为创造性能力的可能，每一次对创新能力的强调都不为过。

2. 教育实践主体的使命与责任：学生参与中学校主动作为的启示

每个学生都是标志独立个性的存在，并以自身内在不同智能的多元化倾向彰显着自身发展的方向性，即扩大优势智能、缩小弱势智能、培养创新能力。然而，这种方向性发展的关键影响因素和主要载体还相对模糊，创新型人才个性化培养如何架构起与地方高校之间的联系？创新型人才个性化的培养目标在高校人才培养体系中以怎样的分量标志着自身的存在？学习产出理论打开了高校创新型人才个性化培养必然性的视域。

学习产出理论从一开始就是基于高校应该如何作为而提出的，在一系列的理论论证中，高校积极作为的方向、地位和路径渐次明朗。创新型人才和个性发展是时代发展的使然，是评价高等教育人才培养质量的关键，更是高等教育的使命和责任所在，高等教育在人才培养和社会发展中的重要地位再次引起重视。如果说学生在大学的学习过程是一次在漫无边际的知识海洋中的遨游，那么，高校俨然是航海中的瞭望者和掌舵手，引导、设计学生遨游的方向和方法。

第二节　构建高校创新型人才个性化培养模式的内涵逻辑

一、核心：立足"人本"的教育

（一）一种关于学生"自我"的本位

1. 尊重学生与众不同的自我特性

大学生作为一个特殊的群体，处于个体重要的成长阶段——青春期，其心理特征、个性品质、价值观念、行为方式等也相应地区别于其他群体，他们较为突出地表现出多元化的个性特征：生理发展基本成熟，感知觉更为深刻，注意力迅猛发展，逻辑思维能力有较大突破，独立意识增强，学习动机更加明确，道德感、使命感、荣誉感、审美感增强等。大学生群体中的每一名学生又以自身独特的个性存在标榜着自身的与众不同。

立足于学生的个性存在及个性的多样性，大学生群体有着自我不同性格、气质和能力的标示，有着与众不同的自我发展的宣言。因而，高校创新型人才个性化培养，首先是一种个性化教育，即立足"以人为本""以学生为本"的"生本"教育，突出学生在发展中的主体地位和作用，尊重学生的主体性，强调发展是人的发展，发展是为了大学生的发展，大学生是高等教育发展的动力和关键因素。在教育教学过程中要坚持"以人为本"，肯定"人是精神性的存在""人是自由性的存在""人是创造性的存在"，从而重视人的精神，以精神提升人，把人作为主体，而不是客体、工具，高度重视人的创造性。传统的"学而优则仕"的教育理念逐渐向"学而优则闯""学而优则创""学而优则商"等多样化创新型人才个性化培养的新理念、新机制转变。教育教学设计过程应当是立足于各个学生不同的个性特征、能力结构和知识储备进行的有针对性、有的放矢的个性化教育。

2. 跟紧学生发展的阶段性特征

与此同时，在纵向的历史发展中，大学生群体的个性特征呈现越来越大的时代差异性。作为一种后现代社会发展的人类学表征，当代大学生在各种复杂思想意识充斥的社会环境下，结合自身发展的阶段性矛盾，表现出较强的独立意识与依赖性心理并存，科学的价值观与错误的思想观念并存，多元的人际交往与淡漠的人际关系并存等个性特征。伴随复杂性和矛盾性的个性特征，当代大学生的自主意识、创新意识和发展意识也在逐渐增强，大学生群体内部的差异性越发明显，表现在智能发展的水平、发展的时间和发展程度等多个方面。

其中，创新型人才成为当下引人注目的一个群体。他们是具有强烈的创新意识和创新能力，具有永不满足现状、开拓进取、拼搏奉献、团结合作，并能取得创新成果的全面发展的新型人才。创新型人才的涌现是时代发展在大学生群体中的体现，越来越多创新型人才的涌现，重构着当代大学生群体的能力层次和结构，"摆脱平庸，脱颖而出"不仅是大学生的呼声，也是高校创新型人才培养的时代命题与要求。

从微观上来看，这种大学生的阶段性个性特征还体现在其四年的发展之中。从低年级时的懵懂和迷茫到高年级时的成熟与自主，一个大学生的四年也必然是不断探索自我个性和定位自我发展路径的四年。据此，高校创新型人才个性化培养也应当跟紧学生身心发展的阶段性特性，尤其应满足创新型人才对更高层次知识与能力的需求，从而不断进行自我调整和自我应对的教育。基于此，高校创新型人才个性化培养，首先它囊括了生涯规划教育，对不同发展阶段的大学生进行有针对性的个性化培养，由浅入深，其次它还应该包含着拔尖人才培养计划，在学生深入个性化发展阶段设立更高要求，对高层次人才进行专门性和专业化的打造。

（二）一种立足高校"自我"的本位

1. 扎根高校发展的自我定位

立足大学生自我的个性，我们一直在强调树立并贯彻"以学生为本"的教育理念。进一步来看，大学生之所以为大学生，不仅源于其达到了高考选拔考试的最低录取控制分数线。一个合格的大学生应当是受过良好高等教育的、能够适应社会发展需求的人才，从这个角度来看，大学生群体只有置身于各自所处的高校之中，置身于高校给予的独特的教育环境之中，才能称其为大学生。因而，大学生与其所处的高校环境是密不可分的，高校环境无时无刻不在潜移默化地影响着学生的成长。那么，我们谈"以生为本"也应当包含以学生所处的学校环境为本，在这里，我们姑且称之为"以校为本"。

类似于社会分工的不同，依据不同社会需求和学生不同发展需求的高等教育也存在着层级和类型之分，高等教育的对象、任务和资源等因素在不同高校间形成差异化发展，其在教育学中有个专属称呼叫作高等教育分流。高等教育分流是分流主体依据社会发展的需要和分流对象的意愿与条件，由分流机构对分流对象实施的有目的、有组织、有差别的培养高层次专门人才的活动。分流的过程实际上就是高校依据自身发展目标，特别是依据本校学生发展层次和能力水平进行的自我定位和设计,因而,它也是一种基于学生本位的自我个性化发展过程。

落实到高校创新型人才个性化培养过程中,不同类型高校和不同发展阶段高校的定位与目标也必然是与众不同的。理工科学校在社会发展中更多地承担着科学研究、服务社会经济发展的重任,自然更多地倾向于对个性化发展中高水平研究型人才的培养;综合性院校在人文学科的优势,相应地体现在创新型人才个性化培养中对创意产业和社会文化的传承与创新之中。从发展的眼光来看,创新型人才的个性化培养也必然是高校在不断发展与调整之中的人才培养过程,这种发展不仅包括对自身发展阶段和发展愿景的认识,也包括对自身所处社会环境和社会地位的认知。例如,国际交往与合作的开拓为创新型人才的培养和高校的定位开辟了另一重视野,具有国际视野的全球化的创新型人才的需求进入更多高校人才培养的规划议程。

2. 结合社会发展的阶段性要求

无论是学生个体还是高校自身,都是教育生态系统的重要组成部分,也不可避免地成为教育生态环境影响和被影响的主体之一。在思考高校人才培养与定位中,"以校为本"的中观路径越发受到局限,高等教育的定位与发展从本质上来讲,离不开教育生态系统的支撑,也必然受到其不同程度的制约。从某种程度上来看,"高校本位"的理念本身就是一种基于自身所处生态系统的动态的、宏观的、复杂的认知过程,包含着对于社会发展的阶段性考量,其本身也只有在社会发展的大环境中才能获得新的认识和发展契机。

纵观新中国成立以来社会发展的阶段性及高校在其中发挥的作用,我国的高校质量观也相应地走过了"规定性"到"单一需求性"再到"多元需求性"的发展阶段。新中国成立初期,高校院系调整用以补充国家对于工业建设人才的缺口,综合大学的建设逐渐开始兴起,高等教育成为经济建设的单一工具,满足国家标准、得到政府满意成为高等教育自我定位的法则。改革开放后,高等教育为了服务社会发展,越来越多地从综合考量多方利益角度定位自身目标,以满足社会多方利益群体的需求。市场经济兴起,大众化教育起步,院校间重组、合并和升级,高等教育建设进入空前"提速"时期。现阶段,知识经济兴起,社会对多样化人才的需求越来越突出地表现在高等教育对人才培养的目标定位中,高等教育对于不同利益群体的侧重开始发生变化,学生群体越来越成为发展的焦点。

因而,基于创新型人才个性化培养目标导向的人才培养,也必然是当下社会发展中的一种积极应对。一方面，这是高等教育应对大众化教育弊端的补救性举措，试图弥补招生数量与教育质量之间的差距、教育发展与投入之间的矛盾、专业设置与社会需求之间的脱节等问题衍生出的教学质量堪忧、大学生就业困难、教育成果单一等痼疾。另一方面，这也是一种适应知识经济时代人才需求多样化和全球化视野中人才发展高水平的双重要求，是为社会发展注入新鲜动力与活力的积极作为。

二、重点：突出"创新"的教育

（一）高校自我的文化氛围创新

1. 积极作为下的创新驱动

随着社会的发展，特别是知识经济时代的到来，多样化人才需求倒逼出高等教育位置的前移和社会地位的上升，从改革开放前的被动适应到21世纪主动适应社会经济发展的需要，培养适应性人才，高等教育越发显示出其在社会经济文化发展中的必要性和重要性。但是，高等教育的作用并非也不应止于此，而应与其社会职能和使命担当相匹配。高等教育应该在社会发展中起到引导和创新的作用。教育的先导性应当有更大的舞台，教育应该可以为社会的发展指出问题、提出建议、探出新路。相应地，现代大学就应当直面两个责任：一是适应社会的能力；二是创造和革新的能力。后一种能力成为高等教育对社会发展作用贡献大小的标志，也越来越成为衡量一个国家未来发展潜力的重要载体。

创新是人类主观能动性的高级表现形式，是推动民族进步和社会发展的不竭动力。大学是高深知识的发源地，是探究的场所，其组织性质决定了创新是其内在精神和文化属性。高校创新型人才个性化培养：一方面，作为高等教育人才培养理念与模式的新突围，理应在创新思路和创新实践中树立标杆；另一方面，突出"创新型人才"这一特殊主体存在，不仅强调个性化的基础作用，更加注重在"学生本位"基础上，强调创新的核心作用，突出"核心素养"中的"创新能力"培养。

2. 创新驱动中的氛围营造

个性的发展需要建立和谐的人际环境，形成人与人之间尊重差异、包容多样，在差异中求和谐、在多样中求统一的良好文化氛围，从而促使个人的各种潜能得到充分的发展。创新型人才的个性化培养立足于创新型人才的高起点，在创新文化氛围角度提出了更高要求。

很多国家都把创新能力的培养作为人才培养的重中之重，将其提到了教育改革的中心地位，在政策上提供了创新型人才发展的有力支撑。对学生创新能力培养堪称世界高教界奇迹的哈佛大学，在教学制度的改革中始终秉承"既有利于学生的全面发展（共性要求），又强调个性发展（创新性等）"；日本教育改革始终强调要以"重视个性"作为基本原则，主张在"自由化"的基础上"扩大选择的机会"，促进学生活力和创造性的恢复。我国当下立足促进"世界一流大学，世界一流学科"建设的构想，也是力求营造高等教育的创新氛围，实现高等教育质量上的突破，致力于拔尖创新型人才的培养。

就高校自身而言，在创新型人才个性化培养中，更加注重高校内在创新理念、创新氛围和创新文化的营造。在宏观上，以改革创新为核心的时代精神应当成为引领校园文化建设的风向标，引导高校的制度创新、教育教学活动创新、保障激励机制创新等，形成全员参与、全方位立体式培养模式的创新型人才培养环境。在中观层面，倡导学术自由、理实交融的学习环境和科研氛围，成为创新型人才个性化培养的孵化器。

（二）学生个体的创新品格塑造

1. 创新能力为培养先导

创新精神与创新能力也在高校校园文化建设的具体实施中提出了质的规定性，无论如何，学生创造性能力的培养应该成为落脚点，因而，创新教育不可避免地成为高校创新型人才个性化培养的重心，它对于弘扬学生的主体精神，开发学生的主体潜能发挥着极其重要的作用。

创新型人才，是指具有强烈的创新意识和创新能力，具有永不满足现状、开拓进取、拼搏奉献、团结合作，并能取得创新成果的全面发展的新型人才。创新型人才应当兼具创新意识、创新思维、创新能力和创新精神，高等教育在人才培养上也应当据此规划相应的培养模式与路径。

创新型人才个性化的培养应当以学生创新意识的养成为基础，培养学生善于发现问题的思维习惯，提升学生敏锐的观察力与洞察力，进一步形成学生渴望解决问题的内在驱动力。我们常说，不怕做不到就怕想不到，说的就是要树立问题意识，以问题为导向，带着问题解决问题，在自问与自答的自我意识碰撞中形成创造性解决问题的意识与能力，这便是创新意识指导下的创新思维和创新能力过程。在审视问题、分析问题进而解决问题的过程中批判性地反复思考，形成解决问题的独特思路与方案，学生经常受到这样的训练，创新能力也就水到渠成了。

2. 创新品格为终极诉求

创新能力在学生分析问题和解决问题的过程中，成为区别人才的符号。同时，根据符号的双重意指，文化符号是符号体系最深层的逻辑，每一种符号自身包含能力和所指，同时，符号自身作为一个整体又指向另一个所指，这便是背后的文化体系。创新型人才的能力符号体系也必然指向学生自身的文化背景和文化素养，反过来看，创新品格作为一种创新文化的核心内涵，塑造着学生创新能力符号体系，从根本上表征着一个学生与另一个学生的不同。

与一个拥有敏锐的观察力、洞察力，具备清晰的逻辑思维能力、综合判断能力和探索性学习能力，却无法形成学术研究包容力和社会发展责任担当的创新型学生相比，另一个同时拥有对社会问题的关心度、对人类事业的责任心、对理想的执着的创新型学生，显然更容易成为创新人才。这便是创新品格的魅力，一种由学问修养内化而成的人格修养，渗透内化为学生的独立和独特品格。

美国心理学家特尔曼认为，即使一个智力水平很高的人，如果没有很好地发展非智力因素，往往也不会有很高成就。由此观之，在创新型人才个性化培养中，智力让位于动机、兴趣、情感和意志等非智力因素，打造创新型人才发展的优秀品格，应当成为创新型人才培养的终极诉求。

三、目标：追求"和谐"的教育

（一）全面发展与个性发展的结合

1. 理论上结合的必要性

当创新成为社会发展的主旋律，成为高校创新型人才个性化培养的核心内涵，基于创新诉求下的个性发展成为重要根基，全面发展下的个性发展成为风向标。正如马克思所说："人的发展的终极目标是追求自由而全面的发展。"自由个性发展是全面发展基础上的个性发展，全面发展是个性发展的基础，全面发展又必然走向个性独立自主的发展，形成一个个体不同于另一个个体，甚至超越另一个体的本质和标志。

高校创新型人才培养作为高等教育现阶段的新型教育理念和培养模式，其总体目标是为社会培养高级专门人才，并追求与社会发展相适应，与人才成长相统一的"和谐"图景。因此，它不是对个性某一方面的教育，也不仅仅是只突出某一重点的教育，而是以全部现实个性为起点，以理想个性为归宿和目标，完善人的全部个性的和谐教育。

2. 实践上结合的内涵要求

"和谐"教育主要追求学生全面发展和个性发展的统一。大学生多元智能相互协调，多样化的个性相互依赖，正是因为这种不可分割性和协调统一性，决定了大学生全面发展的必要性，素质教育势在必行；与此同时，突出某一方面的优势，有利于其他方面的发展。因此，高校创新型人才个性化培养注重大学生群体在全面发展的基础上，从某一方面开发、挖掘大学生个体的优势潜能，从而使个性更加优化。

在创新型人才个性化培养的具体教育实践中，要全面发展与个性发展相结合的"和谐"教育，在内容上，应当尽可能多地涉及多个智能领域，覆盖学生多方面的能力和素质要求，从不同的角度，通过不同的方式、方法帮助学生理解和学习，以期调动学生多方面的智能、潜能。与此同时，在目标引导和潜能开发的基础上，根据学生智能领域知识结构的差异进行不同的课程体系设计与学生分类编组，以使学生能够优势互补、共同进步，最终促进学生多元智能的全面、和谐发展。

（二）社会化发展与个性化发展的共进

1. 社会与个人发展的辩证统一

"人是社会化的人，只有存在于社会中，人才能称之为人。"这是马克思历史唯物主义的重要观点之一。我们谈到社会需求衍生出创新型人才个性化培养的社会命题，那么现在，我们谈个性化发展也必然是包含着个人社会化发展的要义，否则，教育的发展也就没有必要将自身置于社会环境的大背景下。学生终究是在社会交往和贡献社会中实现个性化发展、体现出自我价值和社会价值统一的。社会化发展与个性化发展在本质上是历史的、具体的、现实的统一，人的个性化过程同时也是社会化过程。

人们的社会历史始终只是他们的个体发展的历史，而不管他们是否意识到这点。个性的发展说到底是一个个人社会化和个人个性化相互交叉、共同促进的过程，前者帮助个人适应社会，实现社会同化，后者是个人实现自我价值和社会价值的过程。没有脱离社会的个性发展。人之所以为人的根源在于其社会性，社会进步离不开个人发展，所有的社会进步说到底是每一个个体进步的总和。个人只有在社会化过程中才能实现个性化，也只有在个性化完善后才能使社会化过程更具深度。

2. 结合个性化培养的内涵观照

美国教育学家杜威认为，教育即生活，不是孤立于生活之外的过程，只有把教育与生活真正联系起来，教育的意义才得以实现。教育的过程在于受教育者个体经验的丰富与提升，在于促进受教育者自我生活能力的提升，以实现个体真正意义上的"生长""和谐"。教育的另一种重要内涵逻辑就是注重学生社会化发展与个性化发展的统一。

因此，高校创新型人才个性化培养是一种基于社会属性和大学生个性属性双重考量的"和谐"教育，其通过结合大学生个性发展内在规律与社会规范和社会需求，培养具有一定竞争力的高素质的个性化人才。

第三节 构建高校创新型人才个性化培养模式的原则

一、坚持教育理念与实践的统一性原则

1. 理念先行

"以人为本""创新为目的""和谐发展"三重内涵，为高校创新型人才个性化发展奠定了理论基础。高校创新型人才个性化培养在"三重理论"逻辑基础上实现了内涵上的自我确认，其本质上是一种在"以学生为本"理念指导下的发现学生多样化个性和创新能力的教育，力图实现社会发展需求和学生个性自由充分发展双向互动与和谐共进的教育目标。

从宏观上看，高校需要从顶层设计层面树立制度、文化理念标杆，营造所有教育工作者学习新的教育理念的文化氛围，形成师生人人学习新知识、新文化、新制度和新理论的氛围，并依据自身水平和学习、工作对象有的放矢地进行不同层次的理论学习，以解决理论缺乏和理解不深的问题。

从微观上看，高校创新型人才个性化培养是"生本"教育、"创新"教育与"和谐"教育三方面教育理念的结合。一方面，高校在进行创新型人才个性化培养中要求正确理解"生本"教育、"创新"教育与"和谐"教育的内涵，以便在日常学习、工作中融入自身的学习理论；另一方面，高校坚持"以学生为本"改变了以前整齐划一的教育观念与理念，不仅要认识到学生的差异，还要认识到学生内在智能间的差异，并尊重学生及其智能间的差异。

2. 实践为要

高校创新型人才个性化培养本身作为一种教育理念和实践模式的结合，提

出了教育活动中一个重要命题——理念与实践的结合问题。李秉德先生曾经提出教育理论与实践脱节的"两张皮"理论，系统分析了在教育教学中理论与实践脱离的几种表现形式：一是教育工作者未能系统学习理论的内涵与意义；二是教育理论工作者缺乏对理论和实践的认识和结合；三是理论表达深浅的程度与教育工作者水平不符，导致结合受限；四是在理论和实践中过渡性学科建设的缺席；五是教育工作者运用理论的态度与方法问题。鉴于此，高校创新型人才个性化培养必须坚持理念与实践充分、真正的统一。

实践是检验真理的唯一标准。高校创新型人才个性化培养作为一种新的培养理念和模式，更加需要在实践的反复检验中修正与完善，从而更加有效地指导人才培养实践。在理念学习的基础上，高校创新型人才个性化培养应当从当代大学生的个性特征与教育现实问题出发，充分发挥师生的主观能动性，坚持将理念运用到实践之中。在实际教育教学中：一方面，努力加强对学生创新意识、创新精神和创新能力的培养，通过教育教学、管理服务、校园文化等多个环节，连通基础教育、专业教育与兴趣培养；另一方面，有效搭建起包括教学、管理、后勤等多方主体互动联系的桥梁，通过丰富多彩的校园文化实践和教育教学实践，建构理念与实践新的全方位联络机制，解决理论与实践相脱节的问题。

与此同时，主动将直接经验即实践所得有效融入理论学习中，丰富高校创新型人才个性化培养的内涵，在人才培养实践中升华对"生本"教育、"创新"教育与"和谐"教育三种教育理念的认识和理解，实现理念与实践的充分而有效的结合。

二、坚持教育主导与主体的双向性原则

（一）落实"发现教育"

高校创新型人才个性化教育作为一种个性化教育，从其名称和内涵上看：首先，这是一种教育，教师在其中发挥着必不可少和至关重要的作用；其次，这是一种基于学生个性的教育。因此，它是一种不同于计划经济时代"你教我学"的单一化教育模式，教师不再是教育的主体，转而成为教育教学的客体，他们不再是单纯的知识灌输者，更像是一个引领者，指引着学生按照一定的教育目标发展。苏格拉底就曾说过："教育不是灌输，而是点燃火焰。"

哲学家雅斯贝尔斯在他的《什么是教育》一书中写道："教育的本质意味着：一棵树摇动另一棵树，一朵云推动另一朵云，一个灵魂唤醒另一个灵魂。"

一方面，这句话从字面意义给创新型人才个性化教育以要求，"摇动"另一棵树也好，"推动"另一朵云也罢，抑或是"唤醒"另一个灵魂，归根到底是一种客体的外力作用，替代不了学生主体从内心和自我角度的内驱力，这种内驱力就像是对一棵树的深根厚植，知识是土壤，能力是躯干，智慧是中枢；另一方面，它从内涵上启示我们，教育的本质是一种精神化的活动，基于个性和创造性的高等教育人才培养，更应是一种对大学生内在精神的观照，教师永远无法逾越"精神主体"的地位，取而代之的是对大学生内在精神的指引与向导。

高校要发挥主导性作用，通过"发现教育"，积极地去发现大学生不同的个性特征，挖掘每个人内在的不同潜质，在全面发展的基础上，努力开发每个学生不同方面的智能。在教育目标上，明确并制定适合全体学生和每个学生全面自由发展的整体性目标和个性化目标；在教育途径上，通过渗透式教育，即综合利用情景假设、信息积聚、心理暗示、平台融合等多种教育形式，帮助学生自己去认识问题、认识自己，从而认清发展方向，找到问题的解决方式；在教育主体也就是主导作用最终实施的主体上，通过对教师、行政管理人员、后勤服务人员等教育责任者与学生之间相互作用与影响及工作方方面面的渗透，实现对大学生教育的全方位渗透。

（二）启迪"自我教育"

事物发展的内因决定事物发展的结果和方向，作为个性的首要特征，主体性是个性发展的内在动力。对于高校创新型人才个性化培养而言，只有充分发挥学生的主观能动性，调动学生的积极性和创造性，才能从根本上有效发挥教育工作者的外在引导作用，实现学生个性和谐发展的终极诉求。

自我教育是个体把自身作为教育对象，按社会的要求和自身发展的需要，发挥主体的自主性，主动求教，使自己成为一定社会所需要的人的活动。苏霍姆林斯基非常重视自我教育的作用，他反复强调"自我教育是学校教育中极重要的一个因素""没有自我教育就没有真正的教育""促进自我教育的教育才是真正的教育"，而且在苏霍姆林斯基的自我教育内涵中，个性被提到了前提和基础的位置。自我教育一定是基于学生个性发展基础上的主动教育，在充分观察、认识和了解自己的基础上克服自己、强制自己、战胜自己。

就高校创新型人才个性化教育而言，自我教育不应仅是一种学生自我的主动教育，大学生应该在自我了解的基础上充分挖掘自我的兴趣和特长。一方面，自我教育要求大学生进行自我觉醒和自我设计，提高自律、自省、自主的意识，有的放矢地进行规划设计，特别注重对于创新的认识；另一方面，在创新型人才个性化培养中，学生自我的教育应当是基于探索精神的创造性的学习。创新的学习带来创造性的成果，也必然能从根本上激发一个人的自尊感和荣誉感，形成继续向着更高个人价值和社会价值的目标进阶，这是一种递进的具有叠加效果的学习理念和方式。

三、坚持教育外部与内部的兼顾性原则

（一）在教育外部生态下要因势而动

高等教育的外部环境构成其生存发展的外部生态，成为影响甚至决定高等教育发展走向的规律性制约。高等教育规律的外部规律即教育要与社会发展相适应，规定了高等教育与政治、经济、文化与社会的必然联系。一方面，高等教育是生产力发展的结果和产物，受到一定的社会政治、经济、文化环境的制约；另一方面，高等教育通过自身人才培养、科学研究、为社会服务、文化传承与创新以及国际合作与交流等能动地作用于社会的发展。

在"大众创新，万众创业"的时代背景下发展，高校创新型人才个性化培养不仅是高校个性化教育本身使然，也是一种时代发展的产物，成为高等教育使命所在。遵循高等教育外部适应的原则，要求高校创新型人才个性化培养也必然要在社会、政治、经济、文化的外部生态环境与自身内部体系中追求和谐与平衡。

在培养目标上，创新型人才个性化培养要坚持教育目的、高校自身教育教学目标、专业培养目标等多方面的协调统一，立足于应用教学型大学、研究型大学以及教学研究型大学不同类别的高校定位，制定不同的教育教学目标，结合专业发展、课程设置，将创新型人才个性化教育落实到细致的专业培养目标上去。在培育主体上，高校创新型人才个性化培养注重政校协同、校校协同、校企协同，以政策为引领，立足转型期社会需求，以市场为导向，以文化为载体，衔接更多利益主体，同时拓展全球化的视野，实现与国外高校合作办学的协同联通。在培养方式上，应该追求协同创新，促进科技成果的有效转化，打造多元实践、实习教学平台。

（二）在教育内部系统中要积极作为

与外部生态系统相对应的是高等教育的内部环境，内部环境因素的联动效应决定了高校创新型人才个性化培养的最终成效。就高等教育内部系统而言，高校创新型人才个性化培养要求各高校教育工作者认清高等教育自身体系的特殊性，从培养机制、培养模式、教育内容和教育主体等多方面实现协同，为创

新型人才个性化发展打下基础。

在宏观层面，要高屋建瓴地制订创新型人才培养的总体规划，创新自身培养体制，在政策和文化中塑造整体性和系统性，形成渗透性。在微观层面，要积极推进个性化培养内容诸要素的融合与突破，实现理论教学、实践育人和管理服务育人的有效结合，促进大学生德、智、体、美全面发展和多元智能协调发展，并在诸要素组合中处理好德育过程、智育过程、体育过程、美育过程等的关系；要整合创新型人才培养的有益经验，从组织机构、激励机制和评价标准上实现融会贯通，依据自身发展定位和目标，创新个性化培养模式，最终在协调教育活动诸要素即教育者、教育对象和教育影响的过程中，促进高校自身文化、结构、功能等诸要素的协调发展。

第三章 高校培养创新型人才的方法与途径

第一节 创办培养创新型人才的学校

一、建立现代大学制度

随着高等教育事业的快速发展和不断深化,一些深层次的矛盾和问题日益显露出来,制度创新是解决这些深层次问题的根本所在。政府对教育的投入主要用于基础教育和一流大学的建设,因此,对大部分高校而言,教育经费非常短缺。说到建设一流大学,培养创新型人才,很多人认为我们的主要问题是缺少资金。虽然,在教育经费、教师待遇、图书设备等方面,我国的大学与世界著名大学的差距十分明显,几乎不具备可比性。但这只是问题的一个方面,青年经济学家张维迎认为,国际竞争的核心不是资金和人才的竞争——资金和人才都是可以国际流动的,也不是技术的竞争,而是制度的竞争,从中国长远来看,应该学习的是制度改造。张维迎更多地强调了制度的重要性。这一观点对于我国大学教育同样具有重要的学习意义。大学之大,在于兼容并蓄,思想自由;大学之大,不在大楼,而在大师。一所大学能够人才辈出,大师云集,主要是一种制度文明的产物,而不是急功近利的政策能够速成催生出来的。

现如今,实施高等教育的重要机构是现代大学,其本质应是传播、应用、融合和创新高深学问的高等学府,同时它还起着培养人和发展科学技术以及直接为社会服务的作用。这就决定了作为一个文化、学术单位的现代高等学校有三个显著的特点:一是提倡学术自由;二是实行教学与科学研究相结合;三是坚持面向社会自主办学。这是现代高等教育的一般规律。在市场经济体制下,它又是一种特殊的产业。这种特殊产业兼有"公益性"和"功利性"的双重性质,从总体上来说不能完全实行产业化。现代大学是国家发展科研事业的重要机构,它的综合实力是一个国家教育、科技水平的重要标志，也是一个国家综合国力的重要体现。现代大学综合实力的内涵主要有三个方面：一是办学观念，这是办好一所现代大学的精神力量；二是建设水平，主要包括一批高水平的学科，一支高素质的教师队伍，一个智力含量高的图书馆、实验室、校园网以及一种良好宽松的文化、学术氛围，这是办好一所现代大学的物质基础；三是办学效果，主要包括教育质量、学术成果和直接为社会服务的贡献以及它的投入产出效益，这是它所创造的外在价值。建立现代大学制度的根本目的，就是要解放大学的生产力，发展和提高它的综合实力，其关键是转换机制，使现代大学成为面向社会自主办学的法人实体和竞争主体。

随着我国高等教育改革的不断深化，建立"现代大学制度"迫在眉睫。现代大学作为理论研究的对象是一个有待深入研究的重大课题。有的学者认为，建立现代大学制度应包括的主要内容有：形成独立自主依法办学的运行机制、畅通有效的师资流动机制、科学的大学评估机制、多方投入教育的机制以及大学领导的专业化和动态轮岗制度等。而独立自主依法办学的运行机制应包括招生权、用人权、经费使用权、国际交流权等，这些权益虽然教育法已有规定，但真正落实还需要有一种机制来保证。有的学者认为，建立现代大学制度，主要涉及学校与政府的关系、学校内部治理结构、学校与社会的关系等方面的制度安排。《高等教育法》规定："国家依法保障高等学校中的科学研究、文学艺术创作和其他活动的自由。""高等教育应当面向社会，依法自主办学，实行民主管理。"这些规定为我国建立现代大学制度提供了基本的理论依据。现代大学制度的核心是在政府的宏观调控下，面向社会，依法自主办学，实行民主管理。学术自由、办学自主、面向社会、管理民主，应成为现代大学制度的基本标志。

建立现代大学制度是一项系统工程。作为现代大学，要在办学理念、教育教学改革、人才培养、学术管理、科学研究、服务社会等方面不断进行观念和制度创新，要全面推进现代大学制度建设，为高等教育更好地服务科技创新和社会经济发展提供有效的制度保证。要充分发挥高等学校人才培养、科学研究、服务社会三大功能，使高等学校成为国家创新体系的主力军，成为经济社会发展的推进器，同时也为高等教育事业赢得更多的发展机遇和更广阔的发展空间。

二、教育模式与方法的创新

大学教育模式要由应试教育、满堂灌教育转向素质教育、创新性教育，除了系统化教育外，还应强化学科前沿教育；要确立教师为主导，学生为主体的教育理念，在讲授为主的前提下，提倡自学、讨论、演讲、案例、实践等多种教学形式，鼓励高年级学生参与教师科研课题，并能自主立项进行科技发明活动，激活学生的创新思维，加强逻辑思维与非逻辑思维的训练，着重于非智力因素的培养；要启发学生的问题意识，使其敢于向现存的一切提出疑难，发起挑战，从司空见惯的万事万物中，不断发问、追问、拷问，找到破绽，发现逻辑悖论，寻找创新的突破点。

创新教育重在方法，研讨式、启发式、参与式、案例式、实践式方法，有利于激发学生的主动学习，而学生精神昂扬，思想活跃，兴趣浓厚，容易促进新思想、新设想、新观点的产生。因而在某种意义上，方法比理论更重要。中国有句古话："授人以鱼，不如授之以渔。"培养创新型人才，要着重于教育方法创新，着重于学生对方法的掌握。这样他们在未来科学探索的征途中，就能选择正确路径，取得事半功倍的成就。

三、因材施教，注重个性培养

大凡有创新能力、做出了创新业绩的人，都有鲜明的个性特征。高等教育要善于发现每个学生的个性，根据个性心理特征，采取不同的方法和教育方式，积极引导个性的健康发展，使饱满的个性成为推动创新的加速器。人的个性多种多样：有的人沉默寡言；有的人活泼好动；有的人儒雅含蓄；有的人喜好挑战。只有因材施教，不同的个性用不同的方法去培养，才能激发学生的创造潜力，使学生个性得到充分自由地发展。

四、教学与科研结合，发展创造力

学生除了学习和继承前人的知识文化，打下良好的基础，还应敢于突破和超越前人，善于提出问题，理性分析问题，创造性地解决问题，提高科学研究的能力。通过科研活动，发展学生的创造力，是一条重要途径。对于高年级学生来说，应有意识地培养科研能力，了解科研选题，掌握科研方法，培养创新精神，关注科技创新应具有的人文意义，自觉把人文关怀内化于创新主体的精神世界，以给创新主体的思想、精神、意志、情感带来更丰富、更饱满、更生动、更自由、更充分、更全面、更和谐的发展。坚持科技创新造福人类的正确方向，努力消解各种异化现象，促进社会进步与和谐发展。

五、创造有利于创新型人才成长的校园环境

宽松、民主、自由、开放和进取的校园环境，是创新型人才成长的摇篮。

在新的形势下,德育应当在有利于创新型人才成长的环境建设上有所作为。

(一)进行校园环境建设,形成有利于创新的物质和精神环境

首先,努力完善学校物质环境的建设,改善教学条件,配备现代化教学设施,使教学活动多样化,使德育对象对德育内容能够更有效地吸收。其次,在精神环境上:一方面,要切实加强校园文化建设,活跃学术氛围,提高学校的文化品位,引导学生充分利用第二课堂,开展丰富多彩的校园文化活动,营造浓郁的创新氛围;另一方面,要切实加强创新型学生集体的建设,这是培养和发展学生创新能力的有效途径。研究证明,个体之间的相互合作,会产生一种"社会助力效应",从而产生"整体大于部分之和"的效果。因此,德育要充分重视创新型学生集体的建设,使每一个学生具有健康向上的成长动机和友好的人际关系,形成集体内部团结合作、友善竞争的良好的氛围,从而最大限度地激发学生的创新思维,发展他们的创造力。

(二)德育管理的转型

为适应创新培养的需要,我们的德育管理模式随之转型,即由科学管理模式向人文管理模式转变。这一转变要求德育管理体现以下特点。

1. 创造性

创造性要求我们摒弃僵化保守的管理手段,制定富有创新意识的相关制度,积极创造健康有序、宽松和谐、开放高效、激励上进、鼓励创新的管理机制。同时,它还要求德育工作者自身极富创造性,拥有适应时代的各种能力,如自我学习、发展的能力,开拓创新的能力,应变能力,科学的遇见能力等;能设置有利于学生创新的环境,如努力培养良好的班集体,促使全体学生相互学习、交流、激励,形成创造性的学生群体。

2. 民主性

民主性要求在德育的管理实践中渗透"以人为本"的思想,遵循民主、开放的原则,体现激励、创新的精神,实施民主式、合作式管理。民主管理就是要调动师生的积极性和创造性,发动和组织他们参与德育管理,为他们提供发挥智慧、才能和特长的机会和条件。它要求对教师应充分信任,不能管得过多,要给他们更多的自主权,并创造条件满足教师自我实现的愿望。它要求对学生实行差异管理,不能一刀切:一方面要允许学生有差异;另一方面要鼓励学生发展自己的特长和爱好,给特长的学生尤其是"偏才""怪才"创造宽松的教育环境,促进他们创新能力的发展。

3. 要在全社会营造鼓励冒尖、宽容失败的良好氛围

创新型人才从事的都是前无古人的具有开拓、探索性质的工作，不可能事事成功，在创新的路上，总会伴有无数次的失败。因此，要使创新型人才辈出，就必须大力营造鼓励冒尖、宽容失败的环境和氛围。

4. 自由的环境

自由的环境主要体现在学术探讨和学术争鸣上。在这种环境中，教师和学生几乎不受外界的影响，可以自由教学、自由学习、自由研究、自由讨论以及自由发表。学生的创新思维、创新精神、创新能力需要在这种自由的学术氛围中逐渐形成。思想自由是创新知识的前提，但思想还需要在与他人（包括创造已有知识的前人）的交流与相互的批判之中才能形成，有这个基础，才能产生新的思想，才能创造新的知识。当然，这种自由是权利与责任的统一，并不意味着不受任何规范的约束。教师的教学创新、学生的创新活动均应服从科学真理的标准，任何教师和学生都享有自由的权利，但同时又要尽相应的责任。

众所周知，创新型人才的成长有赖于长期的、综合的熏陶，而开放、民主、自由的环境是创新精神和创新能力不可或缺的沃土。

第二节 培育培养创新型人才的教师

一、创新型教师的界定

目前，理论界对创新型教师尚无明确界定。无疑，创新型教师拥有一般意义上创新型人才的所有思维特点，同时，作为完成发挥人的潜能、培育人的完美个性和创新能力使命的承担者，创新型教师应该有更丰富的内涵。

创新型教师是指具有敬业奉献精神和良好的心理素质，具有比较完善的知识结构，具有强烈的创新意识和鲜明的创新思维能力，既善于与人合作，又具有独立个性，能创造性地开展教学、科研活动，善于培养和激发学生创新能力的教师。创新型教师应成为高校教师队伍的主干力量。

二、教育的本质和创新型教师的劳动特点、角色

在培养创新型人才的教育教学过程中，教师始终扮演着主导角色，这是由教育的本质特性所决定的。

（一）教育的本质

教育是培养人的活动，教育的本质目标是把人培养成一个具有完美人性的人，一个对自己本质真正占有的人。

1. 教育就是发挥人的潜能

从人的个体生命来说，人首先是一种实然的存在，这种存在不同于动物之处在于：人具有一定结构的高于动物的潜能。世上有"狼孩"之说，但狼与人共生，狼是不会成为"人狼"的。创造性、自发性、个性、真诚、关心别人、爱的能力、向往真理等，全都是胚胎形式的潜能，是属于人类全体成员的，这就为当代教育学强调教育对象的能动性、主动性、个性化和创造性找到一种可能性或一种萌芽。但是这些潜能仅仅是人体内一种类似本能的微弱冲动、一种可能性或者萌芽，要使可能性转化为现实性，要使萌芽不会夭折，就要兴教育人，在教育中通过教师的艰辛劳动不断引导、发展、完善和巩固它们。

首先要有完备的学校。学校是经过精心设计的最适合人的潜能发展、完善的环境：有了学校，潜能发挥就有了场所。

其次要有创新型教师，作为智者的创新型教师会明察秋毫、因材施教，使每个人的潜能得到淋漓尽致的发挥。

最后还有课程。课程是在人类整体的历史经验的基础上仔细挑选的，是人类普遍的共同文化精神与经验。有了课程，潜能的发展就有了土壤，有了养料。

因此，育人不是铸造人、塑造人，铸造、塑造的对象是物，物的成型是依塑造者的主观意志而定的，而人的发展是"塑造者"在"被塑造者"的潜能基础上引导、发展、完善和巩固这些潜能，所以说教育就是发挥人的潜能。

2. 教育就是发现人的价值

任何人生在世界上都是有一定的价值的。人本主义者从人的个体生命出发，认为人的终极价值是自我实现；马克思主义者从人的社会生命出发，认为人类的最高境界是共产主义，在这里人类由必然王国进入了自由王国，人是自己与世界的主宰者。前者重视人的内在价值，后者肯定人的内在价值的同时，强调人的外在价值。二者并不矛盾而是有机统一的，内在价值是外在价值的基础，外在价值是内在价值的表现。

首先，教育使人类获得知识，这样人类才能睁开被蒙住的双眼。其次，教育引导人们创造性地、能动地超越种种给定性，逐步从实然走向应然，从而坚持人的主体地位，发挥其主体作用。只有这样人才能逐步发现自己应有的内在价值和外在价值。所以说，教育就是引导人们发现个人的价值和人类的价值。

3. 教育就是通过文化的传递、内化、融合和创新使个体社会化

一个自然人来到世上便具有了成为人的一切可能性，但这种可能性向什么方向发展，成为什么样的现实，是由后天决定的，这就需要借助于教育。教育是教育者有计划地根据社会的需求对受教育者身心施加一定的影响使其符合教育者的意图。因此，社会的需求是人的发展方向，施加的影响就是文化的传递、内化、融合和创新。对学校而言，它不但是一种学识、一种智慧、一种氛围，更是一种人格、一种精神。

4. 教育的本质属性在于引导完备人性的建构与发展

教育本质属性主要表现为以下几个方面：它要使受教育者能够在已有的各种现实规定性中奋起，去追求新的自我、新的世界；使得一切文化知识、道德规范等的接纳，在他们身上产生生成性的变化，转化为创造性的潜力；使得受教育者能以一种批判的向度去面对、掌握、审视现实生活。所以教育既要使人是其所是，又要使人是其所应是。

（二）教师的劳动特点

1. 劳动对象的主动性

教师的劳动对象是具有主动性的人，在教育劳动中不仅有教师的能动因素的介入，而且还有学生的能动因素的介入。教育的过程如果不与学生的主观能动因素发生任何联系，过程无从实现。

教师劳动对象的主动性还表现在其自身活动过程中是不断变化的，并且还不断反作用于劳动者。这就要求教师在劳动过程中，时时顾及这些因素，创造性地做出动态调节，简单照搬前人的范式或套用自己过去的经验都是会影响效果的。

2. 劳动手段的主体性

教师运用一定的教育手段，把自己的活动传导给劳动对象，教师的劳动手段带有很大的主体性。其他劳动者操纵某种工具，但劳动者主体的智能水平并不一定要达到劳动工具所物化了的智能水平，而教师对教材等的使用却不然。教师必须把凝结在教材中的知识、智能乃至情感、世界观等，完全转化为其主体的知识、智能、情感、世界观，并且还要求超出他们的范围和水平。教师的创新能力，教师的人格、言行等主体性的东西也是教师的劳动手段。这种劳动手段的主体性，决定了教师必须十分地重视自身的发展。教师劳动的效果不仅

取决于他的学识,也取决于他的创造力,还取决于他的世界观、道德面貌、意志、情感等方面的素养。

3. 劳动成果的间接性

高校教师教育的成果是产生掌握一定文化科学知识,形成一定思想品德和能力的高级专门人才。这是一种特殊的"产品"。这种"特殊产品"不是高校教师独家劳动的结果,它是在中小学教师辛勤劳动的基础上继续劳动的结晶。同时,它不是以物化的形式表现出来的,而是以潜能的方式存在于学生身上。如果说在改造一般自然物的生产中,随着劳动产品的获得,劳动者对产品的影响也就结束了,而"人才产品"在劳动者的劳动过程结束之后,劳动者对劳动对象的影响还继续存在。教育者对学生的这种影响常常伴随他们一生,而且还会通过他们去影响其子女和社会的其他人,最终为社会创造出的物质财富和精神财富是难以用数量来计算的。

(三)教师的角色

正像赫尔巴特所表达的那样,人的自然本性就像一艘大船,若要经得起一切风浪的变化,只能等待舵手去按照环境指导它的航程,指挥它到达目的地。对于学生来说,教师起了这种舵手的作用。赫尔巴特认为,学生的心智成长全仰仗于教师对教学形式、阶段和方法的刻意追求和指导。他说"按照方法培养心智的艰巨任务,从总体上讲应留给教师"。

教育的本质和教师劳动的特点决定了高校教师的角色是学生知识的传播者、方法的传授者、能力的培养者、视野的开拓者、人格的示范者。

三、创新型教师的基本素质

(一)人的素质构成的多维性、复杂性

素质是指人的先天的解剖生理特点,主要是感觉器官和神经系统方面的特点。素质只是人的心理(感觉、知觉、记忆、思想、情感、性格、能力等)发展的生理条件,不能决定人的心理内容和发展水平。人的心理来源于社会实践,素质也是在社会实践中逐渐发育和成熟起来的,某些素质上的缺陷可以通过实践和学习获得不同程度的补偿。

素质是在先天与后天的共同作用下形成的人的身心发展的总体水平,它是人的内在素养和品质。可见,素质的最大特点是它的内在性。也就是说,它是里而非表,是质而非量,是本而非末。素质虽然是内在的,但还是可以通过外在的形式表现出来，如行为方式（包括行为规范，习惯，对人、对事的态度）、思维品质（包括思维的模型、方式、深度以及独立敏捷性和创造性）和精神境界（包括对自我超越程度、处理各种关系时在理论和实践上所站的高度等）。

（二）创新型教师应具备的基本素质

第一，具有爱岗敬业的精神。

第二，具有现代化的教育理念。其主要包括建立科学的教育观、人才观，熟练掌握启发式的教学方法，善于使用现代化教学手段。

第三，掌握现代化的知识技能结构。在新经济时代，信息资源高度发达，人们的智力活动空间高度扩张，社会对个人知识和技能的新颖性、效率性、社会性等方面的要求空前提高，只有掌握现代化的知识与技能，站在学术技术前沿，才能有所发明，有所创造；才能开阔学生的视野，为学生指明前进的方向。

第四，具有强烈的创新意识。在教学科研实践中，涌动着强烈的创新欲望和激情。要能够打破传统的思维定式，突破传统观念，善于发现问题、研究问题和解决问题。要善于打破常规，敢于对前人的知识经验提出质疑，具有敏锐的洞察力和丰富的想象力，思想具有超前性。

第五，具有较强的创新能力。其包括具有创新思维品质、具有较强的应变能力和适应能力。要时刻准备和乐于接受自己未经历过的新的生活经验、思想观念和行为方式，乐于接受生活的变革，善于尊重各方面的不同意见，理解和容忍观念与行为的差异和多样性，以积极的心态去适应、接受环境的变化并顺应时代潮流的方向，勇敢地投身于对环境的改造中去。

第六，具有较强的意志品质和挫折承受力。坚韧的意志品质是战胜挫折、最终走向成功的必要前提，教育工作充满挑战但又要求默默耕耘，要耐得寂寞，要勇于面对平凡和挑战，保持自信、热情、进取的积极心态，正确对待挫折和失败，始终保持旺盛的斗志和不屈不挠的精神。

第七，具有追求真理的科学精神。其包括探索求知的理性精神、实验验证的求实精神、批判创新的进取精神。要敢于怀疑，勇于批判，敢闯、敢试、敢冒风险，坚持真理和科学。

第八，具有与人合作的精神和健全的人格。竞争与合作已经日益突破国家和地区的界限而出现不可逆转的全球化的趋势，人们相互依赖的程度进一步加深，任何个人的进步与成功离不开合作，缺乏自主创造力和利他倾向的人，难以被对方选作合作伙伴。创新型人才必须具有良好的合作精神，真诚的工作态度和处理人际关系的能力，要学会与人合作，并不断向前人学习，向他人学习，在合作中养成宽厚、善良的性格，树立利他志向，培养无私奉献的精神，增添自身的人格魅力。

（三）创新型教师素质的基本内核：敬业精神、创新意识和创新能力

教师的劳动特点决定其必须具有敬业精神。所以，过去人们喜欢将优秀教师比作"春蚕""蜡烛"。创新型教师需要敬业精神，然而，仅有敬业精神又是远远不够的，创新型教师还必须具有强烈的创新意识和较强的创新能力。创新型教师要有推崇创新、追求创新、以创新为荣的观念和意识，强烈的除旧布新的心理欲求，昂扬激越、追求完美、攀越巅峰、达到最佳境界的意识状态。只有在强烈的创新精神引导下，人们才可能产生强烈的创新动机，树立创新目标，充分发挥创新潜能，释放创新激情，进行创新活动。世界的变化日益加快，没有创新意识和创新能力，教师就会被淘汰出局，更不必奢谈培养学生的创新能力。而有强烈的创新意识和愿望，缺乏创新的能力素养，创新目标就难以实现；拥有创新的知识结构和能力素养，却缺乏长期不懈地通过教育创新实践培养学生创新能力的热情和愿望，缺乏教育创新意识，缺乏敬业精神，高素质创新型人才培养就会成为一句空话。因此，敬业精神、创新意识和创新能力是创新型教师素质的最基本内核，缺一不可。

四、当前高校教师队伍中存在的与创新相关的问题分析

（一）当前高校教师队伍存在的与创新相关的问题

高等教育担负着为我国社会主义现代化建设提供人才和智力支持的重任，但是目前我国高校教师队伍现状与时代的要求还很不适应，建设一支创新型教师队伍还有许多问题迫切需要解决。

1. 学校层面

（1）总量不足

自改革开放以来，由于区域和行业发展不平衡及待遇的差异，人才竞争加剧，高校出现了人才的无序流动和单向流动现象，造成高校大量优秀人才显性流失和隐性流失。尤其是那些教学、科研骨干的流失，给学校教学、科研带来了不小的冲击，使一些高校的某些重点学科出现了后继乏人现象，特别是一些理、工、农、医院校的重点学科教师队伍，更面临着后继无人的危机。可以说，骨干层的流失已经成为困扰各级学校师资队伍建设的一个大问题，严重影响了创新型教师的培养。

（2）结构失衡

教师队伍的整体结构，主要包括学历结构、职称结构、年龄结构、知识结构、学缘结构等。当前，教师队伍普遍存在着结构不合理的现象，最突出的问题主要表现在三个方面。一是学历结构不合理，特别是在一般高校，具有硕士学位和博士学位的教师占教师总数的比例较少，达不到高等教育事业发展的要求。二是知识结构不合理。文科教师对理科知识几乎一无所知，理科教师对文科知识也了解甚少，跨学科人才、综合性人才更是匮乏。同时，知识结构更新缓慢，对本学科前沿跟踪不够。三是学缘结构不合理。

（3）功利倾向

近些年来，对高校的评估排名，对中青年学术带头人选拔推荐，对教师专业技术职务的评聘，"量化考核"泛滥成灾，学术论文、成果"以量取胜"之风越刮越猛，学术水平的评价过于表面化，助长了一些人急功近利的思想，使得一些人只愿做表面文章，不愿做艰苦细致的探索研究工作。

2. 个人层面

（1）教学创新意识不强，创新能力不足

长期以来，由于应试教育的影响，从小学、中学到大学都把考试分数的高低作为评价学生的标准，把教育看成单纯传授知识的行为，我国高校现有的广大教师都是在这种传统熏陶下成长起来的，而今，他们又以这种传统熏染新一代学生。用创新型教师标准来衡量，他们的知识结构严重偏科，他们的创新意识和能力明显不强。近几年来，这种状况虽有所改变，但从目前高校的办学实践来看，很多教师仍沿袭应试教育下形成的教育模式和教学方法，习惯于传统的教育"三中心"。有的人教学改革意识差，现代教育观淡薄，对学科的新发展置若罔闻，教学方法陈旧，惯于应试教育，疏于能力培养，重知识传授，轻思想教育，只是充当着现代知识的搬运工、故步自封的教书匠，消磨了学生的个性和创新精神，削弱了学生的创新能力。

（2）科研创新成果不多

科研成果少，科技成果转化率低。根据国家科技部估计，中国每年取得的近3万项科技成果中，只有两成左右的成果能转化并批量生产，而能形成产业规模的大约只有5%。

（3）创新人格尚不健全

教师从事教学科研的心态浮躁。一些教师敬业精神不强，有的甚至一心几用，搞第二职业，对本职工作投入精力不足，无精力进行新知识的补充和教学内容的更新，更谈不上创新。一些教师科学精神淡漠，在进行科研时实用主义思想浓厚，急于出成果论文，缺乏学术上的深厚功底和文化底蕴，还有一部分教师缺乏长期艰苦探索、扎实钻研的作风，导致在科学上真正地探索未知、攻克难关、有建树的学术精品不多。

五、高校创新型教师培养途径和激励机制

高校创新型教师是国家创新型人才的一部分，他们的成长离不开国家宏观政治经济体制的改革，离不开国家创新体系的建立和完善。高校与政府间的关系也是高校创新型教师生存的社会环境的重要方面。就我国的实际情况而言，如何使政府更加遵循高等教育的发展规律，更加有效地促进高等学校确立自主办学地位，形成自我发展、自我约束的机制，主动适应社会发展需要，是管理体制改革、模式和机制创新应重点解决的问题。要解决这些问题，有两方面值得重视：一是要依法行政、依法管理；二是要充分发挥中介组织的作用。最终实现管理的科学化、民主化和法制化。目前，一个有利于人才成长的市场经济体制已经开始建立，体制、制度方面的深层次问题正在逐步得到解决，与人才密切相关的保障体系——知识产权保护体系正在逐步规范，尊师重教的社会风尚正在形成。

当然，许多问题的解决还需要经过长期的艰巨的过程。下面从高校内部探讨创新型教师培育途径和激励机制。

（一）建设适宜的创新型教师成长的校园环境

适宜的校园环境是创新型教师成长的土壤。适宜的校园环境包括具有鲜明特色的办学理念和传统，具有尊重教师个性、自由民主的管理风格，具有奋发进取、求实创新的学风，具有时间充裕、空间宜人的生态环境。适宜的校园环境不是自发地建立起来的，而是要刻意去营造建设的。有了这种具有丰富精神文化内涵的校园环境，不论大学有没有围墙，不论大学是处于社会的边缘还是中央，它都具有超越现实的独特魅力。大学校园应该是创新型教师的理想家园。

1. 具有鲜明特色的办学理念和传统

每一所高校的办学层次不尽相同，承担的社会使命也各有区别：有的以学术研究为主，培育精英；有的以教学为主，面向大众；还有的介于二者之间。但是，由于无论是教育本身的创新，还是思想、文化、知识的创新，大学都要承担，不论哪一所高校，都必须确立以创新为精神骨架的既符合其社会使命又具有鲜明特色的办学理念，并使之成为学校一以贯之的传统。办学理念和传统是

学校的灵魂，是学校的命脉，有了它，大学才有精、气、神，才有生命力、凝聚力。办学理念和传统，不会因校长的更替而变更，相反，其内涵会更丰富；不会因时代的变迁而遗失，相反，其会一脉相承、代代相传。

办学理念和传统又可称作大学精神。大学精神既深藏于"大学"之中，又游离于"大学"之外。它给大学注入了生命活力，使大学不仅仅是教学楼、图书馆、林荫道等冷冰冰的建筑群落，也不仅仅是人才的集散地，而且是人的思想、价值观念、理性思考、创新、智慧与博大胸怀的代表。笔者认为，"大学精神"是在某种大学理念的支配下，经过所在大学人的努力，长时期积淀而成的稳定的、共同的追求、理想和信念，它是大学生命力的源泉，是大学文化的精髓和核心之所在，是对大学的生存起决定性作用的思想导向。大学精神之于大学正如土壤、空气、水、阳光之于植物的生命一样重要。

2. 具有尊重教师个性、自由民主的管理风格

创新与自由向来是一对孪生子。没有自由探讨的空间，没有学术民主的气氛，没有批判的精神和宽容的态度，没有自主选择的权利，人才之花就不可能绽放。在传统的教育管理体制中，学校对教师的管理往往是以事而不是以人为中心的，教师的一切工作都围着教学计划转。统一教学大纲，统一教学进度，统一教学时间，统一教学形式，使教师成为教学的机器，缺乏工作的自主权，只能在统一的管理模式中运行和发展。由此导致许多教师以服从为天职，把个性泯灭在共性之中，不敢越雷池一步。偶有教师偏离常规，学校往往会采取种种手段使这些偏离得到校正。各种有形无形的条条框框，使教师无暇创新、无力创新、不善于创新。因此，要孕育创新型人才，就必须突破条条框框，为创新营造一个自由的学术气氛和宽松平等的学术生态环境。大学必须奉行学术自由的法则，尊重教师的个性，尊重教师的意志和权利。要给教师创设一个自主发展的空间，不要侵犯教师生存和发展的自主权利，让每一位教师成为具有自主精神的个体，自由研究的主体。

3. 具有奋发上进，求实创新的学风

学风，简单地说是某种学习上的风气，或者说是指学术研究方面的某种风格。综合地说，学风是学习者在求知的目的、治学的态度、认识的方法上长期形成的，具有一定稳定性和持续性的心理素质、精神倾向和思想特征。对一所学校而言，学风则是师生在治学的目的、态度、方法上所长期形成的具有传统性、共同性的心理素质、精神倾向和思维特征。良好的学风，能够激发学生的求知欲望，培养学生严谨的科学态度、大胆探索的科学精神、实事求是的学术道德，

是培养学生成才的重要手段。

良好的学风对于教师而言，同样也能起到匡正学术态度、激发创新热情的作用。由于学风反映出一个学校在治学方面所共有的那种精神倾向和素质，因此它无疑是一种集体意志的体现。优良的学风，能够帮助教师抵御学术上不正之风的侵蚀。

4. 具有时间充裕、空间宜人的生态环境

时间是教师从事学术活动的宝贵资源。据统计，有28%的教师感到最为烦恼的是时间不够用。教师都希望自己能自由支配和安排自己的时间。因此，要给予他们一定的假期，给他们广阔的空间和充实的时间，尽量减少行政事务性工作的时间，以便他们可以自主做出外出调研、考察访问和参加学术会议的选择。这就需要学校管理者积极营造有利于教师学习思考的时间和空间环境。一方面，可以积极创造条件，尽力实现教师轮休制、脱产学习制；另一方面可适当减少不必要的会议、比赛、检查和考试，尽力给教师松绑。在这里特别建议：应注意教师劳动的独立性、创造性特点，尽力给教师配备相对独立、相对安静的小型办公室。应实行弹性工作制，以保证教师有学习思考的自由时间和空间。

（二）建立激发创新行为的激励机制

所谓激励，就是组织通过设计适当的外部奖励形式和工作环境，以一定的行为规范和惩罚性措施，借助信息沟通，来激发、引导、保持和规范组织成员的行为，以有效地实现组织及其成员个人目标的系统活动。

所谓机制，是指系统内各子系统、各要素之间相互作用、相互联系、相互制约的形式和运动原理以及内在的、本质的工作方式。

激励是以人本理论为基础、以人为中心的管理活动，它追求管理活动的人性化。机制则是以对系统各要素内在关系的认识为基础、强调人的行为的理性层面，它追求管理活动的制度化。

激励机制是指在组织系统中，激励主体与激励客体之间通过激励因素相互作用的方式。激励机制理论就是以制度化为基础，以人为中心的人力资源管理理论。

激励的基本任务就是调动下属的积极性，激发他们的创造性和主动性。正如弗朗西斯所说："你可以买到一个人的时间，你可以雇一个人到固定的工作岗位，你可以买到按时或按日计算的技术操作，但你买不到热情，你买不到创造性，你买不到全身心的投入，你不得不设法争取这些。"这句话生动地指出了激励的重要性。

1. 要有公平、合理的评价机制

由于评价机制扭曲造成的学术界"急功近利""表面化"现象，当务之急是要建立公平、合理的评价机制。因为，人才培养与科学研究是大学的中心任务，所以教学、科研评价制度是评价高校创新型教师竞争力的两个核心维度。在这方面，国际上成功的评估方式值得借鉴。

2. 要有双向选择的流动机制

双向选择的流动机制包含着学校和教师都有自主选择的权利。这种权利，对于教师而言，是保持最佳生存状态和精神状态的基本前提。从历史资料来看，大学教授的这两种权利，在过去是得到实现的。自由流动只是大学教授的一个普通权利，这种权利并非大学教授所独有，所以强调这种权利对大学教授的重要性，是因为他们在谋生之外，有天然的关怀社会的责任，要主持公道，要批评政府，要通过写文章办报纸来伸张正义，这些特征决定了教授是一个自主性极强的群体，也同时决定了他们的生存环境相对有多变性，他们比其他阶层要难于在一个固定的环境中长期待下去，这时如果没有自由流动的权利，对教授来说，实在太痛苦了。试想，当一个教授不能满足于自己的工作环境，又厌恶自己的顶头上司，可他又无法摆脱这样的环境，那么他的才华只会日益枯萎。自由流动是最符合人性的活动规律。

双向选择对于学校来说也是激发教师活力的有效手段。人都是有惰性的，在计划经济体制下，人员单位所有制，不称职、无贡献甚至与组织目标背道而驰的人照样捧着铁饭碗，学校对他无可奈何。在这样的体制下，优不胜，劣不汰，人员的积极性、创造性受到极大伤害。

有选择才会有竞争，双向选择能够创造出一种良性的竞争环境，进而形成良好的竞争机制。高校之间、高校与社会其他行业争夺优秀人才，最有力的措施是提高学校的地位，改善学校的整体环境，这本身就是对高校自身建设的促进。对于教师来说，在具有竞争性的环境中，组织成员就会受到环境的压力，这种压力将转变为教师努力工作的动力。正如麦格雷戈所说："个人与个人之间的竞争，才是激励的主要来源之一。"

3. 要有适度的物质激励机制

激励知识型员工的前四个因素依次为个体成长、工作自主、业务成就和金钱财富。与其他类型的员工相比，知识型员工更加重视能够促进他们不断发展的、有挑战性的工作，他们对知识、对个体和事业的成长有着持续不断的追求。他们要求给予自主权，使之能够以自己认为有效的方式进行工作并完成企业交给他们的任务。获得一份与自己贡献相称的报酬并使自己能够分享到自己创造的财富，仍然是激励知识型员工的一项重要措施，但与成长、自主和成就相比，金钱的边际价值已经退居相对次要地位。

作为管理工作者，应该充分认识到教师需要的多重性、复杂性；承认教师作为复杂劳动者，在高等学校应享有较高的待遇；鼓励其通过创造性研究获得必要报酬，推动专业技术、管理等生产要素参与技术分配。

在进行物质激励时，要注意防止两种倾向。其一，受长期以来在分配领域盛行的平均主义思想影响，不敢拉开差距，或者在拉开差距的过程中，受到抵制即自行放弃。我们现在在分配领域强调兼顾公平与效率，适度拉开差距是符合各类人员劳动特点的。其二，过于扩大物质激励的作用，把经济利益过于简单地与完成成果的量挂钩，既违背了教学、科研的基本规律，又容易把教师引导到唯利是图的错误道路上去。

4. 要有鼓励发展的培养机制

对工作成绩优异的教师可提供带薪进修、攻读学位、出国学习的机会。这一方式几乎对所有教师都有吸引力。其重点是怎样与其所做的贡献、素质条件挂钩，以体现择优培养的精神。

（三）培养创新能力的途径

1. 加强国际合作与交流

创新需要交流和合作。创新不管大小，只有世界水平的创新，而不存在国内领先的创新。要创新就要了解世界，加强国内外交流，欢迎一切新的经验和进步，只有充分地继承了前人的先进成果，才能做到创新。即使引进必要的新技术，也有二次创新的问题，即增强自主创新的能力。交流并不是单向的，只有互惠才能推动和发展交流。谁的自主创新能力强，谁就会在交流中取得更大的益处。

中国大学要实现现代化，必须走向国际化。大学教师要培养创新能力，必须加强跨国界、跨民族、跨文化的多边交流与合作，使不同的教育观念发生冲突和碰撞，不同的思维模式相互改造和补充，在文化分析与综合之中培养创新意识与能力。具体说来，加强国际交流与合作对培养创新型教师至少有以下几点作用：

（1）提高教师的学术起点

通过"走出去"和"请进来"的国际交流与合作能使我国的一大批教师较快地进行知识更新，通过交流所获得的国际前沿的新知识、新方法、新信息，经过他们的努力消化，很快就能使他们成为新一代学术带头人，并且也能很快缩短与发达国家在学术和科研能力上的差距。

（2）帮助教师了解最新的国际人才培养观念

要培养得到国际公认的人才，就必须有具备国际眼光的教师。对于教师而言，双向的国际交流让他们有机会了解国际最新的教学动态，包括最新的教学模式、课程设置、评价方法等，从而促进教师高等教育观念和思维模式的变革，这无疑对教师进行创新性教学有极大的启发作用，能收到事半功倍的效果。

（3）是教师学术成果被宣传、被承认的重要方式

在国际学术会议或其他相关国际交流的场合，教师通过介绍自己的学术成果，不仅能扩大影响，赢得世界声誉，从而大大提高教师的积极性，而且有机会获得支持，争取到有益的国际帮助。

2. 实施终身教育

在政策导向方面，要大力提倡继续教育，鼓励教师终身学习，制定相应政策，明确各级教师培训的指标要求，并与教师的职业招聘和职务聘任紧密挂钩，激励教师主动参加继续教育。采取多种培训形式，由教师根据规定的指标要求、自身条件自主安排参加培训。

3. 创造机会，加强实践锻炼

教师工作本身就应是一项极富创造性的工作。有学者曾指出："优秀教师不是靠大奖赛奖出来的，而是在教改实践中不断探索和磨炼，在教学研究中不断学习和积累的过程中成长起来的。"教师的创新能力同样需要在不断实践、不断探索的过程中逐渐培养起来，离开了实践，创新能力就难以养成。一方面，需要为教师的创新实践提供各种方便和机会，尽力帮助教师解决实践过程中的一切困难，特别要尽可能为教师提供科研实验条件。现在无论是国外回来的人才，还是送到外校培养后回来的人才，经常遇到的难题就是工作条件太差。缺少必要的硬件设施，人才就无法施展拳脚，时间一长将失去其价值。另一方面，需要为教师的教育创新实践提供良好的舆论导向和氛围，尽力为创新者承担风险并消除其后顾之忧，失败不追究，成功归教师，成果推广应重奖，让每一位教师勇于实践、敢于探索、善于创新。

第三节　打造培养创新型人才的课堂

一、以培养创新型人才为目标的高校课堂教学

（一）创新型人才的素质特征

综观古今中外对创新型人才的定义与研究，虽不尽相同，但从总体上看，创新型人才具备以下几个方面的素质特征。

1. 高尚、积极、自觉的心理素质

①创新型人才应当具备高尚的品德，包括高度的社会责任感和使命感、崇高的职业道德和社会公德等。德是个体对社会、对他人责任心的一种表现，是从事任何工作的基础，是一个人健康成长的必要条件。创新型人才只有具备高尚的品德，认识到自己是社会集体的一分子，才能在社会发展中承担一份责任，才能用"才"切实为人类谋福利。

②创新型人才应当具备积极的人生价值取向。人生价值取向作为一种心理倾向，对人类活动具有不可忽视的导向作用。创新型人才只有树立积极的创新意识，将创新作为人生价值观的重要组成部分，才能将创新活动与国家、社会和人类的利益相结合，并将它作为自己的人生追求。

③创新型人才应当具备创新意识。意识作为一种自觉性的心理思维，它对人的心理活动具有调节、控制、指导的作用。创新意识是一种稳定的积极的心理倾向，极大地影响着个体创新能力的形成与培养。换言之，创新意识就是创新精神，它是创新的核心要素，是创新的灵魂，具备创新精神的个体对世界充满好奇，有强烈的探索欲望，勤于思考，善于发现问题和提出问题，"不唯上，不唯书，只唯实"。

2. 博专结合的知识储备

①创新型人才应当具备广博的基础知识。合理的知识体系是创新活动的内在源泉。创新活动以知识为基础，它是在接受和学习前人知识经验的基础上完成的。斯顿伯格认为，知识在创造力中充当重要角色，因为我们不可能对一无所知的事物产生新异观念。创新不能离开知识凭空进行，丰富的知识是创新能力的源泉，也为新异观念的产生和评价提供了基础。如果学生知识面窄，就无法开拓思维、综合知识进行创新。因此，广博的基础知识是创新型人才的首要素质。

②创新型人才要具备深厚的专业知识。深厚的专业知识，是创造者在相关领域培养求异思维、开拓新领域的基础，是发展创新精神和创新能力的不竭动力，为创新活动提供了良好的工作平台。它要求既掌握相关专业的知识与技能，还要积极关注学科前沿及其发展动向，及时把握学科发展最新成果。只有全面构建坚实的专业知识，才能敏锐地产生独特、新颖的思维，培养自身的创新能力。但知识不等于创新，知识与创新不成线性关系，只有不断激活已有知识，对个体知识点进行重组，才能创建和升华知识。

3. 发达的智力与非智力因素

①创新型人才应当具备发达的智力。智力是以抽象的思维能力为核心的综合认识能力，直接影响人的学习和工作效率，它包括观察力、注意力、想象力、记忆力和思维力等。创新是智力的高级表现，只有具备高超的智力，才能系统融合知识、灵活调动各方面的能力。一般认为，积极的求异性，敏锐的观察力，丰富的想象力，独特的知识结构、灵感等是智力发达的表现。创新思维能力是创新能力的关键，是创新能力最重要的主体性条件和根据，其基本特质是新颖性和独特性。它是发散思维与聚合思维、直觉思维与分析思维的有机结合，并向灵活性和自发性等方向发展。因此，不断开发创新型思维，对于增强创新能力具有十分重要的作用。

②创新型人才的非智力因素是不容忽视的重要素质，包括创新需要、创新动机、创新兴趣、创新情感和创新意志等。创新需要和创新动机是主体的内驱力，是创新活动的深层原因，它能推动和激励人们发动和维持创新活动；创新兴趣能促进创新活动的开展和深入，是促进人们积极探求新奇事物的一种心理倾向；创新情感是支持人们完成创新的精神动力；创新意志是在创新中克服困难、冲破阻碍的毅力和不屈不挠的精神。

4. 强健的身体素质

只有增强身体素质，才能强化身体各部分的功能，特别是身体整个神经系统的稳定性和灵活性。创新型人才只有掌握体育锻炼和卫生保健的知识、技能、技巧，注意增强自己的体力和体质，才能保障创新活动的顺利展开。

（二）创新型人才培养对高校课堂教学的要求

1. 课堂教学的内涵

虽然教学是教育学的一个基本概念，但由于人们对教学的认识角度、认识方法等不同，对教学概念的解释也不尽相同。

最广义的教学可以包括自学、科研甚至生活，而狭义的教学可以指在某时某地发生的教学活动。目前，比较有代表性的观点认为："教学是教师、学生的共同活动，是在教师的指导下，学生自觉的、积极的认知活动。""所谓教学是教师教、学生学的统一活动；在这个活动中，学生掌握一定的知识与技能，同时，身心获得一定的发展，形成一定的思想品德。""教学是教师的教和学生的学所组成的一种教育活动。通过教学，教师把人类长期实践积累起来的科学文化知识，有目的、有计划、系统地传授给学生，培养他们认识世界和改造世界的能力，使他们迅速成长为有社会主义觉悟的有文化的劳动者。"

这些观点主要强调了学校中形态多样的教学活动，都必须是"教师教和学生学的统一"，即教学是教与学统一的活动，不能将其只看作教或者学，二者缺一都是没有意义的；强调了教师主导与学生主体的统一，教师不能代替学生成为学习的主体，学生的学也只有在教师的指导下才能更好地发展；强调了教学的全面性，教学不仅仅是知识、技能的传授，更是学生情感的升华、品德的完善，强调教学生学会做人。

课堂教学的基本组织形式是班级授课制，主要是教师和学生以课堂为主渠道，在教师的教和学生的学的统一活动中，通过教材，以交流、合作等方式，达到教学目标，促进学生发展。它是一个动态完整的过程。课堂教学作为一个复杂系统，结构要素包括很多，主要有教学目标、教学内容、教学方法、教学环境、教学评价、教师和学生七要素。学生是教学的主体，所有的教学活动都围绕学生这一主体展开，它既是教学活动的出发点，也是教学活动的落脚点；教师在教学中起着关键作用，所有的教学要素都通过教师发挥主动性去调整，从而影响学生的学习活动，使教学过程最优化，取得最大的教学效果。

2. 以培养创新型人才为目标的高校课堂教学的特征

在高校中，课堂教学有其明显的特征，就教学对象而言，他们是已经掌握一定知识与技能、心智素质达到最佳可塑状态的大学生，不论是自我意识的发展，还是各种能力的增强，都使其具有较强的独立性，如感觉敏锐，观察有一定的目的性和系统性等。因此，这就决定了高校课堂作为教学的主要途径，应当对其予以高度重视，提高课堂教学质量才能提高高校人才培养质量。

高校课堂是培养创新型人才的主阵地，高校课堂教学应该具有以下几方面的特征。

（1）教学目标重在培养能力

一方面，以创新型人才培养为目标的高校课堂教学，在教学目标设置上，不但能够引导学生完成认识性教学任务，如知识和技能的掌握，同时还要注重对学生学习兴趣、内在学习动机和热情的培养和激发，引导学生形成独立发现问题、解决问题的思考力和表现力，提高学习者分析－解决问题能力，发展独立思考和评价－判断能力，培养群体之间的协作和学会学习能力等素养。另一方面，认真贯彻"以学生为主体"的理念并落到实处，激励学生思考、学习等能够主动达成，教师能够将"手放开"，让学生学会独立行走。

（2）教学内容重在"深化与广博"

以创新型人才培养为目标的高校课堂教学在教学内容安排上，要注重"深化与广博"相结合，使学生主体既能牢固掌握、深入钻研所学专业知识内容，及时掌握本学科领域的前沿内容，不断与时俱进，敏锐地产生独特、新异思维，在潜意识中激发自身创新能力，又能拓宽其知识面。

（3）教学方法重在多元化

以创新型人才培养为目标的高校课堂教学在教学方法采用上，突破了传统的授受式教学方式，其根据学科特点与学生素质特点进行多元化教学，如案例教学法、情境教学法等，注重对学生自学能力、研究能力、实践能力、合作精神和创新精神等方面的培养。

（4）教学评价重在综合化

以创新型人才培养为目标的高校课堂教学特点如下：在教学评价实施中，注重综合学生各方面的评价；在评价内容上，包括对学习者学习过程和学习结果的双重评价，注重对学习者观点生成、思维过程和问题求解的过程等多方面、多角度综合评价；在评价标准上，教师和学生共同参与制定；在实施过程中，通过教师评价与学生的自评、互评相结合，对学生的发展进行全方位评价；在评价方法上，采用多元化、综合化的现代评价方法。

（5）教师队伍建设重在创新性

实现以创新型人才培养为目标的高校课堂教学，其关键在于建立具有创新能力的教师队伍。可以说，没有一支高素质的创新型教师队伍，就培养不出一大批具有创新精神和实践能力的高素质人才。创新型教师应当具有创新意识、开放意识，具有多元合理的知识结构以及自身在实际教学过程中表现出来的求异性、新颖性和高效性的能力，如发散思维能力、动手操作能力和教育科研能力。

二、高校课堂教学创新型人才培养措施

（一）树立创新型教学观念

观念是人们对客观事物的认识和看法，具有指导人们实践活动的作用。观念作为一种社会意识形态，反映了一定社会与时代的特点和要求。随着社会的进步与发展，观念随之变化与更新，从而与社会发展相协调。

教学观念是教育主体在教育实践的基础上产生的、对教育问题的认识和看法，是建立在教学过程基础上的意识形态，实质上是教育界的"上层建筑"，是教学主体对教学各方面的理解，是一种价值倾向。它指导着人们的教育实践活动，规范着人们的教学行为。任何一种教育形态都有支持它的教学观念，"看得见的教育行为的背后都有看不见的教学观念"，有什么样的教学观念，就决定了教师的教学方法、教学行为，决定了学生的学习方法、学习行为等。教育教学改革必须以转变教学观念为先导，这是实现高校课堂教学改革、培养创新型人才的首要问题。

1. 构建创新型人才观

人才观是教育观的基本问题之一。在教育观系统中，它位于目标系统与方向系统的位置，对人才培养方向、未来人才衡量的标准以及教育实践、课程设置等都具有导向作用。创新型人才具备良好的创新素质，表现出敏锐的观察力、思维的批判性、人格的独立性和能力的综合性等特征，是创新型人才观所必须重视的。

2. 构建创新型教学观

随着时代的发展与变化，传统以认知为中心的工具理性教学观逐渐暴露其局限性：教学忽视人的生命活动的生动性、复杂性等特征，而以认知的确定性代替；割裂教学与人的现实生活的联系，造成教学机械化、程式化，进而导致创新型人才培养举步维艰。因此，提高人才培养质量，必须从发展人的角度构建新型教学观，以人的生活世界为基础对象，注重动态的变化和创造，注重教学过程的生成性，关注个体差异。总之，创新型教学观是以动态的、开放的眼光看待教学。

3. 构建创新型学习观

一般认为，学习观是指学生个体对知识、学习经验的认识，也有人把它看成学生个体对知识和学习的一套认识论信念系统，它涉及对知识性质、学习性质、学习过程与学习条件等维度的直觉认识。学习观是人们对学习活动本质属

性的认识和看法，对教师教学方式和学生学习方式的选择具有决定作用，影响着教育教学效果和人才培养质量。创新型学习观作为一种科学的学习观，强调学生学习过程中的主观能动性，强调个体积极主动地构建自身的知识结构，强调学生的创新精神和实践能力，有助于实现个体自学能力、创新能力和整体素质的共同提高。

（二）设置完善的课堂教学目标

教学目标是教育教学的出发点，也是教育教学的最终归宿，它是教师对学生预期的学习成果。教学目标在整个教学活动中起着"核心"作用，即任何教学活动都围绕教学目标的实现而展开，是整个教育目标体系的终点和关键。一般认为，教学目标可以分为两个层次：第一个层次是学科课程水平的目的；第二个层次是课堂教学水平的教学目标。具体而言，课程教学目标相对较抽象，与国家的课程观念及改革相关，制约着课程内容的选择和组织，影响课程的实施和评价，一般是由国家行政部分和专家学者制定的、针对学生的发展和某一科类的全局而提出的基本标准和要求，而课堂教学目标则是对课程目标的具体化，为指导、实施、评价教学提供依据，主要是由任课教师根据学科特点、学生特点和方法而制定的教学依据，相对灵活，更富有实践性和操作性。

1. 教学目标的综合化

理性因素与非理性因素是当代哲学中一个常用词。一般认为，理性是指逻辑思维、科学思考，而非理性则是指人的直觉、意志、欲望、本能等，两者是有区别的。同时，人的意识活动是理性与非理性的统一。作为学习主体的学生，其成长与发展的过程，既有理性因素的参与，也有非理性因素的参与，这也是作为创新型人才所必需的素质。在教学过程中，理性教学目标则是指学生对知识、技能的掌握和运用，非理性教学目标则是指学生对学习的兴趣、动机、态度和思考力、判断力和表现力，二者相辅相成，缺一不可。

（1）培养创新型人才应当确定理性教学目标

理性教学目标是引导学生掌握、运用学科知识和技能，培养学生创新能力的目标。学科知识是学生健康发展、学校顺利开展教育活动的基础和中介，学科知识以及其内在的逻辑结构是任何教育活动组织和实施的依据。知识为创新提供了原材料，创新是知识的转化与整合。

但是知识的性质、质量不同，对学生的创新能力的影响也不尽相同，并不是所有的知识都有助于创新，都能成为创新的动力与源泉。教育教学过程中确定的理性教学目标，不仅是让学生掌握基本的学科知识，还应掌握高质量、有助于创新能力培养的知识，如逻辑上有必然联系的知识，程序性而非事实性知识，以主题为中心构成的结构性知识，多方面、多类型的知识等。这些目标强调知识之间的联系性，学生面对问题时能够主动结合已有的知识形态和问题状况不断深入思考，增强了思维的灵活性，增大了创新的可能性。

（2）突出对学生非理性教学目标的培养

非理性教学目标是相对于理性目标而言的，主要包括兴趣、动机、态度和思考力、判断力和表现力等，反映的是创新型人才发展的内在要求，是创新思维不容忽视的素质。

2. 重视学生高阶能力的培养

高阶能力，是以高阶思维为核心解决复杂问题或复杂任务的心理特征，是学习高阶知识、发展高阶思维和实现知识迁移的能力，主要包括创新、决策、问题解决、批判性思维、信息素养、协作等能力，高阶思维是其核心。

进一步讲，高阶思维是发生在较高认知水平层次上的心智活动或较高层次的认知能力。在教学目标分类中通常表现为较高认识水平层次的能力，如发现问题、分析问题、评价与创造的能力。高阶学习是指运用高阶思维进行有意义的学习，它通常是主动的、建构的、反思的、合作的。

著名教学设计专家加涅将学习结果分为言语信息、智力技能、认知策略、动作技能和态度五种，其中认知策略是指在问题求解或其他学习活动中运用了监控思维和行动的心理规划；以布鲁姆为代表的教育目标分类学家将教育目标分为认知、情感和动作三大类，其中认知目标中的分析、评价、创造则强调了发展高阶思维，都强调了学习者在有意义学习中的主动、认知和构建过程，强调了学习者获取知识和思考问题的过程。

因此，作为教学主导的教师，应当深入研究教育学家对教学目标的分类学说，结合时代发展的要求和学生发展的需要设定教学目标。为培养创新型人才，教师应注重对学生高阶思维能力目标的设定与实现。

（三）深化拓展教学内容

教学内容是教学活动中最有实质性的内容，是人才培养的知识载体。就其本质而言，是一个动态、综合的概念，它是为了实现教学目标，依据课程内容和教材内容，结合人才培养目标与课程目标组织编排的学科知识或信息。教师对教学内容的把握，或者说对教学内容创造性地呈现出来，将有助于创新型人才的培养。

1. 拓宽教学内容范围，促进教材活页化

现代科学技术的迅猛发展加剧了知识和技术的高速度增长和更新，如果教学内容仍然停留在十几年前甚至更早期的教学内容，那么必然会落后于时代发展，不利于创新型人才的培养。

因此，要培养学生的创新能力，就应当更新教学内容，使其体现时代发展特征。教师应融合学科发展的前沿内容，根据时代发展和教学大纲要求，在尊重教材原有稳定理论知识的前提下，重新分析已有的概念和原理等，合理取舍、组织和加工，赋予其新内涵和新要求。促进教材活页化，即教师及时收集整理相关的学科前沿知识、最新科技成果、新问题、新发展等，穿插在相应的教学内容中，使教学内容追随甚至引领时代发展，体现出时代特色，有助于更新学生的知识结构，激发学生学习的积极性和主动性。

对于传统教科书，教师应突破传统的以系统讲解、叙述等基本方法——教教科书的框框，灵活运用教科书，充分发挥自身主观能动性，在基本内容的基础上调动自身的智慧、经验、情感等，拓宽教学内容，体现个性化的风格和特点，更新已有的内容，促进学生对所学内容的理解和掌握，拓展其思维、提高其学习能力。

同时，这也要求教师不仅要吃透教材的内容，更要具备广博的知识和丰富的实践经验以及对教学对象的了解和对教学艺术的把握，如此才能掌握传授知识和发展能力的要点。

2. 淡化学科之间的界限，强调学科综合化

随着科学在不断分化，同时各科学领域之间又相互渗透、交叉和融合，因此加强跨学科教学成为培养创新型人才所要面临的重要问题。不论是自然科学、人文科学还是社会科学，都不同程度地出现相互整合的趋势，同时，科学技术往往在交叉点处取得创新与突破，而创新型人才不仅要求具有高深的专业学科知识，更强调知识的广博性，以使其能达到举一反三、触类旁通的境界。

因此，加强跨学科教育，能够为社会发展、创新型国家的建设提供新型的综合性人才，更有助于学生个体形成终身学习的能力，以适应未来社会的变化与发展。首先，应实现本学科范围内教学内容的综合化，根据学生的能力和水平统筹考虑和安排课程，改造与重组学科知识内部结构，形成纵横交错、彼此相互联系的知识结构；其次，应使教学内容突破本学科的知识范围，打破学科间的界线，加强与其他学科知识间的联系，帮助学生将各学科知识融会贯通；最后，自然科学和社会科学两大学科之间要渗透交融，使文科的学生学习理工

科的基础知识,使理工科的学生加强人文科学的素养。为此,教师不仅要研究和掌握本学科的教学大纲教材,而且还要研究邻近学科的大纲教材,将相关知识集结成网络融入教学内容中去,实现教学内容在更高层次上的综合化,不断提高学生认识世界以及综合、灵活运用知识解决实际问题的能力。

(四)实施创新型教学方法

教学方法是指教师和学生为了达到教学目标、完成教学任务而开展教学活动的方式、途径和手段。课堂教学方法的改革是课堂教学改革的直接体现。以创新型人才为培养目标的教学方法,应当综合考虑高校培养目标、教学内容的前沿性和不确定性以及大学教学活动的特点等因素,注重对学生自学能力、研究能力、实践能力、合作精神和创新精神等方面的培养。也就是说,高校教学方法既要反映教学方法的一般要求和本质,又要体现高等教育这一特定阶段的特点。因此教师进行课堂教学时,要根据每堂课的教学内容,选择适合于提高学生学习积极性和主动性、活跃学生思维、提升学生学习和研究品质的教学方法,坚持教学方法的灵活性和多样性,不拘泥于某种单一的教学方法。

1. 批判继承传统教学方法

对于传统教学方法,如讲授法,高校应采取批判继承的态度,而非一刀切地摒弃。这是教学内容的需要,某些专业课程的教学内容决定了以教师讲授为主的传统教学方法依然是实现教学目的和完成教学内容的必备且有效的方法。

高校教学活动通常以课堂教学为主,因此在课堂教学过程中,如何组织和保证教学活动的顺利进行就成为教师必须面对的首要问题。由此也就决定了教师在课堂教学活动中的主要地位和作用,对于教学内容之基本知识的传授也就成为高校教学活动的必要内容。对所授课程的基本原理和规则的说明和解释离不开教师的讲授、分析、论证、演示以及提问等方式。因此,传统教学方法依然为保障教学活动所必需。

2. 多元组合新型教学方法

综合采用或组合新型教学方法,既可以帮助学生学习知识和技能,又有助于提高学生发散思维能力、批判思维能力和创新思维能力。下面主要探索以下两种教学方法。

(1)案例教学法

案例教学法是将性质相同的情形作为一组案例,分析一类现象,并从中开启一个观点,从不同角度理解某个结论普遍意义的教学方式。其关键是通过设置中心明确的案例和讲解掌控得当的方法，变授人以鱼为授人以渔，教师通过帮助学生认知解决共性问题的思路和逻辑，加深对重要观点、原理的理解，并进一步就类似问题提出发散性、创造性的解决方法和方案。案例教学法强调教师的引导作用，教师将讨论问题的范畴与概念交给学生，并引导学生进行理论分析，构建解决问题的思路与框架，从而使学生系统地思考问题，真正进入创新性的学习状态。在分析事物或事件时，培养学生发现关键问题的敏锐性与洞察力，即善于从一个不经意或被人忽略的事态中感悟发现主导事物本质或决定事态走势的真正因素，是挖掘创新素质的基础，其重点是要建立一个有理论指导的分析框架。在此过程中，教师发挥着重要的引导作用，教师的学识、实践经验以及语言指向性等对学生潜移默化的影响巨大。

案例教学可以让学生在复杂形势下练习自己做决策，允许学生去发现一个问题的多种处理方法以及它们的应用情况，刺激学生批判性地思考问题。案例教学法极大地调动了师生共同参与到课堂中来的积极性，彼此相互激发、相互影响。

（2）探究式教学法

探究式教学法是指从学科领域或现实社会中选择和确定研究主题，在教学中创设一种类似于学术（或科学）研究的情境，通过学生自主、独立地发现问题、调查、收集与处理信息，开展交流与合作等探究活动，从而获得知识与技能、情感与态度的发展，特别是探索精神的提高和创新能力的发展。探究式教学以师生平等、友好、互动的讨论和交流形式为主。在探究过程中，教师旁听、引导研讨、听取学生的想法与意见，解决相关问题。探究的形式可以有多种，如研讨会，即任课教师根据学科特征和学生情况，为学生提供相关书籍或资料，要求在规定时间内完成相关任务，在课堂上以探讨的形式进行交流。在此过程中，课堂主要以交流讨论或研讨的形式进行。

在讨论过程中，教师发挥主持人、组织者和引导者的作用，教师不会简单地肯定或否定学生的意见，而是鼓励和启发学生，必要时给予及时的帮助和指导。整个过程主要由学生自己完成，以充分发挥学生的主体作用，调动学生参与的积极性，促使学生在掌握新知识的基础上获得科学研究的方法，并有效地促使学生形成主动学习和思考，提出问题、解决问题的意识与习惯，提高学生自主研究和独立探索的能力。

（五）构建现代新型教学评价体系

所谓评价，是指人们对外在事物的价值评估，是判断事物好坏、优劣的过程。

教学评价是对教师的教学工作和学生的学习质量做出客观的衡量和价值判断的过程。教学评价并不能直接影响学生或教师的创新能力，但会促进或抑制创新品质的形成，从而对创新能力的发展构成影响。

1. 改造传统教学评价方法

一般来说，传统教学评价方法包括测验评价法、调查评价法等。虽然这几种评价法发展相对成熟，但为适应创新型人才培养的需求，应当进行一定的改造。

对于测验评价法，它是一种了解学习者达成认知目标程度的常用工具。而试卷则是实现这种评价方法的主要载体。试卷题目通常由主观题和客观题两部分构成。主观题即要求学生用文字、算式等进行解答，主要评价学生的理解能力、归纳推理能力、组织表达能力等，相较而言难度稍大；客观题旨在考查学生的知识记忆、一般理解和判断能力等方面，相对简单，容易掌握，效率高。因此，在编制试题时，应将这两类试题相互结合，同时使用。

对于调查评价法，它主要了解学生的兴趣、态度、习惯和意向，了解各方面对教学过程和教学结果的意见，从而为改进教学提供依据。因此，在调查过程中，要明确调查目标，设计调查内容，简洁大方地展示调查表，以引导学生有目的地反思与提升。

2. 树立现代教学评价观念

目前，我国高校对学生的评价存在诸多方面的问题，为了培养学生的创新意识，提高学生的创新能力，必须建立现代教学评价观。现代教学评价观主张以评价促进学习者发展，旨在通过评价使学生学会实践——反思、发现自我、发展自我的过程，努力形成有助于学生积极进取、开拓创新的气氛。在实际教学过程中，要注重对学习者的学习过程和学习结果的双重评价，注重考查学习者观点生成的思维过程和问题求解的过程，如计划、执行、反思等，而不仅仅关注学习结果；关注学习者运用知识解决问题的能力，强调高阶思维能力的发展，重视学习者对所学知识和技能的灵活应用，而不是对知识的回忆，这样可以从多方面促进学生智力结构和非智力因素的全面形成，进一步优化自身行为，从而为其进行创造活动奠定厚实的基础。

根据实际问题和学习者的学习态度，学生在学习活动中的体验情况，学生对学习和研究方法的技能和方法的掌握情况以及学生的创新精神和实践能力的发展情况进行综合评价，关注个体的过去与现在表现，将定性评价与定量评价相结合，如此，在促进学生和谐发展的基础上，大力挖掘学生的潜能，形成有个人特色的兴趣、爱好和特长。

评价标准应由教师和学生根据学科特点和人才培养目标共同参与制定,而不是只根据教学大纲或者由教师、课程编制等意图制定,从而促使学生参与到教学评价过程中来,成为评价主体之一。同时,在创新型人才培养的教学评价中,可以采取教师评价与学生的自评、互评相结合的方法,还可以调动家长、相关企业或有关部门参与到评价过程中,对学生的发展进行全方位评价。

3. 开发现代教学评价方法

在现代教学评价观的基础上,教学评价方法的发展越来越多元化、多样化,如有量规评价法、自我评价法等。

第四章 高校创新型人才培养的教育环境建设

第一节 创新型人才与环境

一、人才培养与环境的关系

（一）环境的概念

"环境"一词是一个相对的概念，一般是指围绕某个中心事物的外部世界。广义的"环境"一词是一个由多个层次、众多要素构成的巨大"系统圈"。它既有物质形态，又有精神形态；既构成了人类实践活动的对象，也为人类的生存与发展提供了各种条件。从荀子的"蓬生麻中，不扶而直；白沙在涅，与之俱黑"到亚里士多德的"地理环境决定论"，中外先哲早已将人与环境、教育与环境的关系作为其研究的主题。近现代以来，在探寻人才形成和人才培养方法的进程中，教育学、心理学、社会学、管理学等不同领域的研究者也不约而同地关注到了"环境"在人才成长过程中的重要作用，并形成了一大批关于人才与环境关系的理论学说，其中较有代表性的学说主要有心理场理论、社会行动理论和创造性社会心理学理论。

（二）著名的人才与环境关系的理论

1. 心理场理论

库尔特·勒温是著名的德裔美国心理学家，先后在德国慕尼黑大学、柏林大学学习，后来到麻省理工学院工作，并在此期间提出了著名的心理场理论。他受物理学上"场论"的影响，将人的心理和行为视为一种场的现象，认为人的思想和行为是在一种心理场中发生的，不随过去或将来而改变，这个心理场是"包括这个人和他的心理环境的生活空间"，人的心理环境即指从这个人的需要出发来理解的环境，不单单是地理环境。他在《人格的动力理论》一书中指出，要了解或预期心理行为，我们必须确定当时整个情境中的各种心理事件（动作、情绪、表现等），即当时的完整结构和人的状态以及心理环境的状态。

对于心理场中环境对个体行为的影响过程，勒温具体解释如下：在个体所处的心理环境中，与个体需要有关系的事物称之为有"价"的事物，其中，有可能满足其眼前需要的就是有"正价"，有可能损害其需要就是有"负价"。有正价的事物对个体有吸引力，有负价的事物对其有抗拒力。这些力的向量会产生某种方向上的移动，这种移动不是物理上的空间移动而是心理移动。假如同时有不止一个力在对这个人起作用，那么移动就是这些力的"合成"。移动可以完全或部分地受到外部环境的"阻抗"和"障碍"，当此时刻，人就会"紧张"。紧张即人的需要或动机，为了消除这种紧张，人就必须行动、工作、学习。

实事求是地说，虽然勒温的心理场理论对于主体观念的反作用研究不够，有陷于"环境决定论"泥淖之危机，其机械套用物理学和生物学名词图式的研究方法也引来颇多非议，但他强调把人的思想行为放在一定的社会环境中来进行考察，并以"心理场"的概念为中介将个体需要与客观环境联系起来，有其合理的成分。对于创新型人才的培养来说，勒温的心理场理论引发了人们对人才所处环境的关注，这种"关注"在个体对知识与技能的掌握达到一定水平以后（在个体经历了基础教育之后），进一步培养提高其创新素质显得尤为重要。

2. 社会行动理论

塔尔科特·帕森斯是美国现代社会学的奠基人和现代结构功能主义的创始人，曾先后在英国伦敦经济学院、德国海德堡大学、美国哈佛大学学习和工作。在德国学习期间，他借助韦伯最先使用的"社会行动"这一术语，在其出版的《社会行动的结构》一书中提出并确立了构成社会行动理论的基本概念。

他认为，行动是社会现实最小的或基本的单位，一个单位行动的基本组成部分是目的、手段、条件和规范；行动是由目的所指引的，它发生在一种情境中，在该情境中有一些既定的、行动者不能控制的因素，称之为条件，而其他因素则作为达到目的的手段被行动者利用。

帕森斯的研究受系统论的影响较大，他将社会行动系统划分为四个子系统（或四个层次），即有机体系统（指系统生存的环境）、人格系统（指有动机的行动者）、社会系统（指社会的规范性制度和行为准则）、文化系统（指社会的文化价值观念）。这种划分是基于整个系统在功能上的不同而做出的。帕森斯认为任何系统的存在都必须满足适应环境、达成目标、整合行动、维持模式这4种不同的功能。而以上4个子系统正分别承担着这4种不同的功能。换言之，任何社会行动总是存在于一定的社会环境中，通过对环境的了解以适应环境，进而确立自己的行动目标；行动者在实现目标及与环境互动的过程中，必定会形成一定的互动模式（社会的制度和规范），将不同的行动整合起来；最后通过文化价值系统，使这种制度规范内化为人的自觉意识，以维持这种制度模式。各个子系统在功能上的依存性，把整个行动系统联系起来，并通过各自功能的发挥及相互之间的协调，共同维持着整个系统的发展。

显然，帕森斯的社会行动理论力图从整体上去把握任何社会行动的规律，而不是孤立地就事论事，且其对于人与环境互动关系的定位也更为科学、客观，为我们深入分析环境在人才培养中的作用提供了良好的理论框架和基本的研究方法。依照该理论，创新型人才的培养不仅是一个充分利用周边环境、被动地适应环境的过程，也理应成为主动地构建教育环境的过程，成为实现由旧的抑制创新的教育环境向新的有利于创新的教学环境积极转化的过程。

3. 艾曼贝尔的创造性社会心理学理论

艾曼贝尔的创造性社会心理学理论是创造学与社会心理学相互渗透而产生的心理学分支，主要研究创造性社会心理活动的特征和规律，研究影响创造性的社会环境因素等。在其诞生之前，西方关于创造性研究片面突出了遗传色彩浓烈的"内部决定因素"，热衷于对创造人才的个性研究，强调杰出人才与众不同的个性特征或创造型艺术家、科学家的特殊认知能力，忽视了社会环境对人类创造性的影响，从而降低了研究的实用价值。后来有些心理学家开始注意到社会环境对人类创造性开发的意义和影响，并对此做了探索。

二、创新型人才培养的教育环境

众所周知，社会、学校和家庭都有教育的功能，创新型人才可以通过社会、学校和家庭培养产生，也就是说社会、学校和家庭的教育环境对创新型人才的培养都会产生影响。

（一）高校创新型人才教育环境的含义

高校创新型人才教育环境是指高校以科学先进的办学理念为指导，遵循教育规律和创新型人才身心发展特点，运用一定的方式方法促进创新型人才成长、发展并发挥作用的环境条件的总和。它以培养创新型人才为主旨，涵盖了高校范畴内对师生发生影响作用的所有因素，既包括物质环境，也包括精神环境；既包括自然环境，也包括人文环境。这一环境不仅是创新型人才成长发展所必需的客观条件,也是我们能够充分发挥主观能动性加以构建、改造、利用的对象。

(二)高校创新型人才教育环境的功能

结合创新型人才的素质体系,我们认为高校创新型人才教育环境的功能主要体现在3个方面。

1. 传授创新知识

对于创新型人才的成长而言,其需要的知识结构应该是满足创新需要,符合自身特点,按照一定的组合方式和比例关系构建的,由各类不同的知识所组成的并且具有开放、动态、通用和多层次特点的知识构架。这一创新知识体系的构建要求知识的传授过程应当具备多样化、个性化、启发性和新颖性的特质,而这种特质恰恰是单纯的、规模化的课程教学所不具备的。相比之下,高校教育环境作为一种资源,它的意义在很大程度上有赖于个体的解读,其教育功能也因其所作用对象的差异而有所不同。所以由高校教育环境来传授创新知识,并不是要求学生掌握所有的文化知识,也不是"千人一面"地要求所有学生都掌握相同学科的知识,而是根据个体不同的情况,在"求同"(掌握基础知识)的同时"存异"(构建个性化的知识体系)。这种传授知识的过程既保证了知识结构的完备性,也从受教育者的特点出发保证了知识结构的活力,使知识真正成为发展创新能力、开展创新活动的基础。

2. 发展创新能力

创新能力是人在观察、思考等活动的基础上形成的掌握知识、运用知识、进行创新的本领,是促使创新活动顺利进行的主体心理条件。创新能力直接影响和制约着人的创新活动,是创新活动赖以启动和运转的操作系统。它与创新知识并不必然呈正相关关系,换言之,知识的简单积累并不必然导致创新能力的产生或强化。传统的以课堂教学为主的教育模式固然可以向学生传授心理、思想、道德等方面的理论知识,但帮助学生完成由知到行的转化,使其创新能力得以形成和发展必须借助实践的平台。优质的高校教育环境,可以使置身其中的师生十分便捷地获取动手机会,及时将自己的创造意识和创新想法付诸实践,解决了理论学习和实践相结合的问题。同时,高校教育环境作为一个庞大的"教育资源库",个体依据自身需要从其中获取知识的过程本身,也是对其观察力、分析力、理解力、思维力等创新能力的一个重要的训练过程。良好的高校教育环境,可以使个体在"产生共鸣—感悟内涵—体验美感"的过程中保持思维的活力，形成自己独有的认识事物、理解事物甚至改造事物为我所用的"方法"，而这一方法本身就是最重要的创新能力。

3. 培育创新人格

美国加州理工学院认为，超一流的科学家不仅是科学家，同时也是具有良好的道德素养的思想家、哲学家，他们常常能够自觉地把科学研究活动同整个人类的命运、前途和未来结合起来，从而使自身突破"纯专家"的限制，成为具有非凡成就的大师。创新的过程不可能一帆风顺、一蹴而就，它必然是一个不断地经历失败、克服困难、战胜挫折的过程，这就需要个体有强烈的破旧立新的勇气和锲而不舍的意志。这种支撑创新并确保创新造福于人类的强大精神力量就是创新人格，它不是一种知识，不能由教师直接传授，只能通过长期的培养，使学生自己通过学习、观察、实践内化而成，这也正是高校教育环境对创新人格的塑造与培育功能所在。先进的办学理念、丰富的教育资源、和谐的人际关系、优美的自然环境、民主的管理方式、"鼓励创新、宽容失败"的文化氛围等教育环境要素可以使教师、学生经常处于积极的情绪状态，使其长期保持良好的心情、健康的心态、强烈的进取心、坚韧的意志力，投身到艰辛但辉煌的创新事业之中。为此，国内外一流高校都致力于教育环境的建设，特别是通过制度建设努力构建一个宽松但不失竞争的学术环境，通过创新团队建设营造一种充满理解、鼓励、合作的人际环境，希望以这些教育环境要素的潜在作用鼓励师生自由探索，培育师生的创新人格，使他们自觉用创新来实现个人价值，真正让"创新"二字深深熔铸到师生的生命之中。

第二节 创新型人才培养的文化环境

一、创新型人才培养与校园文化环境

学界曾用一个通俗的"泡菜理论"这样解释校园文化与人才培养之间的关系：泡菜缸里泡出来的白菜的味道取决于泡菜水的味道。同样，大学校园文化及其氛围决定了大学里培养出来的学生的素质。校园文化是一种氛围、一种气候、一种精神状态，无时无刻不对校园中的师生产生无形而巨大的影响力。具有创新特质的校园文化是推动高校创新型人才辈出的潜移默化而源源不断的力量。

(一) 校园文化的概念

"校园文化"亦称"学校文化",校园文化是指学校中形成的特别的文化。关于大学校园文化的含义,学者们有着多种不同的看法,表述也多种多样,主要有"启蒙说""精英说""氛围说""活动说"等。关于校园文化,目前在学术界和实际工作中,有广义和狭义两种理解。

广义的校园文化是指高校校园内物质存在和精神存在的总和,其贯穿于全体师生各项活动的全过程,既包括课外文化,也包括课堂文化;既包括精神文化,也包括物质文化;既包括行为文化,也包括观念文化、制度文化等。

狭义的校园文化是指学校师生的课外文化活动、校园精神及培育这种精神所需要的文化环境的总和。也就是说,除了教学、科研以外的一切文化活动、文化交流、文化设施及由此而产生的思想文化成果等都属于校园文化的范畴。其中,文化活动是校园文化的重点,校园精神是校园文化的核心,文化环境是校园文化发展的条件。

校园文化区别于其他分支文化的特点在于,它是反映校园风格、适合校园人要求的一种文化氛围,是以校园精神为核心、学生为主体、教育者为主导、课外活动为主要内容、校园为空间、社会为依托的一种群体文化、社会亚文化和特殊社区文化。在本节我们更多的是从狭义的角度来谈校园文化的概念。

(二) 校园文化对创新型人才培养的作用

校园文化既体现在校风、领导作风、教风和学风中,也弥漫在校园的政治空气、社会舆论、学术气氛中,凝结了校园内长期以来大多数师生的思维和行为习惯,并深刻地影响着后来者,使之很快融入其中,从而进一步强化这种群体习惯。一个大学,如果形成了开放、大气、海纳百川的校园精神,就会使师生在校内环境中通过潜移默化的作用,形成敢于创新、不断求索的道德品质和行为习惯,并代代相传,相沿成风,形成一种巨大的教育力量。

1. 校园文化具有教育引导的力量

高校是培养人才的地方,育人是其主要任务。因此,校园文化的教育和导向功能也就成为其最重要的功能。大学校园文化可以为高校的改革与发展提供健康的精神气氛,可以教育引导师生在高等教育战线上努力奋斗。良好的校园传统与精神风貌就像催人奋进的号角、乘风破浪的长帆,有着无穷的凝聚力和战斗力,引导着一代又一代的校园学子成为国家的栋梁之材,开创新的领域。

2. 校园文化具有激励约束的力量

和其他环境一样，大学校园内部也会同时存在着积极与消极两方面的因素，校园文化对这两种因素的作用方式与效果是截然不同的。校园文化对积极因素起到一种宣传激励作用。这些观念与行为和良好的校园文化完全吻合，就必然受到称赞、宣扬与激励，同时也会使人们自然地向这个方面努力，这反映了校园文化对正面事物的激励效应。校园文化对消极因素起到一种限制约束作用，与良好的校园文化背道而驰，就必然会受到谴责、限制与约束，这反映了校园文化对负面事物的矫正力量。

3. 校园文化具有熏陶感染的力量

校园文化会对师生的思想与行为具有一种潜移默化的力量：一方面，取决于校园文化对师生的刺激力度，刺激力度越大，则体现出来的熏陶感染作用就越大；另一方面，取决于师生对校园文化的意识感知程度，意识感知程度越高，则校园文化的熏陶感染功能的反映就越强烈。校园文化所体现出来的精神和物质的东西，无时无刻不作用于大学的师生员工，使之在思想上进行思考，在价值上做出判断，在行为上做出取舍，这种陶冶情操、净化灵魂的作用是一切行政管理手段所无法取代的。尤其在培养大学生非智力因素（理想、感情、性格、意志等）的过程中，校园文化的熏陶感染功能发挥了重要作用。

4. 校园文化具有协调控制的力量

校园文化是由不同层次结构及结构要素所构成的庞大的系统工程，因此，系统结构与结构要素之间体现出内在的必然联系，表现为校园文化这个大系统的要素之间的协调发展、相互作用，从而对师生的思想与行为有一种协调控制的功能。我们要重视校风、校纪、校容、校貌、教风、学风、考风、师德、政德、公德等大学校园文化系统要素的综合效果。例如：师德、政德、公德只有协调发展与相互促进，才会对师生有更大的协调控制作用；教风、学风、考风只有融为一体，相互推动，才会使教育质量稳步提高，从而促进人才培养目标的实现。

（三）高校创新文化的特征

高校创新文化是高校师生以创新为思想内核和价值取向，以凝练创新精神、倡导创新思维、形成创新制度、引导创新行为规范，以营造创新氛围为手段，以培养创新型人才、造就创新成果为目的的校园文化生态。作为社会创新文化的重要构成部分，高校创新文化理应成为开风气之先的创新文化风向标，理应成为高校不断提升核心竞争力、克服自身局限并向高水平迈进的原动力。对高校创新文化的理解要重点把握以下4个特征。

1. 人本性

高校创新文化本质上是以人为本的文化，它尊重人的成长规律，重视学生的个性发展，积极营造解放的思想空间和自由的实践空间。如果说传统高校文化秉承的是"以教师为中心、以教材为中心、以课堂为中心"的"旧三中心"，那么现代高校创新文化应该建构的是"以学生为中心、以活动为中心、以实践为中心"的"新三中心"，其宗旨在于变传统的注入式教育为现代的启发式教育，重视发挥学生在认识自我、改造自我、发展自我过程中的自觉性、自主性和能动性。孔子曰："知之者不如好之者，好之者不如乐之者。"揭示出三种不同层次的求学心理状态及其对学习的不同影响，旨在要求学生形成"好学""乐学"的最佳心理机制。孔子的因材施教、循循善诱使学生做到了各尽其才，苏格拉底倡导层层启发式的"精神助产术"培养出了柏拉图、亚里士多德这样不断超越先师的后辈。在今天的民主进步环境下，古今中外的伟大教育家留下的精神财富应该进一步发扬光大。只有全面解放学生的思想，创新之花才会遍地开放。

2. 开放性

现代创新文化环境结构，应该是一个具有开放性、包容性的全新体系。而建设这个体系，需要站在历史、现实和未来的交汇点上，通过全民参与、多维共进构建属于中华民族的创新文化。其中，大学文化具有文明灯塔的地位。因为，大学是各种文化信息的汇集地，大学中文化信息的丰富和活跃是其他环境很少能与之相比的，而且其相对宽松、多元的文化氛围又为外来文化的融会及新文化的萌发提供了土壤和条件。大学从产生之日起，就不是消极地顺应时代，而是以理性、智慧为武器剖析社会，批判社会，构建社会。大学精神就是在各种思想、文化批判与反抗批判的交锋中逐步发展起来的。

3. 科学性

创新校园文化的科学性有两层含义：一方面，它是指大学教育内容的科学性，大学就是通过这样执着的科学教育培养出一代代创新型人才，使之成为推动社会发展的主要力量；另一方面，大学校园文化的科学性也指孜孜以求的科学精神已经成为大学灵魂的一部分，深刻地铸就了学子的品格。这种探求规律、去伪存真、不慕虚华的科学精神是一切创新活动的基础。

4. 超越性

大学文化受制于社会主流文化的影响,反映和体现着时代精神。反之,大学文化在变化发展中也会产生超越社会文化的先导性文化,这种先导性文化对社会具有强烈的辐射作用。大学文化不同于带有功利色彩的企业文化,也不同于以接受和继承现有知识为目的的中小学文化,其文化始终对社会文化保持着一种超前性的态势,在推动和引导社会文化的变革中发挥着重要的作用。大学历史能够延绵几百年,甚至超过国家的寿命,成为历史最悠久的社会机构,就在于它是在不断超越中达到自我完善的。从单一教学功能的中世纪大学到教学与科学研究并重的柏林大学,再到集教学、科研和服务于一身的威斯康星大学;从最初的学者社团到探索和传播高深学问的机构,再到如今产生巨大效益的社会服务站,大学的每一次自我蜕变犹如凤凰涅槃,不断创造新的辉煌,永葆大学的青春魅力。大学创新型人才的培养离不开大学超越精神的滋养,唯有如此,大学培养的人才才能成为社会变革的先锋。

二、高校创新型人才培养的文化环境建设

在高等学校接受过创新教育培养与训练的学生,在接受需要创新才能完成的工作时,其成功率要比其他学生高出三倍。创新已成为美国经济持续快速增长的主要推动力。而我国大学生群体的创新能力如何将直接关系着中华民族的前途和命运。因此,开发人的潜能、发展人的创造性,是现在和未来教育的一个最主要的任务。

(一)构筑个性鲜明的大学精神

一所大学的精神要想做到个性鲜明、与众不同,有三点必须考虑:一是符合学校的历史传统和实际条件;二是能发挥学校专长;三是学校有独立的思考。政府应该在政策上引导学校往不同的层次、不同的类型发展,同时学校也要根据自身的历史、师资情况、学科设置等各方面的因素考虑自己的定位。

1. 正确定位学校层次

目前我们的大部分高校层次定位不明确,而且都有贪大求全、眼光向上的趋势,高职学院希望升格为大学,本科高校希望升格为硕士授予权单位,具有硕士授予权的高校希望升格为博士授予权单位,结果造成人才知识结构的雷同。一方面不能满足国家对不同层次人才的需求,另一方面也造成了人才的浪费。高校想办一流学校的愿望是好的,但是一流的大学并不只有北京大学、清华大学这样的研究型大学,一个国家需要不同层次的人才,每个层次的优秀高校都

可以成为一流大学。教育部需要根据社会需求制定高等教育总体发展规划，合理布局不同层次的高校。而高校则需要根据自身的历史、传统和优势，明确定位，并根据自身层次的需要设计培养目标、教学计划和课程大纲，这样才能培养出有市场竞争力的人才。

2. 提炼学校的特色内涵

高校应向不同层次和不同类型发展，努力办出特色。斯坦福大学的校训为"愿学术自由之风劲吹"，麻省理工学院的校训却为"既学会动脑，也学会动手"，不难看出学术型和工程型大学在定位上的差异。特色是一所高校的标志、品牌和生命力。

3. 树立求实创新的校风、教风与学风

校风、学风是学校思想道德建设的宏观环境，它对广大青年学生起着潜移默化的作用。"求是""求实"被许多大学奉为校训，因为学术研究重在求实，求实对于高等教育具有非常的意义。求实本是我国学术研究的一个优良传统。"知之为知之，不知为不知""板凳甘坐十年冷，文章不写一句空"就是求实精神的最好写照。但是近年来这种优良学风在大学里有所减弱，而急功近利、浮躁的风气却有所上升。这也许有一定的客观原因，如在评定职称和评奖时，过分注重论文、著作的数量要求，而职称与获奖又是直接和一定的物质利益挂钩的，在利益驱动下有时会使人不那么实事求是。另外，有些人为了急于成名，不惜标新立异，哗众取宠，从而形成一种浮躁风气。这些急功近利与浮躁风气，绝对是与踏踏实实做学问的学术风气不相容的，必须大力戒除。知识经济时代讲究竞争，归根到底是知识含金量的竞争。在"科教兴国"战略下，知识和学问不再是学者们的自我欣赏，而是随时面临着实践的检验，一切假的东西都将原形毕露，最终害人害己。因此，要求大学更加坚守求实的品格，要把求实创新之风贯穿到校风、教风、学风中。

（二）倡导自由开放的学术环境

学术自由不仅是追求真理的前提，而且是高等教育人才培养的必备土壤。学术自由带给学生们的影响是深远的，这不仅表现在通过学术自由可以使他们获取丰富的学识，更好地与真理相知，更重要的是，学术自由本身就是一种价值教育，能使我们的学生具有独立性、批判性和反思精神。具备了这些精神有助于个体成为全面发展的人，最终有助于社会文明程度的提升。著名哲学家伏尔泰有句名言令人激赏："我不同意你的观点，但我誓死捍卫你说话的权利。"

这是对学术自由精神的形象生动的描述。为此，我们要从以下三方面入手，以加大学术环境创造的力度。

1. 给高校以足够的自主办学空间

教育法明确规定大学是独立法人，依法自主办学，实行民主管理。但是在现实中，由于中国整个社会都是行政主导的社会，大学作为其中的一个社会组织，很难超越这个基本框架。行政主管部门所控制的各种资源及其分配规则直接左右了高校的办学。要营造学术自由的氛围，首先需要良好的外部环境，政府的支持、整个社会的态度等都是至关重要的。少一些干涉，多一些宽容，学术才能发展，社会才能进步，国家才能兴盛。

2. 营造教授治学的良好风气

教授治学是现代大学文化建设的重要途径。所谓教授治学就是发挥教授在高校学术发展上的决策主导作用。学科建设是高等学校发展的龙头和基础，而在学科建设上最有发言权的是教授，是学科带头人。教授治学不仅真正体现了学校权力重心的下移，而且体现了尊重人才、以教师为本的人文思想，是管理观念的根本改变。落实教授治学的有效途径是实行教授委员会制度，这是建立现代大学制度的必然趋势，有利于其真正实现教授治学。现在一些高校探索"在教授委员会集体决策基础上的校长负责制"的学术管理模式，教授集体就学校教学与科研发展的重大问题做出决策，行政领导执行决策，有利于实现政治资源、行政资源和学术资源的有效整合和科学配置，有利于推进学者、学科、学术、学风的建设。

3. 创造包容失败的舆论与机制

"失败乃成功之母"，创新是对旧事物的否定，是对新事物的探究。失败是正常的，历史上为了创新屡遭失败甚至面临死亡威胁的例子不胜枚举，如电灯在发明前就经历了上万次的失败。目前，社会上有一种不好的风气，即以成败论英雄，以成果论人才，缺乏良好宽容的环境，久而久之，形成一种无形的压力，人人不敢创新，害怕失败，抱着不求无功但求无过的心理，跟在别人后面跑，这样固然没有了风险，但同时也扼杀了希望。因此，高校的管理者对于创新活动不仅要看结果，更要看过程，要鼓励那些失败者，给他们一些时间，一些空间，对他们要耐心点，再耐心点。这种宽容失败不仅是精神层面的鼓励，更要从制度上加以保障。

(三)开展创新文化教育

高校要大力推广创新文化,重要手段之一是发挥高校擅长的教育手段,对校园内的师生开展创新文化教育,主要有以下途径。

1. 加强教师创新意识的培养

具有人格魅力和学术造诣、善于治学的教授是大学的灵魂。要营造民主、自由、宽松、活泼的学术创新氛围,必不可少的一条是加强教师队伍建设。首先,加强教师队伍建设要从加强师风师德建设入手。中国有句古话:"经师易得,人师难求。"是说授学生以知识比较容易,给学生以人格影响则比较困难。其实,在知识大爆炸的信息时代,高校教师要做经师也是不易的,必须与时俱进,不断创新才行,但是在抓紧"做经师"磨炼的同时更不能放松"做人师"的追求。大众化的高等教育趋势使课堂越来越大,学生与教师的距离越来越远。机械的课堂教育使知识的传授效果大打折扣,启发式教育少得可怜。更有甚者,当前有些未来学学者,以现代教学手段的使用来否定教师的作用,认为在计算机辅助教学普及后,学生可以自己攻读,教师即退居咨询地位,由此得出教师的作用可以降低,甚至可以取消的结论。这种观点笔者是不能同意的。笔者认为现代教学手段只是一种辅助教学手段,它本身也需要在教师的指导下创造性地加以运用,更重要的是教师的人格影响力是现代化无论多高明的教学手段也代替不了的。其次,加强教师队伍建设要着重加强教师创新意识、创新精神和创新能力的培养。现代大学教师要注重教学内容和方法的改革,有言传更要有身教,授人以鱼更要授人以渔,要善于启发诱导,激发学生的兴趣,让学生更多地主动参与学习和创造。

2. 开展大学生创新品格教育

(1)培养大学生勇于追求真理的品格

按照世界的本来面目去认识世界、改造世界是人类不断进步的源泉。许多世界知名大学都把追求真理列为校训,强调大学生要把追求真理作为求学的第一要务。强调追求真理之可贵是大学一贯的宗旨,也是大学作为社会文明灯塔的集中体现。

(2)培养大学生勤于思考的品格

创造力属于那些热爱思考、善于思考的人。每一次思考都是自我在主动地选择、判断和吸纳旧知识,探索、推敲并创造新知识。古人说得好,"学而不思则罔,思而不学则殆",只有将思考和学习两者融合在一起,才能不断激发新的创造火花。高等教育之所以比普通教育站得更高,不仅在于知识的深度和广度，更在于它在传授知识之外还传授给学生一套科学的思维方法。

（3）培养大学生大胆质疑的品格

在科学问题的提出与解决过程中，即在新理论的创立过程中，只有求真、客观并且具有人文关怀的科学精神，怀疑、批判与创新的科学思想才得以形成。

（4）培养大学生善于合作的品格

合作是现代社会生活的基本特征，也是当代科学创造的基本特征。人类已经进入一个通过集体合作研究来进行知识创新的时代，在这种形势下，必须培养学生乐于合作、善于合作的品质。要让大学生们明白，在科学探索与创新的道路上，个人英雄主义没有意义，协作分担才能共赢。当前的各类大学生活动与竞赛中，很少有单打独斗的项目，而合作与互助却无处不在。无论是辩论赛还是社会实践活动，无论是电子设计竞赛还是"挑战杯"科技竞赛，都以团队的形式出现，使学生能在互帮互助中取长补短。

3. 加强人文素质教育

自然科学和人文科学，前者解决"世界是什么"的问题，后者解决"世界应当如何"的问题，两者犹如鸟之双翼、车之两轮，缺一不可。努力提升大学生的人文素质对于培养大学生的创新创造能力有着特殊的作用。因为只有对人类和社会的命运有着深切的关心，才能对人类的科学问题保持高度的探索和创造精神；反之，如果只把科学理解为一种对专门知识和技能的研究，那么科学精神的缺少最终将成为制约科学革命和创新的瓶颈。因此，我们要在加强知识和技能素质培养的同时加强科学精神的培养，这不是只凭单纯的知识和技能教育就能得到的，而必须依靠全面的素质教育，尤其需要依靠人文素质教育才能得到。但是长期以来，重理轻文、智育至上、能力主义等观念早已经成为一种相当普遍的价值观念。大学生中存在着"三重三轻"的现象，即重自然科学轻社会科学、重工具性知识轻品行修为、重外在功利性追求轻内在文化涵养。这样的人才在素质上存在很大缺陷，他们只能成为高级打工仔，很难在知识经济时代独占鳌头。

在中国，理工科大学比综合性大学更早、更多地关注素质教育。它们认识到，与专业教育相比，人文素质应是一切素质的基础，因为人文素质是大学生的世界观、人生观、价值观得以正确树立和发展的基础，又是大学生形成高尚的情操、宽阔的胸襟和恢宏的气度的基础，只有具有良好的人文素质和渊博的知识，才可能在本专业领域具备更广的视野和更强的创新能力。因此，加强人文素质教育是高等教育加强素质教育、深化人才培养模式改革的一个重要切入点。自高校界对人文素质教育大力倡导以来，人文素质的重要性已经逐步被广大学校的管理者和教师所接受，也取得了一定的成果，但是也在一定程度上存在宏观重视、微观轻视，抽象重视、具体忽视的问题。随着人文素质教育的深入，要求逐步提高，我们需要从全体学生实际成长、成才的需要出发，认真探讨通识课程的合理设置：在大学的4年教育中，开设什么样的课程、开设多少课程才是最合理的，怎样使课程适应不同年级、不同人群的需要，每门课程的教学内容如何安排，各课程之间如何衔接，教学效果如何保证等。

第三节 创新型人才培养的制度环境

一、创新型人才与制度环境的辩证统一性

（一）制度与大学制度

1. 制度

制度，一般是指要求大家共同遵守的办事规程或行动准则。作为人类行为的准则，制度有狭义和广义之分。狭义的制度指的是正式规则，即由公共权威机构有意识地制定的带有强制性的一系列政策、法规、条例、章程、守则等；广义的制度则广泛地存在于社会各个层面，它既包括正式的、理性化的、系统化的、成文的行为规范，也包括非正式的、非理性化的、非系统化的、不成文的行为规范，如价值信念、道德规范、风俗习惯、意识形态等。制度环境应该是由现行的正式规则与非正式规则构成的规则总和，它不仅约束人们的行为，也为行为提供了可以自由活动的空间。

2. 大学制度

大学制度是制度的亚概念，它是指大学为了自身的生存和发展所必须遵循的行为规范体系。大学制度同样包括狭义和广义之分。狭义的大学制度主要指公共权威机构有意识地制定的关于大学的相关政策、法规、条例、章程、守则等；广义的大学制度则涵盖了大学在长期发展和实践过程中逐渐形成并为大家所公认的价值信仰、道德观念、风俗习惯、意识形态等。相比较而言，狭义的大学制度是显性的、看得见的规则体系，广义的大学制度则是隐性的、是由于显性制度的长期作用以及原有制度惯性作用而衍生出来的在人们心理上形成的具有普遍认同性的规则、规范。我们通常所说的大学制度创新，指的是显性制度的创新，进而通过显性制度的创新带动隐性制度的变化与更新。

3. 大学制度环境

大学制度与大学制度环境是既有密切联系又有区别的两个概念。有了一定的大学制度并不必然就能形成一定的制度环境。因为制度在起始阶段带有明显的"强制性",它只是一种显性制度,只有当这种显性制度被学校所有成员所认可、所接受,并内化为自身的内心信念时,制度环境才算是真正形成。

因此,良好的大学制度环境是大学生命力所在,大学竞争的核心就在于制度的竞争。一个社会或一种事业其高度文明、高度成熟的标志之一,就在于它的理性指导和法规制约。大学亦然,其成熟的标志就在于其制度的成熟。

(二)创新型人才培养对教育制度环境的原则要求

创新型人才培养的教育制度环境必须满足以下几个方面的基本要求。

1. 有利于营造宽容与理解的氛围

事实表明,科学家们在科学研究中都经历过失败,只不过是失败的程度不同罢了。因此,我们说,失败是创新活动的常态,越是原创性的研究,失败的风险就越大,因此,不能简单地以成败论英雄。正因为创新活动中蕴含着失败的可能,所以要想造就一大批创新型人才,就必须要有包容探索失败的制度环境,要能够让宽容和理解成为一种氛围。

2. 有利于提倡和保护学术自由性

自由意味着对任何事物进行无条件的追问,对任何真理进行无条件的质疑,对任何权威进行无条件的反抗。制度环境的自由性,即意味着这种环境能够容纳更多的情感、理念、价值、内容、形式、模式、机制。在学术面前不存在绝对的权威,每个人都只能是他所认识的那个领域的裁决者。唯有与众不同,才能称之为"创新",这是创新行为的本质要求。因此,在制度设计上,要提倡理性怀疑和批判精神,鼓励学术民主,营造一种让人们敢于提出自己新观点的环境氛围。

3. 有利于创新个性的自由发挥

每一个做出突出贡献的人才,每一个取得创新性成果的科研群体,无疑都是独一无二的。没有个性,就没有人才,就没有创造性,独特个性的存在是主体创新的内在基础。由此可见,尊重个性、张扬特长,是创新的基本要求。而在现实生活中,创新型人才的个性各异:有的不善言辞,不善交际,甚至不懂人情世故;有的清高、孤傲、不合群;有的外向,喜欢标新立异,不循规蹈矩,不惧怕领导和学术权威;有的甚至给人狂妄、离经叛道的印象。此时,尤其需要我们的制度能够为每个创新主体提供思想自由的环境，允许每个人"放肆"地表达自己的奇谈怪论，真正激发他们的创新欲望。

4. 有利于保障大学的学术自治权

大学自治是指大学具有维护其组织成员学术自由的权利，而不会受到来自政府和社会各方面势力的干扰。之所以强调大学自治性，主要是由学术自身的独立性决定的。大学自治是几百年来一直被西方奉为神明的大学基本理念。在强调这一理念的同时，我们也要清醒地认识到，大学毕竟是社会的一个机构，必然要与政府和社会间发生着各方面的联系，离开社会性，大学的组织性也就不复存在。从这个意义上来说，绝对的自治是不存在的。因此，我们在制度设计上，就应该全面理解和把握大学作为法人实体和办学主体所具有的权利和责任，以法规形式处理好政府与大学、市场与大学的关系，确保大学的学术性不受损害。

二、创新型人才培养的制度环境优化路径

（一）营造良好的宏观制度环境

从宏观层面来看，培养创新型人才，营造良好的宏观教育制度环境，就是要理顺政府与高等学校的关系，让政府将精力主要集中于宏观管理之中，以提高管理水平。

1. 通过立法推进政校分开、管办分离，建立新的管理运行机制

所谓政校分开，管办分离，就是强调政府的宏观管理权与高校具体办学权分离开来，让高等学校成为一个真正意义上的独立办学实体，使其能够根据社会需求自行决定自己的行为，并对自己的行为负责，能够根据高等学校的办学规律发展自己，具有良好的自我发展能力。实现政府宏观管理，首先就是要解决管理内容与方式的问题，明确政府该管什么、怎么管的问题，从政府提出的许多改革方案来看，政府对于该管什么是清楚的。问题的关键在于如何有效解决这一问题，把本不属于政府管理的事情彻底分离出来，使其能够把精力更多地放到战略规划、依法行政、政策指导、信息服务以及各种间接调控方面。

2. 优化大学体系层级结构，建立多渠道的评价体系

全面建设小康社会要求造就数以亿计的高素质劳动者、数以千万计的专门人才和一大批拔尖创新型人才。

这一目标阐明了未来中国全面建设小康社会人才结构中的三个知识层次及

数量关系，是我们优化教育结构的根本依据。当下大学发展中凸显的攀比求高的倾向脱离了我国的现实国情与具体实际，盲目向综合性研究型大学攀高，与全面建设小康社会对高等教育提出的人才需求要求相悖。

3. 找准方向，加快推进考试招生制度改革

招生考试是教育的"指挥棒"。招生考试制度改革，是推进素质教育、正确引导和帮助青少年学生健康成长的最重要的环节。现行考试招生制度，以考试代替评价，以应试方法取代教育过程，"考什么、教什么、学什么"，不利于贯彻我国的教育方针和全面推进素质教育，更不利于创新型人才的培养。

（二）建立良好的微观运行机制

著名教育家阿什比认为，影响大学的力量来自三个方面：市场、政治和大学自身。建立现代大学制度，关键在政府。在大学的改革中，政府始终发挥着重要的指导和推动作用。它为大学提供按自身规律自主办学的大环境。但外部环境只是变化的条件，内因才是变化的根据。

因此，建立良好的微观运行机制，关键是要改革高等学校内部组织结构，有效调整学术权力与行政权力的关系，以学术为中心构建管理模式，建立学术生产的激励和引导机制。

第四节　创新型人才培养环境的评估

一、创新型人才教育环境评估的作用与意义

创新型人才教育环境评估是以创新教育价值观、创新型人才观及创新型人才教育环境目标体系为依据，运用一定的科学方法与技术，解释创新人才教育环境的状态变量，对创新型人才教育环境人本价值与社会价值进行评鉴与判断，并为创新型人才教育环境建设导向、激励、改进提供信息反馈的过程。创新型人才教育环境评价主要有以下几方面作用与意义。

（一）推动教育理念的创新，进一步明确创新型人才培养规格

创新型人才教育环境评价是对创新型人才教育环境的人本价值与社会价值进行评鉴与判断。创新型人才教育环境从其状态上可以分为硬环境与软环境。硬环境是学校教育的物质条件，软环境则包含教育的理念、宗旨、传统及教育改革创新等方面的内容。

教育理念创新是教育软环境中最主要、最核心的内容，是学校教育的指导思想。通过评价，我们可以发现教育理念、指导思想上的偏差与不足，及时做出"调整"。创新型人才教育是素质教育的重要组成部分，是"以人为本"的主体性、个性化教育。

（二）推动教育教学改革，进一步完善创新教育体系与教育课程体系

创新型人才教育环境评估十分重视衡量人本价值的实现程度，特别重视对创新型人才教育软环境——教育教学改革与发展的评价，着重考虑如何培养创新型人才所具备的创新意识、创新思维、创新能力及创新品格等方面的素质。通过评价、实践与探索，包括对涉及教育、教学体系在内的教育环境进行价值判断，并为促进创新型人才教育环境的建设提供信息反馈，最后推动教育教学改革，构建创新型人才培养体系和创新教育课程体系。这个培养体系与课程体系以全面提高创新精神为宗旨，促进学生主体性和创新精神的发展，促进学生创新潜能的发掘，促进学生创新责任的提高，促进学生健康个性的形成，最终培养、造就创新型人才。

（三）推动教育设施建设，进一步优化育人环境与氛围

教育教学设施是创新人才教育环境的物质形态，是培养创新人才的物质条件。通过创新型人才教育环境评价，可以发现"物质条件"存在的不足，以便建设人文景观、优化育人环境。环境与氛围是一种无形的，在一个群体中人们互相影响导致同化的力量。一个人置身于特定的环境，身临其境，久而久之，就会受到熏陶而形成共同的风尚与气质。

因此，有意识培育、营造一个整体优化的教育环境对于培育创新型人才具有重要意义。根据评估的标准与要求，学校建筑设计、人文景观建设等，都要融入大学精神与时代风格。校园的山水、园林、道路、楼宇、景点都要考虑使用功能、审美功能、教育功能的统一。

优化育人环境，还包括：加强有利于培养创新能力和动手能力的教学设施与公共服务体系建设；加强开放教学实验室、科技创新实验室、各类工程中心建设等，以保证学生从事实验与工艺技能训练；加强信息网络、图书资料及服务手段建设，使学生能广泛获取学习资料与信息；加强展览馆、校史馆及相应的技术服务手段建设，使学生能通过实物展品感受创新文化。总之，创新型人才教育环境评估可以推动教育环境建设目标的实现。

二、创新型人才教育环境建设目标

创新型人才教育环境是创新型人才成长、发展并发挥作用的环境条件的总和,按其存在的形态和作用方式,可以分为硬环境与软环境两大类。硬环境主要由物质环境、实践环境构成,是教育的物质条件;软环境主要是由观念环境、制度环境、校园环境等构成,包括教育的理念、宗旨、传统及教育改革创新等方面的内容。创新型人才教育环境建设目标可以分为两类:一类是硬环境建设目标;另一类是软环境建设目标。

(一)创新型人才教育硬环境建设目标

硬环境主要是指教育的物质条件。创新型人才教育硬环境目标具体体现在以下几方面。

1. 有符合国家规定标准的校园面积、教学场所(平均标准),有和谐宜人的校园布局与建筑

在我国,创新型人才教育环境建设往往没有引起人们的足够重视,也往往被人片面理解。我们应该看到,创新型人才教育环境建设除了国家规定标准校园面积、教学场所(平均标准)外,还应该有一个精心设计的校园建筑环境、一整套便利的师生生活服务和休闲娱乐设施、一系列完备的科技创业后勤服务设施和机制、一个相对宽松宁静的居住外部环境等诸项内容。纵观当今世界一流的学府,如剑桥大学、哈佛大学、斯坦福大学等,也正是以追求与自然环境相互协调的校园建筑、规划设计,并拥有优美、自然的校园景观而著称。

2. 有完善的教育教学设施

所谓完善的教学设施是指学校的教育教学设施完全能够满足日常教育教学和达成教育教学目标与水平的需要。教育教学设施包括学校图书馆、实验室、实践创新基地等。

要加大教学仪器设备投入和实验室建设力度,按照各专业的本科教学培养计划,建立健全能满足教学要求的各类实验室。要高度重视校内外实习基地建设,形成完善的实习基地体系,以满足各专业因材施教的教学需求。要花大力气建设各类创新基地、大学生科技活动中心等教学基地,成立工程训练中心,加强校内实习基地建设,以能够满足实践教学和科技创新活动的要求。要加强新一代校园网建设,在学校建设规划中,要建成基于IPv6的新一代校园网与应用支撑平台示范工程,为教学和科研提供更优质的服务。

3. 有一支具有创新精神与创新能力的师资队伍

教师是进行教育教学工作、完成教学任务、达成教育目标的主导力量；拥有教学经验丰富、责任心强、潜心研究的师资队伍是培育创新型人才的基础。师资队伍的数量与质量均要达到一定的要求。教师的创新精神和创新能力，为学生创新能力和创新精神的发展起到良好的示范作用。学生的创新精神除了来自社会压力外，可能最主要的还是来自教师的影响和感召。具有创新精神与创新能力的教师所具有的开放性的人格和宽容理解的良好心境，能够营造出和谐民主的教学氛围，善于发现和开发蕴藏在学生身上的潜在的创造性品质。因此，教师在创新教育过程中起着举足轻重的作用。高等学校应在师资培养、职岗评聘、业绩考核、人才流动等方面制定切实有效的政策，以培养和造就一支具有创新精神与创新能力的师资队伍。

（二）创新型人才教育软环境建设目标

随着国家和地方政府及高校自身投入力度的加大，创新型人才教育硬环境已有比较明显的改善，但软环境建设发展滞后，严重影响着创新型人才的培养。因此，我们必须重视软环境建设，只有和硬环境建设相辅相成，教育才能承担起崇高的社会使命，才能在实施科教兴国战略中发挥应有的作用。创新型人才教育软环境建设主要从以下几方面展开。

1. 有科学的学校定位与先进的办学理念

学校定位主要依据社会发展和经济建设的需要，以社会需求为导向；依据自身的条件，自己现有的实际情况和水平；还要考虑学校发展的潜力，包括总体目标定位、学校类型定位、层次定位、人才培养目标定位、人才类型定位、服务面向定位等。学校定位一定不要盲目攀比，要体现自己的特点和个性。

学校要明确办学思想，科学定位，办出特色，办出水平。找准学校在人才培养中的位置：一方面是要明确学校在国内外同类高等学校中所处的地位；另一方面是学校在国家培养人才的战略任务中，承担什么样的任务，这对能否培养创新型人才至关重要。

2. 有科学规范的管理

管理的科学化、现代化与规范化是科学管理的本质要求。行之有效的管理体制、具有激励作用的运行机制和健全的规章制度是促进科学规范管理的重要保证。随着社会的不断发展，社会对创新型人才的要求越来越高，因此，必须加大力度建设培育创新型人才成长的软环境，构建公平、竞争、激励、创新的制度环境。就高校而言，制度建设主要包括行政管理制度、教学制度、学术制度等方面。

科学、规范的管理是以科学、规范的制度环境建设为前提与基础的。因此科学、规范的管理是创新型人才教育软环境建设的又一重要目标。

3. 优良的学风、校风与创新氛围

学风既是衡量一所大学教育水平、管理水平和精神风貌的重要指标，又是直接影响创新型人才培养的环境。学风是一种氛围、一种育人的环境、一种无形的力量，是一所大学精神气质的体现，是培养高质量、创新型人才的基础与前提。优良的具有创新气息的学风、校风可以营造一种良好的育人环境，能使学生具有高尚的理想、明确的目标、良好的习惯与行为操守，懂得承担责任、遵守纪律。培育优良学风是创新型人才教育软环境建设的重要目标。

创新型人才的培养离不开创新的教育环境、创新的氛围。创新的教育环境、创新的氛围，是培育创新精神的基础，是培育创新型人才的前提。因此，必须营造一种创新的环境和氛围，让学生在这种氛围中成为一个具有创新能力的人。

三、创新型人才教育环境评估指标

（一）评估指标及其特征

目标就是努力的方向，就是希望达到的具体的规格要求。为了实现这个"具体的规格要求"，创新型人才教育环境建设目标不能过于笼统、原则与抽象，其应该是符合现代教育发展方向的、具体的、有特色的、动态的目标。

指标就是这个具体的、可测量的、行为化的目标。由于指标的具体性、可测性，因而它往往是实质性的目标。所以指标是否科学准确，决定着目标能否切实地得到落实，决定着评估能否取得成功。

与目标相比，指标往往具有更强的导向作用。指标与目标相互之间的关系是辩证的：一方面指标是由目标所规定的；另一方面指标又积极地规定着目标能否成为实际意义上的目标。评估指标是具体的、可测量的、行为化的目标，科学的评估指标具有一些很明显的特征。

1. 指标具有制约性

指标是由目标分解出来的，因此它受目标的制约，而不具有任意性，即不能把不是由目标分解出来的任意一项特征或属性作为评估的指标。指标受目标的制约，这是由指标与目标的基本关系决定的。指标是由目标分解出来的，所以一项指标只反映目标的局部,而不是全部。整个指标集才反映目标。

因此,在一项指标上评估得到的结果,还不能反映评估客体在整体上达到目标的程度,只有集中各项指标的评估结果,才能反映出评估客体达到目标的程度,即判断出创新型人才教育环境的社会价值。

2. 指标具有测量性

指标是可测量的,这是指标的本质所在。如果指标不能测量,就无法收集原始数据、资料和信息,评估工作也就无法进行。根据需要和可能,在分解指标时进行分级:1级指标、2级指标……末级指标。一般地,指标的级数不宜过少,也不宜过多,以3~4级为宜,过少往往难以全面、客观、准确地反映目标,过多则会使指标体系结构过于复杂、烦琐,实行起来工作量太大,使评估工作难以持续。指标具有测量性体现在各级指标上,其中,在末级指标上可直接测量。

3. 指标具有尺度性

指标是具体化的目标,末级指标又是可以直接进行测量的。通过测量,可以准确和全面地获得各种原始数据、资料等信息,并在此基础上进行价值判断。既然是"测量",它必须有一个客观的测量尺度,所以指标也必须有客观的尺度,这就要求指标应当能反映出所有评估客体的共同属性,而不只是反映个别客体的属性,否则就没有共同的、客观的尺度,也就无法判断所有评估对象的价值。因此,在确定评估指标时,要以创新型人才教育环境建设目标为依据,从实际情况出发,制定出能反映所有创新型人才教育环境共同属性的评估指标。

4. 指标具有动态性

随着人们认识水平的提高与认识手段的进步,对创新型人才教育环境的内涵、属性的认识会不断发生变化,评估的手段、技术也将会发生变化。

因此作为创新型人才教育环境的评估指标不是一成不变的,而是会随着创新型人才教育环境本身及社会对创新型人才教育的要求的发展而不断发展、不断深化的。对于一些不合时宜的指标,应予以调整,同时应增加一些具有时代特色的指标,因此,评估指标应具有动态性。

5. 指标具有导向性

创新型人才教育环境评估方案中设置什么样的指标,评估对象必然在哪个方向努力;哪项指标的权重系数高,评估对象必然要在哪一方面多下功夫。指标值的高低,决定了评估对象在哪个方向的努力及努力的程度。评估指标具有强烈的导向性，具有很强的指挥棒作用。评估的导向功能，实际上是由评估指标的导向性决定的。因此，必须科学地、慎重地设计和设置评估指标，以引导评估客体健康发展。

（二）评估指标的设计原则

评估指标体系是评估的重要依据和基础。指标体系是否科学、客观、可行，直接关系到评估工作的成败，因此，对评估指标体系必须进行精心的设计。设计评估指标体系，应当遵循以下原则。

1. 时代性

创新型人才教育环境评估指标体系的设计应体现先进性与方向性，指标、权重、标准都应体现时代精神。创新型人才教育环境评估的根本目的是为了提高创新型人才教育环境建设的成效，是为了进一步贯彻落实党的教育方针，是为了培养创新型人才。创新型人才教育环境建设目标本身应该体现时代特色，因此评估指标体系应与创新型人才教育环境建设目标相一致，体现时代要求。

2. 科学性

在构建创新型人才教育环境评估指标体系时，评估指标应该符合创新型人才教育环境建设的客观规律，要科学，要有客观的尺度。首先，指标与目标相一致。它要求我们制定指标应认真分析创新型人才教育环境建设目标的实质和结构，找出主要因素，以便准确地反映创新型人才教育环境建设目标。指标与目标不能相违背，指标违背了目标，会把评估引向歧途。其次，各评估指标的相容性。指标从不同侧面反映目标的要求，各指标要协调一致，切忌相互矛盾和冲突，否则会无所适从，造成思想混乱。最后，各评估指标要具有相对独立性。同一层次的指标之间必须是相互独立的，每项指标都要有明确的独特的含义，做到内涵明确，外延清楚，每项指标的含义尽可能不重复，逻辑必须是并列的，避免出现交叉或因果关系。

3. 可测性

指标作为目标的具体规定，应尽量运用行为化、操作化的语言加以定义，从而能够直接测量和评定。指标是可以测量的，末级指标是可以直接可测的。只有这样才能在创新型人才教育环境建设中统一思想和行动，在实施评估过程中统一标尺，才能通过实际观察透过现象，抓住事物的本质，得出正确的结论。

4. 可接受性

创新型人才教育环境评估能否达到预期效果，十分重要的一点就是评估指标及其体系是否具有可接受性。评估指标体系的建构，必须实事求是，从创新型人才教育环境建设的实际情况出发，在建立创新型人才教育环境建设目标体系的基础上，建构切实可行的、评估客体认同和能接受的评估指标体系。

5. 完备性

指标体系要全面反映整体要求，不能偏废，对于重要的指标不能遗漏。只有这样才能准确地反映创新型人才教育环境建设总体目标的宗旨和要求，否则将偏离方向，给工作带来损失。在保持设计完备的前提下，指标要尽可能简明，过于理想化的设计势必造成操作困难，使评估达不到预期效果。要做到体系完备，指标简明，重点突出，方案可行。

6. 可行性

创新型人才教育环境评估指标体系：既要考虑到方方面面的因素，又要考虑到因素的可行性；既要抓住主要问题，又要简单易行；既不能用简单空泛的"方式"硬套生动的具体的创新型人才教育环境建设，又不能人为地把问题复杂化。指标过少不能恰如其分地反映全貌，而指标过多则冗长繁杂。要根据实际情况和可能，经过反复筛选和提炼，形成完备而简练的、可量化的、可行的评估指标体系。

第五章 素质教育与创新型人才培养

第一节 素质教育概述

一、素质教育的内涵与内容

（一）何为素质教育？

要了解素质教育，就要先认识"素质"的含义。对于"素质"一词，不同的学科有不同含义。在教育学上，素质指的是人在先天发展的基础上，受后天自然环境、人文环境等外界因素的影响，逐渐形成的较为稳定的个人身心发展的基本品质。而心理学对素质的定义：一个人文化水平的高低；身体的健康程度；家族遗传给自己的惯性思维能力和对事物的洞察能力，管理能力，智商、情商层次高低以及与职业技能所达级别的综合体现。

通过以上定义可知，不同学科对素质的认识存在不同，教育学更侧重于后天环境影响，而心理学更看中人的先天基础。但两个定义有一个共同特点，就是都注重先天基础与后天环境影响在"素质"形成中的作用，只是侧重点不一样而已。对于"素质教育"这一名词，学界至今没有明确定义，一般认为，所谓的素质教育是依据人的发展和社会发展的实际需要，以全面提高全体学生的基本素质为根本目的，以尊重学生个性，注重开发人的身心潜能，并注重形成人的健全个性为根本特征的教育。素质教育，就是把具有人的基本形态的高等动物培养成具有人的基本素质的真正人的教育。素质教育的根本目的是全面提高全体学生的根本素质，其根本特征是尊重学生个性、注重开发人的身心潜能，并注重形成人的健全个性。相比于应试教育而言，素质教育能从根本上帮助学生"不惟明字句，而且得精神"，这对于培养学生严谨的学习态度、深厚的知识底蕴具有重要辅助作用。因此，素质教育的范围较为宽广，一般将注重受教育者身心发展和强调学生内化的教育方式都归于此。相对而言，只求表面、不注重学生身心健康发展的教育都与此无关。从更加广义的角度来讲，人的培养一定离不开素质教育，即便是传统的应试教育，也有素质教育的成分包含其中，因此只要是涉及学生德、智、体、美、劳全面培养的内容都属于素质教育的范畴，它离我们并不遥远。同时还要注意，素质教育的要求并不是一成不变的。随着时代的进步与发展，素质教育的内容也一直在与时俱进。

（二）素质教育的核心内容

素质教育的实施是一个全面、系统、完整的过程，它涵盖了素质教育实施的内容、方法以及载体等各种要素。在素质教育实施过程中，一个重要的先决条件就是要科学完善地界定出素质教育的核心理念，这是一个复杂全面的过程，需要我们结合高校发展实际与当代大学生的身体特点予以归纳总结。只有对素质教育的核心理念有了全面的认识，才能有针对性地、准确高效地实施素质教育。否则素质教育的实施将是一句空话，非但不能达到预期效果，反而造成主次不明、层次混乱、发力不当的严重后果。素质教育的核心内容主要包括以下几个方面。

1. 思想素质

思想素质决定了高校学生发展进步的方向，是大学生沿着正确道路发展前进的根本，也是素质教育在高校群体中实施的基本先决条件。高校学生思想素质的提升可以从以下几个方面着手：第一，用马克思主义中国化的最新理论成果充实完善自己，树立正确的价值观念、思想观念以及对世界的正确认识；第二，积极投入社会主义核心价值体系的建构与认知中，树立社会主义荣辱观，努力提升自己的道德素质，并以实际行动坚定理想信念；第三，要努力学习中国历史，尤其要对中国近代史做深入的研究，了解祖国近代的苦难，增强民族责任意识，树立"天下兴亡，匹夫有责"的国家责任观念；第四，要以国内外先进的文化典籍熏陶自己，不断开阔眼界，增加知识储备，形成多元文化的国际视野。

2. 思维能力

思辨性是大学生应具备的重要技能，也是大学生核心竞争力中的一个重要组成部分。如果说思想素质是实施素质教育的"航向"，那么思维能力就是推动航船前进的"发动机"。它如同一把锋利的"手术刀"，帮助高校学生在漫漫征途中披荆斩棘，从各个角度全面、系统、思辨地发现问题、思考问题并解决问题。当代大学生如何提升思考问题的能力呢？可以从以下四个方面进行：第一，学习哲学思想，培养思考问题的思辨性，善于从不同角度探索问题，并不断提升思考问题的深度和广度，真正"深入进去、钻研进去"；第二，要培养批判思维，要敢于对权威说"不"，善于质疑、敢于质疑，在比较中发现问题，在问题中提出见解，在见解中说出自己的批判意见，不断提高思维弹力和思维爆发力；第三，培养思维创新能力，要敢于突破常规，敢为天下先，不拘泥于形式，不拘泥于传统，提升思维认识的独创性、突破性，从新颖的角度发现问题，提出建议；第四，要培养从全局出发思考问题的能力，即培养思维"战略性"，远离感性判断问题，以理性思维审视问题，深入分析问题的内外关联及影响因素，并判断问题的发展方向，以科学的规律认识它，以高效的方式解决它，不断提升思维的全局性与长远性。

3. 心理素质

当代社会发展速度快，社会压力逐渐增大，对人的承受能力不断提出新的要求，过硬的心理素质、健康的心理发展轨迹是适应当代社会高速发展，保证当代高校学生沿着正确的道路前行的必然要求。概括而言，良好的心理素质主要在以下几方面发挥作用。

第一，提升高校学生的自我约束力和克服困难的能力。面对困难，健康向上的心态总能给人以正面暗示，帮助学生以乐观积极的心态面对困难，并时刻提醒学生哪些事情不应触碰，约束学生在正确道路上前行。

第二，能够帮助高校学生及时调整心态。在生活学习中，遭遇挫折在所难免，所以受挫后的心情调节尤为重要，而一蹶不振、垂头丧气是最不可取的方式。乐观的心态能帮助人们正视遇到的困难、挫折和失败，帮助人们逐渐从负面情绪中走出来，以崭新的态度面对新的难题，并及时消除负面情绪。

第三，能够帮助高校学生塑造过硬的心理素质。过硬的心理素质的塑造，前提是有乐观健康的心态，这是塑造过硬的心理素质的前提。可以说，过硬的心理素质就是乐观心态的累积，一旦形成这种心态，学生就能较少受到负面情绪的干扰。总之，健康的心理素质对帮助学生勇敢面对外来刺激，形成积极、成熟的心态具有重要作用。

4. 学习能力

常言道，"活到老，学到老"，人的一生并非只是在校期间才能学习进步。社会发展日新月异，只有紧跟时代步伐，具备时刻学习、完善自己的能力，才能保证自身知识的更新换代，并确保自身紧跟时代步伐。因此对"渔"的掌握远远重要于"鱼"的获取。树立学习能力，可以从以下几个方面进行。

第一，要灌输给高校学生自主学习、终身学习的观念。行为习惯的养成，往往从观念的灌输开始，要使高校学生养成学习的自主性，明确学习目的，实现学生学习的自主、自愿。

第二，要培养学生形成良好、高效的学习习惯。缺乏科学性、条理性、逻辑性的学习方式，必然存在效率低下、知识吸收不完整的缺点。健康的学习方式不仅能带来继续学习的乐趣，也是学生长期学习、终身学习的前提；相反，为了学习而学习，这种盲目学习的方式难以持久。

第三，引导高校学生在掌握本专业技能的同时，放宽学习视野，进行跨领域、跨学科学习。这种跨学科学习要遵循合理性、条理性的学习方式，注意由点及线，由线至面，逐渐构建起系统学习的网络。同时要积极引导学生将所学知识、理论应用到实践当中，以达到"学以致用"的学习目的。

二、素质教育的作用

与应试教育不同，素质教育更加注重人文关怀，关注学生的身心健康发展。素质教育的关注点主要包括以下几方面：学生的潜能性开发、主体性定位、发展性拓展、价值性体现、创造性引导以及全面性展开。这与传统的"死记硬背""读书不读理"相比有很大差异。素质教育是对传统教育中落后内容的摒弃和对优质教育内容的升华。它最重要的价值是回归到人的层面，将人的价值提升作为教育的出发点和落脚点。它注重人性关怀，在剖析传统教育的基础上，批判教育弊病，发掘真正适合于挖掘学生潜力的教育方式。素质教育的实施，对当下社会教育的发展具有重要的借鉴意义和现实意义。

（一）注重人的发展的全面性和整体性

第一，立足当下、着眼未来是素质教育的一大特征。与素质教育不同，传统教育方式不注重对人的未来潜质的挖掘，只要学生考高分，将现在的问题解决就好，甚至不惜采用"揠苗助长"这种摧残学生创造性与兴趣性的方式，虽然它看似能在短时间内让学生取得成绩上的进步，但对孩子的长远发展是极为不利的。而素质教育完全不同，它认为人是可塑的，当下教育不过是孩子人生路上的一个阶段而已，当下教育的目的是为学生以后的人格养成和发展思辨思维的能力做铺垫，不仅仅着眼于文化课成绩，更侧重于学生发展性与独特性的挖掘。

第二，开放性也是素质教育关注的重要内容。人是社会中的一员，交流是提升人类认识、增进人们发展的重要一环。传统教育不注重人际交流，甚至认为学生交流频繁会影响课堂管理与组织教学。应试教育看中学生成绩，对孩子的沟通能力没有硬性规定，这就造成学生在这种教育模式下经常处在闭塞、自我的环境当中，形成认识问题的教条性、死板性，不能灵活面对社会突发状况，妨碍学生的正常发展与能力拓展。素质教育从人作为社会的个体出发，重视人的表达、交际能力，对完善人格的养成具有重要意义。

第三，主动性培养是素质教育的一项重要内容。传统课堂上的学生习惯了教师安排，往往不具备主动性，在问题的认识上习惯了教师"灌输"，不能积极主动地去发现问题、思考问题，甚至不能进行团队协作。这也是国外教师在国内上课时遇到的"通病"，教师在课堂上讲半天，下面却没有一个学生积极参与互动。素质教育就是要打破这种静态、被动的学习方式，提升学生主动、积极的动手、动脑能力，不是"你要听"，而是听完后"你想到了什么"，以及"为何这样想"。

第四，素质教育注重学生发展的整体性，促进学生全面健康发展。在目前主流教育方式的影响下，很多时候教育只是课堂内容的灌输，是纯理性的灌输。但对于需要从感性角度切入的学生而言，纯理性内容的直接导入是一种"教育冷漠"，对于年龄较低、社会阅历较浅的学生而言更是如此。人的认识肯定是感性认知—理性归纳的过程。目前高校教育中存在的一个问题是，理科学生对人文知识一概不知，文科学生不明白一些基本的自然原理。学科之间脱节的现象应当引起人们的广泛重视。素质教育从培养学生的完整性出发，打破了学科之间的壁垒，在以学生自身兴趣为导向的同时，注重精神与物质、理性与感性的和谐统一，避免"各自为政"。

第五，重视主体性是素质教育的一个重要特征。教育的目的是培养更加优秀的人才，但一定要"因材施教"，换句话说，就是重视学生，将学生作为教学主体，以学生的兴趣点和承受能力作为施教的方向，切不可揠苗助长，将学生单纯作为接收知识的容器。这样做的后果往往是既不能达到预定目标，又让学生丧失了学习的动力和兴趣。

（二）能提升人的科学文化素养，培养人的创新能力

从某种角度而言，教育就是文化的延续与传承。从源头上来说，教育产生的目的在于增加个体之间的文化连接，以推动人类文明的发展与传承。教育过程，就是将文化种子播撒到年轻一代的过程，将他们培养成为新的文化接班人，从而保证文化传承载体的延续与发展。以教育学的观点来看，文化的含义很深

刻。一方面文化影响着人们的文化性,另一方面教育又培养人们的文化性,这其中的文化性,就是指科学素养与文化素养。

人类文化发展的进程十分曲折。在古希腊时期,文化发展是以"人"为中心的,人的自由性得到充分尊重。到中世纪时期,神学占据文化主导地位,人性被神性所压制。一直到文艺复兴时期,人的主体自由性才得以释放。这一曲折的发展过程中,人本主义战胜神本主义主要依靠两个方面:一方面,古希腊先贤的人文学科基础;另一方面,资本主义经济发展后,人们逐渐产生并完善的理性思维。科学与人文的发展,共同为人类进步发挥了作用。

文化的含义范围很广,只有人文与科技和谐发展,才能促成文化的整体完整。任何狭小的科技抑或片面的人文都是不完整的文化,是文化的异化。文化是一个宽广的范畴、包容的范畴。文化是人类的文化。同样,接受优秀教育的人,也是人格独立的人,有完整个性与健康人格的人。那么,目前哪种教育方式具备这种功能呢?

素质教育正是一种通过教育培育学生具备完整文化个性的教育方式。首先,素质教育强调文化发展的整体统一性,既不单独强调科技,也不片面重视人文,二者的协调与完整才是素质教育追求的重要内容。其次,素质教育注重培养人的文化创新与文化传承能力的统一,这既克服了传统教育方式在文化创新方面的滞后性,又为文化传承提供新的可供参考的传承方式。素质教育讲求多观察、多动手、多思考,这对文化的"动态活性"发展与传承具有重要意义。

(三)肯定人的价值,培育健康人格

作为教育理论中的一个重要组成部分,心理学在文化教育中的重要性不言而喻。一般认为,心理学的发展过程主要有以下几个步骤。

首先是 20 世纪初期的行为主义时期。该时期的心理学理论强调人的行为受到外界环境的影响,不同的刺激导致不同人格的养成,因此只要为儿童提供一个教育环境,并不断施以刺激,该儿童的心理认知过程就会向预设的方向改变。这一理论直接促成了教育理论中的"教育训练说",这是心理学对教育理论的第一次较大影响。

其次是心理学的认知主义时期。该时期的心理学理论与行为主义时期有明显不同,认为人的遗传因素和环境的影响会对人们的认知产生影响。认知主义认为人是"认知体",并认为教育可以通过运用高效的认知策略、手段等不断提高人的认知能力,从而有效解决知识的无限性与人类认知有限性之间的矛盾。

最后是 20 世纪 50 年代兴起的人本主义时期。该时期的心理学理论认为,

环境应该改变以适应人的发展。人本主义时期充分尊重人的个性发展，肯定人的发展潜能，将人作为研究与发展的中心。人本主义认为此时的人不再仅仅是"认知体"，更是"生命体"，环境应当为人的健康幸福发展做出改变，以培养出有思想、有个性、有能力的"我"。

结合心理学的发展轨迹以及当下我国对心理学发展的研究情况可以发现，素质教育中的人本理念，与心理学中的人本主义有极大的相似之处，或者说素质教育理念以心理学中的人本主义理念为理论基础，以人的发展和社会发展作为培养目标。虽然人的发展有其先天性，但最终目标都是指向后天的，正如"玉不琢不成器"，一个先天个体有各种发展潜能，有很多未知的发展方向，具体雕琢为何物，就要看怎么雕琢了。

因此，从根本上讲，素质教育是以人为本，以提高人的价值、挖掘人的潜力为目的的教育，这与传统教育有很大不同。传统教育非常重视人的工具性和外在价值（不以人的能力和兴趣方向作为培养目标），不注重人的内在需求和自身价值；而素质教育将人的能力提升与价值展现融为一体，并尊重人的发展意愿，挖掘人的发展潜能。这两者在培养目标上有着根本的不同。

（四）推动人的可持续性发展

素质教育培养注重"未来性"，是"成人之道"，将人的能力提升和生存发展作为培养的重要内容，以培养人的创造性、完整而独立的人格作为素质教育的归宿点。

第一，类似素质教育的理念古已有之。古希腊的"认识你自己"、近代卢梭的"自然主义教育"，以及古代中国的"因材施教"都包含着朴素而又宝贵的素质教育理念。然而素质教育理念并非一脉相承，尤其中国教育的发展更显曲折，从明清时期的八股文，到近现代应试教育的普及，素质教育的萌芽始终未能萌发。类似的教育理念将"社会本位思想"与"知识本位思想"作为教育的核心，认为人不过是社会这一巨大社会组织中的微小个体，只有人适应传统教育的需要，绝无"因材施教"的可能，人如同一架大机器上的微小零件一样，默默地听从"组织"的安排，绝无表露自己潜力的可能。

由于教育理念的滞后与不足，青少年很少被当作"人"来看待，更多的只是成人世界里的配角，他们不能以自己的视角去学习，而是屈从于成人安排好的、也许并不适合他们的"知识"，这种教育环境，必然造成教育的"以偏概全"和学生人格上的不独立，甚至错位发展。

第二，素质教育是对教育本义的返璞归真。正如捷克教育家夸美纽斯所言，在教育孩子的过程中，我们无须为孩子添加什么，只需要把孩子的内心固有的东西展现出来，告诉他需要什么，适合做什么。这句话虽然有点片面，但也从另外一个方面启发我们，素质教育的重点是引导，而不是灌输。教育目的的达成必然与社会发展息息相关，这是社会、自然、科技等各方面相互碰撞的结果。但我们往往在注重社会因素的同时，忽视了人的主体性。素质教育正是通过"弥补"的方式，极力为人们的健康发展保留一席空间。它以挖掘人的禀赋为目的，以改变现有社会教育环境为起点，努力实现人的个性张扬与人格完善。

第三，素质教育是对"全面发展教育"理念的超越。众所周知，国内教育一直以培养全面发展的现代化人才为指导思路，素质教育同样提倡人的全面发展，在这一层面上二者具有相通性。但素质教育作为新时代的发展产物，又有其新的特点。它以全面发展教育理念为依托，同时又是对这一教育理念的超越，这主要基于以下几个方面：素质教育是对全面发展教育理念的提炼；素质教育以人为教育中心，是在注重个体成长的基础上的全面发展理念，不是传统教育理念下的全面发展理念；素质教育虽注重学生的全面发展，但根本在于提升学生的创造性，挖掘学生的发展潜力，完善学生的独立人格。

第二节　创新型人才培养与素质教育

一、创新型人才的类型

成功的创新型人才取决于接受的教育程度、所处的教育环境及施教理念。完备的社会生存能力、健康的认知能力与正常的情感态度是鉴别创新型人才的三个条件，一般认为创新型人才要有以下素养与能力：好奇心和对探究的热情（主动性）；高度的责任感，并勇于担当，性格独立；扎实的基础知识和良好的认知模式；有效的终身学习能力；综合运用知识解决问题的能力；合作、交流和表达能力。

因而，创新型人才的特点如下：第一，要具备扎实的专业知识，对本领域知识体系有深刻了解，对相邻学科及类似知识领域有独立见解，能为本领域发展贡献力量；第二，要有敏锐的洞察力，能迅速感知学科变化，及时且准确地发现问题，并且预估学科发展动态；第三，要有很强的动手能力，能在理论指导下进行实践，并在实践中发现问题，解决问题；第四，要具备严谨客观的科研学术态度，能及时对学术领域内的问题做出专业判断，能以理性思维和系统分析方法提出解决方案；第五，还要有果敢的做事能力，敢于质疑、勇于创新，能从不同角度发现问题、判断症结，在符合科学精神的前提下促成问题解决与目标达成。

曾有一段时期，人们误把创新能力当作极少数人才有的"技能"，这是片面与不科学的。陶行知曾说过："处处是创造之地，天天是创造之时，人人是创造之人。"这其实从侧面告诉我们每个人都蕴含着巨大的创造力，只要充分挖掘，就能成为一个具备创造能力的人。虽然当下很多人也持有此种观点，但在教学实践中却鲜有人将这一理论应用于实际当中。

甚至在研究创新型人才培养时，很多人认为这是研究型大学的任务，一般普通高等院校只适合培养普通应用型人才，与创新能力关联不大。这其实是片面的观点。其根源在于没有正确认识创新能力的培养适用于各个阶段这一现实。

我国正处于从"传统教育"到"素质教育"的转变期，虽然创新型人才培养更适合素质教育环境，但也要认真审视目前传统教育环境的现实。因此，当下创新型人才的类型因教育方式的不同及不同的发展预设方向，可以划分出不同类别，具体类别有以下四种：研究型创新人才、工程型创新人才、技术型创新人才和技能型创新人才。

1. 研究型创新人才

研究型创新人才是指从事科学理论探索、科学技术发现、科学方法掌握以及具有较大影响力的技术发明等领域的创新型人才。

其中研究型大学、教育研究大学和各国家级与地方级院所是此类人才的主要培养基地。研究型大学是国内高层次大学，其着眼于理论与科学创新，着眼于为国家和企业培育学术质量高、科研能力强、理论创新能力突出的高质量人才，是研究型创新人才培养的主要基地。学术型高校注重培养创新型人才的知识涵养、内在素养，努力提升受教育者的学术钻研能力和学术科研能力。各科研院所虽然不将人才培养作为首要任务，却是中央与地方重大课题研究的汇聚地，长时间接触尖端课题研究，就自然能够涌现出学术质量高、创新能力强的科研人才。

2. 工程型创新人才

与科研型创新人才不同，工程型创新人才是更注重社会实践，多是从事社会生产策划、规划等内容的人才类型。工程策划人才几乎适用于很多行业，尤其是建设工程类行业，如园林规划、工程设计等行业。他们的创造性思维为行业发展提供了稳定的基石。在此类人才培养中，教学研究型和教学型本科院校最具有发言权。教学型本科院校更是此类人才培养的主力军。

工程型人才主要面向生产、管理、服务等一线工作，他们善于用创新思维、创新理念解决现实社会中的实际问题，是重要的实践应用型人才。国家对此类实践人才的培养非常重视，"卓越工程师教育培养计划"就是以培养此类人才为目的的人才培养战略。

3. 技术型创新人才

所谓技术型创新人才，是指介于工程型人才和技能型人才之间的、对已有工作进行技术革新的人才群体。他们多处在工作第一线，将工程型人才的设计意图转化为实际生产中可供操作的技术指令、操作规程，以及可实现方式等，同时，针对现实工作实践，对已有的产品设计、功能提出新的建议或增加其延伸服务。因为此类应用型人才处于工程型人才和技能型人才之间，国外对这类人才有一个形象贴切的称呼——中间人才。

他们的工作内容位于设计思路与产品生成之间，他们的创新工作实践直接影响到产品的性能、类型、质量，是思路与产品之间的桥梁、纽带。培养此类人才的主力军是技术型本科院校，或是高职、专科院校。

4. 技能型创新人才

所谓技能型创新人才，是指直接从事产品生产、零件装配的动手实践型人员，他们工作于生产第一线，将技术型创新人才的操作工艺、操作实践变成一件件实体产品。他们的工作细致与否，对产品质量产生直接影响。同样，他们的创新性发现能直接为技术型、工程型创新人才的思维再创新提供灵感，以实现产品功能、实用性的再次提升。此类人才规模大，是"中国制造"的脊梁，主要"产出"于中专技术院校。

创新型人才，实际就是创新型工程人才和创新型技术人才的统称，是既具有创新型工程人才的创新思维模式，同时又能将创新思维转变为操作指令，以实现产品性能提升的专业应用技术型人才。

二、创新型人才的评价标准、能力构成

（一）创新型人才的评价标准

创新型人才评价应当具备系统性，这是因为创新活动是一个持续的、长久的行为过程。创新成果是检验一个人是否是创新型人才的重要标准，但并不是唯一标准，这是因为创新成果存在偶发性的可能，一两个灵感性的想法不代表创新能力的完备。所以创新型人才评价不仅要看其是否参与创新活动，还要看

其态度是否积极；不仅要看其是否具备从事创新活动的愿望，还要看其创新活动的成果；不仅要看其是否有创新成果产出，还要看其成果产出是否具备持续性。根据这些系统性评价要求，通过对现有资料、成果进行梳理，一般认为可从以下10个标准进行创新型人才的能力评价。

1. 是否有丰硕的创新型技术成果产出

成果是检验创新能力的一大标准，创新型技术人才的培养目的就是要有成果，如果工程技术人才被冠以"创新型"的称号，那么对于成果的产出要求更甚。是否有丰硕的创新型技术成果是检验创新型技术人才的第一要素，也是最重要的要素。

2. 是否将创新型工程技术活动作为实现自我价值的重要途径

作为一项目的性、计划性强的理性活动，参与者需要全身心投入才能取得创新型成果，一个无法全身心投入研究的工程技术人员是难以取得令人满意的创新成果的，而态度端正、全身心投入的创新实践活动其结果也会令人满意，同样也是实现自我价值的必要条件。因此创新能力不能仅仅停留在口头上，而应将创新工程技术活动作为实现自我价值的重要途径，时刻将创新成果的产出作为自身的努力方向，这就具备了创新活动的内在驱动力。

3. 观察角度是否另辟蹊径

由于具备较强的创新意识，创新型人才往往能从同一样事物上提出不同于常人的见解。只有从新的角度观察事物，才能发现新的问题，找到新的解决问题的思路。

4. 是否具备专业的技术能力和丰厚的专业知识储备

创新型人才着眼于科研与实践，对专业知识技能的掌握非常重要，只具备创新能力而不能解决实际问题的人才难以被称为"创新型人才"。

5. 是否能针对同一问题提出常人未察觉出的设想

创新型人才思维活跃，具备深刻的发散性，往往能从同一问题中联想到别人尚未察觉的问题。判断创新成果的"三性"标准之一就是新颖性，即快人半拍、先人一步正是创新成功的要诀所在。

6. 是否对新事物保持好奇心及细致的敏感性

好奇心是思维发散的关键，对事物好奇才能引起主体对事物的观察，只有细致入微的观察才能引起主体的内心思考。

7.是否具备丰富的想象力

创新能力很大程度上依托于思维发散与联想，是否具备网状思维是检验一个人是否具备丰富想象力的关键，而想象力是否完备又是检验是否具备创新能力的重要因素。

8.是否具备联想和类比的能力

联想、类比支配发明创造，很多绝妙的创新发明就是在联想与类比中产生的。联想使人能够在看似没有联系的事物之间寻找关联，类比使人能够从宽广的空间中获得创新思路。

9.是否尊重科学而又敢于质疑

科学规律是人们从事科研创作必须遵循的规律，任何科学创造都有据可循，要以已有科研发现或自然规律为创新前提，同时遵循相应的科学规律，因为离开或违背科学规律的创新必然"无功而返"。但是世界万物都处在变化当中，科学规律成立所依附的条件并非一成不变，要有敢于质疑旧知识、发现新思想的勇气和能力。墨守成规不仅会使人丧失创新机会，还会使人的创新思路枯竭。

10.是否具备坚持不懈的毅力

创新其实就是一定程度上的"改革"，它意味着对困难发起冲击，意味着对困难与风险的探索。没有坚强的毅力是难以坚持到底的，因此要时刻做好冲锋、坚持的准备。

以上10个评价标准中，第1项标准最为重要，是创新型人才成立的必需条件，具备"一票否决"的权利。第2~5项标准是对创新型人才进行评价的必要条件，具备这四项特质不一定能取得成功，但不具备这几项特质，几乎不会成功。后5项标准表征的是创新型人才所具有的创新能力高低，它们是成为创新型人才的必要保证。这10项标准之间相互关联、相互支撑，共同构成创新型人才的系统评价体系。

（二）创新型人才的能力构成

要成为一名创新型人才，前提必须是一名"人才"，简单地说，创新型人才是指工程技术人才中具备较高创新能力的人。创新型技术人才重视复合发展，其学习人文知识的目的是培养创新思辨的思维模式，达到思维活跃、多样、发散的目的。绝对的全面人才是不存在的，兴趣领域的不同，势必会产生"专长"和"短板"。

在人才评价体系中，人事部门经常以学历、职称作为衡量人才价值的标准，这其实是一个能力预设。因为一般只有能力强、认真刻苦、具备较高学习素养的人才具备修习较高学位的本领。同时人才是具有专业性的，必定有其熟悉的领域或者工作内容，一旦走出这一领域就难以再次发挥其能力、特长，沦为"庸才"，如文科教授在文史知识方面能提出独到的见解，但如果把他放在理工科领域，或许其就成了"睁眼瞎"。因此人才的价值评价必定要将其处于所在的价值体系之中，脱离价值体系的人才评价都是不科学、不准确的。因此，创新型人才是指具备专业技能素养，同时又具备创新素质和创新能力的人。

要探讨创新型人才的能力构成，先挖掘"创新"的内涵是一个不错的方法。"创新"一词经过多年的探讨，对其涉及的领域已形成了广泛共识。它涉及人的主观能动性所涉及的大部分领域，如知识、技术、制度、组织、管理、教育、文艺等众多领域，但对创新的内核，却存在着较大分歧。以笔者视角来看，创新无外乎有两种可能：一是质变创新，指经过创新演变后，事物的性质发生了明显改变，如电话有奖竞猜，兴起之初其目的在于增加受众生活的趣味性，提升节目与观众的互动性，而近几年的电话有奖竞猜发生了根本改变，其变成了诱导受众拨打电话以增加收入的牟利手段，"有奖"成了骗取受众金钱的噱头；二是改进创新，指通过创新演变，使事物的性能发生较大提升，但事物本质没有发生变动，这种范例很多，大凡修补、提升的创新方式都属于此种范围。这两种创新方式有一个共性，即都以事物的发展进步为目的，在原有系统基础上进行量的变化，或创造新的、系统的社会活动。

明确了创新的含义，结合创新型人才的含义，笔者认为创新型人才应该具备以下能力。

第一，具备深厚的知识储备，专业的工程技术技能和对工程技术工作的灵活操控，这是就专业技术方面提出的能力要求。

第二，具备宝贵的创新品质和创新精神，善于从不同角度发现问题、提出问题、解决问题。具备思维的独特性、观点的新颖性以及考虑问题的全面性，这是从非智力因素方面提出的意见。

第三，具备创新能力，创新思路清晰，有过创新技能的训练，这是从实践层面提出的要求。

三、创新型人才的自我实现

创新型人才要以创新性活动作为自己工作的奋斗目标。因此创新型人才的培养同样要以内省的方式进行，自己主动向"创新型人才"靠拢，不断提升自我，将主动权留在自己手中。

根据创新型人才的系统评价体系，结合创新型人才的成长发展模式，提出了以下8个方面用以自我修炼和能力提升的要求。

1. 培养创新价值认同感

价值观是引导人们进行价值判断的重要标准，新的价值观的树立会直接影响个体人生观的转变。人生观和价值观往往决定人的意识行为的转变，并成为指导人们日常行为活动的依据。培养个人对创新价值的思维认同，是培养个人创新能力的前提，也是在承认创新价值前提的基础上，体现个人价值的最高形式，是人的本质的体现，是获取个人竞争力、团体竞争力的捷径，能为自己思考问题和行为决策提供必要依据。

要从历史和现实出发，真正从内心认同创新之于人生的价值，不断进行理论学习，善于从不同方面、不同角度发现问题。充分认识到创新是人类发展进步的重要推动手段，每一次人类社会的进步，都是在已有基础上的创新和变更。在社会竞争日益激烈的今天，树立"不创新就会被淘汰"的观念，只有学会创新、善于创新，才能成为赢家。要在思想深处认识到创新求变的重要性，从而在内心深处树立以创新为己任的思考方式。

2. 要具备强烈的创新欲望

只有愿意创新，才能有创新的行动，并以此推动自我发展与进步。在树立创新价值认同的基础上，促进思维发展与革新，将创新欲望付诸实践，真正推动自我发展。一个人创新欲望的形成与发展和他的人生观、价值观有直接联系，但更主要的是深刻的危机感，而危机感的产生在一定意义上与目标的设定和生存现状息息相关。

因此，要对当下的社会发展形势有充分的认识，树立"不变则退"的危机观念，懂得创新与发展之间的关系，创新欲望必会呼之欲出。

3. 善于思变，不墨守成规

虽条条大道通罗马，但每条路又有不同。要善于从不同角度发现问题，走前人未走之路，以不同的方式思考，提出不同于以往的解决方案。培养思变思维，可以从不同方面展开，如身边小事、工作中的小问题，先提出不同的解决方法，然后找到各方法的利弊优缺，优中选优，以最便捷的方式解决问题。这样事事思变坚持一段时间，就会慢慢养成求异思维，进而提高自己的思维创新能力。

4. 学会类比与联想

联想是指由一事物想到与之相关联的其他事物的过程；而根据两事物在某些方面的相关性，将关于一事物的某些知识转移到对另一事物的认识上的思维方法叫作类比。联想和类比二者密切相关，联想决定类比。对技术发明而言，联想和类比至关重要，它适用于人类创新活动的一切领域。想要提升联想、类比的能力，不仅要理解二者的内在规律，还需要有广泛的知识积累，并善于注意观察事物间相近、相同和对比的关系，遇到问题先要在脑海中探寻类比对象，这是进一步提升类比思维的基础或前提。类比是知识转移创新的基本方法，经常进行知识转移的创新尝试，在提高类比思维能力的同时，对创新知识能力的增强也具有重要意义。

5. 不断训练想象力

想象是对创新素材的展开，爱因斯坦曾讲过，想象和创新之间的关系就像空气和鸟的羽翼。想象可以天马行空，可以超越任何时空限制，异想天开，说的就是这个道理。而人们在头脑中把各种形象信息进行整合或重组为新形象的过程就是想象过程。想象力并非一成不变，会随着人们年纪的增大而逐渐降低，究其原因在于人们的思维定式成为想象力逐渐萎缩的诱导因素。

创造性想象需要知识，就好比修建高楼需要很多的建筑材料。想象力训练是指在充分知识储备的基础上，经常进行自我训练，在潜移默化中将已经掌握的知识进行系统、有关联的整合，形成系统的知识结构系统。只要多想多练，积极打开自己的思维，想象力定能逐渐提升，最终得到升华和培养。

6. 积极实践

创新能力在不断的训练和实践中得到升华和提升。实践是检验真理的唯一标准，也是提高创新能力的有效方式。但是创新实践和以往的实践不同，它包括思维和行动两个层次的创新，即主观性实践和客观性实践，二者相辅相成，共同促进人的创新能力的提升。主观性实践从人的思维出发，培养人积极思考，形成求新求变的思维模式，以获得思维能力的飞跃；而客观性实践主要从物质的创新结果出发，检验思维的创新成果。总而言之，创新实践活动先从主观性实践出发，然后过渡到客观性实践。当然，最为合适的创新方式是从身边着手，以创新训练的方式发现问题、解决问题，并最终帮助创新思维得到升华。

7. 拓宽知识领域，增加知识储备

创新成果往往与创新主体的知识储备相关。知识修养是创新主体得以不断

借鉴、转换，思维融合与升华的必要依托。拓宽知识领域，指的是创新主体要积极增加知识学习，在熟练掌握本专业知识的基础上，将视角伸向其他专业领域。知识的吸收可以包含各个方面，历史、哲学、自然甚至医学、管理学都可以成为知识补充的内容。只有不断拓宽知识面，才能获得有效的知识类比对象。知识面狭窄会阻碍创新思路的拓宽。

拓宽知识面有两个方式可以借鉴：首先是阅读，通过大量的阅读增加知识修养，这种方式简单易行，是理性知识的直接吸收；其次是观察，通过仔细认真的观察，发现未知领域，特别是对自然科学知识，是一个非常重要的增加知识储备的方法。有意识地观察周围的事物，人工的、自然的、文化的、社会的，只要你不放过任何机会细心观察事物，就能够得到书本上学不到的知识。参观各种博物馆、展览会是获得历史和现实知识的最好选择，因为这是效率最高、收效最大的获取知识的途径。因此，可以结合不同的知识学习领域，探寻知识汲取的方式，人文社科类知识可考虑增加阅读，自然科学类知识可考虑运用观察法。

8.提高自身风险意识和博弈意识

创新是对已有内容的变革，变革意味着风险的产生，不敢冒险、不愿冒险的人难以获得让人期待的创新成果。当然，创新也不意味着故意寻找风险，主动往风口浪尖上撞。这里的风险意识，是指做好迎接风险的准备，在无法规避的情况下要有敢于承担风险，敢于化解风险的勇气。

风险和收益往往是并存的，我们可以在追求高收益的同时，努力规避风险。这就要求迎接风险之前充分做好风险评估，熟悉创新可能带来的联动反应。每天，都有很多事情等待我们去选择，策略的选择需要我们处于思维活跃的状态，这就意味着每天都存在考验我们的风险意识和博弈精神的机会。每一次考验都是一种训练，只要注意对每一次选择或决策结果进行评估，经验会使我们的选择和决策更加合理，更加科学，甚至达到遇险而无险的境界，成为博弈的赢家。如今创新正在成为社会活动的主流，培养创新型人才是社会进步的需要。创新型人才的能力构成决定了其评价标准。创新型人才成长的模式有多种，不要执迷于一种方式，要灵活运用评价标准，只要能够达到相应的标准，都是好的培养方法。

四、培养创新型人才的作用

当下科学技术的发展日新月异，创新型人才的培养对产业进步、技术转型、知识创新甚至人才培养方式都有着重要的意义。

（一）培养创新型人才是国家发展的需要

21世纪是崭新的知识经济时代，知识经济飞速发展并已逐渐成为世界经济发展的主导力量。与注重体力付出的传统劳动方式不同，知识经济时代更注重一个人的思维创新能力；劳动者的创新能力越强，相应的社会贡献就会越大。可以说，一个国家是否具备创新能力，直接影响到这个国家的发展前景与前进步伐。作为学生，尤其是高校学生，更要具有知识创新、勇于探索的勇气，这是个人价值体现的方式，也是民族与国家发展的需要。

（二）高等教育的发展趋势决定了创新型人才的培养需及时步入正轨

《中华人民共和国高等教育法》明确规定："高等教育的任务是培养具有社会责任感、创新精神和实践能力的高级专门人才。"而培养创新型人才就是对这一法规的实践，为高校人才培养标准，尤其是理工科院校的发展指明了方向。受传统教育影响，部分高校在人才教育上仍非常注重学生技术能力，忽视创新思维能力的培养，造成部分高校毕业生善于动手，却不善动脑，成为被动的"工作人"，而不是主动的思考者。创新型人才培养理念的提出将使这一现实状况得到改观。

（三）培养创新型人才是高校人才体现自我价值的需要

随着全球经济一体化进程的逐步加快，我国将在更大范围、更广领域参与全球合作，人才的国际流动将成为全球发展的必然模式，这对人才发展提出了更高要求。因此，只有不断提升高校人才自身竞争力、创造力，才有可能在全球交流与发展中立于不败之地，才能不断在超越与进步中展现自我价值。

五、文化素质教育在创新型人才培养中的实施现状

目前，文化素质教育课程在工程技术专业中都有涉及，这能够有力地为创新型人才提供创新知识、创新能力，有助于创新型人才培养。近几年我国教育部门也增加了理工科专业的自选课程，为创新型人才培养增加了途径，特别是随着网络的兴起，人文知识的获取变得异常便捷。但是，我们更应当看到高校文化素质培养在工程技术人才教学中的不足。

（一）人文知识难以转化成创新能力

增强文化素质教育课程在创新型人才培养过程中所起的作用，本意是改变理工科学生重理轻文、文化基础知识薄弱、创新能力不足、思辨能力较差的发展弱势的现象。但在具体实施过程中，由于我国多年来受传统教育模式的影响，

学生很容易形成"吃下不消化"的情况。由于人文素质教育思维与科学技术思维不同，教师在知识传授与学生接收信息过程中存在"代沟"，造成知识脱节，难以取得理想效果。

另外，由于专业不同，教师很难引导学生将学习到的人文知识转化成创新思维，没有人文素养作铺垫，教育成为"灌输"而非传授，难以达成实际效果，这从侧面为创新型人才人文素质的培养提出了新的要求：人文素质教育是系统、连贯的教育过程，它与对文科学生的教授方式有明显不同，要结合不同专业施以针对性教育，而非以偏概全，徒费力气。

（二）教师队伍整体素质尚有提升空间

理工科思维与文科思维有显著不同，这就对教师的教授方式有了更高的要求。没有高素质的教师团队，没有因材施教的传授方式，创新型思维的培养就难有成效。近几年来，高校持续扩招，对教师数量需求猛增，高校教师团队大幅扩增的同时，使教学质量难以保证。同时，由于我国高校教师质量考评体系尚不完善（不注重教育结果，更注重研究成果），这从一定层面上为教师选拔增加了难度。

目前很多高校教师产生于已有的传统教育环境，受传统教育方式影响很大，自身都难以确保具备创新、思辨的能力。换句话说，教师和学生其实处在同一起跑线上，因此创新型人才教育质量亟待提高。

（三）注重课堂内容，忽视教学方式

虽然人文教育是文化素质教育的重要组成部分，但文化素质教育绝不等于人文知识的简单传授。随着近几年人文素质教育的兴起（如国学热），文化素质教育的内容日渐丰富，很多高校在人文课程设置上日渐多样化，学生有了更多的选择空间。这在开阔学生视野的同时，也为多角度开展文化素质教育提供了条件。

但是，在文化课程教授的方式上，还有待斟酌。长期以来，教师一直是讲台的把控者，教师高高在上、滔滔不绝；学生在下，洗耳恭听，遇到感兴趣的内容多听几句，遇到不感兴趣的内容瞌睡走神，完全没有发言权。在传统观点中，人们对教师的认识是"上知天文下知地理"，如果教师被学生难倒，是一件不光彩的事，导致很多教师难以以培养具有思辨性思维的学生为荣，这也间接地让教师剥夺了学生发言的机会。这样的教学方式既磨去了学生的创造力，也使老师失去了创新进步的动力，由此造成了知识传授的恶性循环。

(四)需要以制度的形式增加创新型人才的素质教育培养

虽然我们一再强调创新型人才接受人文素质教育的重要性,但事实上,很多理工科高校没有真正将其作为一项制度实施在课程教学中。一部分学校只是以选修课的形式供学生选择,或者必修的素质教育课程过少,学生修完后无法达到预期效果,违背当初设置该课程的初衷。

特别在一些理工科院校,人文知识不被重视,学生难以对人文素质教育提起兴趣,更不会将素质教育作为自己的必要选项。所以教育管理部门需要以制度形式完善创新型人才的人文素质教育,真正为创新型人才的人文素养提升提供力量。

第六章 基于素质模型的地方高校创新型科技人才培养模式优化

第一节 培养模式优化的系统构造与影响因素

一、培养模式优化的系统构造

人才培养模式实质上是一个过程范畴,是在一定的教育教学思想、观念的指导之下对人才培养过程的设计、建构和管理,它集中体现了人才培养的目的性、计划实施性、过程控制性以及质量保证性之间的相互协同。因此,人才培养模式的运作过程具有系统的特性。

为了更好地表达创新型科技人才培养系统诸要素之间的关系,本节将控制论的基本思想引入创新型科技人才培养模式总体运行过程的优化之中,以加强对于培养对象创新素质系统生成的有序性和有效性。其核心思想是以创新型科技人才素质模型所提供的素质要素体系为基本依据,将其作为人才培养目标的给定值,通过系统的控制器将其转化为明确而具体的培养方案并辅之以配套的制度保障后,由执行机构通过实际的教学活动作用于受控对象,使其素质生成朝着有利于创新素质系统建构的方向发展。同时,对受控对象创新素质的发展情况进行阶段性或周期性的测量评价,并将相关的评价信息反馈回系统,为系统纠正自身的运行偏差以及进一步优化提供客观依据。

在这一系统中:系统的给定值代表地方高校创新型科技人才的培养目标,可以以创新型科技人才素质模型为参照而分解出更为明确和具体的素质培养目标体系;控制器代表地方高校的相关管理部门,主要为人才培养活动提供制度支持;执行机构代表教师,是地方高校内部进行创新型科技人才培养活动最主要的任务承担者,对于学生创新素质的形成发展有着关键性的影响;受控对象代表学生,其创新素质的生成是整个系统信息传输所关注的焦点,具体的素质生成过程既会受到地方高校内部人才培养模式的影响,亦会受到模式之外的外部环境以及相关条件的影响;测量变送器代表人才培养质量的内部评价和反馈机制,其有效运作有利于纠正系统运行的目标偏差;被控量代表高校创新型科技人才培养的实际效果,主要反映在以创新素质生成为核心的学生培养质量方面。

系统中的受控对象是整个系统运行信息传送的重要节点,其对信息的接收吸纳情况直接影响到系统目标的实现程度。按照创造力理论的有关观点,智力因素在个体创造力的形成中具有重要地位,而非智力因素影响智力因素并且通过智力因素影响个体的创造力。在创新型科技人才培养系统中,受控对象——学生是其间一个重要环节,而作为执行机构的教师以及其他相关管理人员通过一定的渠道和方式,将施控信息传输至学生。由于受控对象并不仅仅是简单地进行信息的接收,而是具有个性和主体意识的人,因此,其在信息接收过程中会对作用于自身的施控信息产生能动作用,从而影响到信息流的接受效果,这种能动作用可称其为"内扰"。如果这种内扰与教师所输入的信息流性质一致,就会增强系统的输出效果,表现为一种正反馈,从而使创新型科技人才的培养目标得以实现,其可称为"发展性内扰"。但一般情况下,内扰或多或少地会使系统的输出效果偏离或者削弱预定目标,表现为一种负反馈,其可称为"障碍性内扰"。障碍性内扰会妨碍学生创新素质的形成,如抑制其创新意识和创新精神等,属于一种情感的非智力因素。不仅如此,由于受控对象的能动性,他亦会与外界进行信息交流而形成"外扰"。在创新型科技人才培养过程中的外扰主要包括校园文化、环境氛围、管理制度等。例如,校园文化氛围的影响一般是通过非智力因素作用于智力因素来影响学生创新素质的形成和发展的。对学生创新有利的校园文化环境、管理制度等有利于调动学生的创新积极性,可称之为"发展性外扰",反之即"障碍性外扰"。理想状态是希望外扰能够形成一种正反馈,不过在通常情况下,对于创新型科技人才的培养而言,总是需要以持续不断创新的态势来突破传统和打破平衡。因而,外扰一般是形成负反馈的。

控制系统运行与创新型科技人才培养模式要素之间的关系如下。其一,系统的运行需要有信息目标,以表明整个活动的运行方向及其要达到的程度,这便是创新型科技人才培养模式中的培养目标与培养规格。其二,按照控制论的观点,目标信息并非信号,因而无法直接作用于受控对象,需要通过控制机构将其转化为可执行信息,这便是创新型科技人才培养方案,包括课程体系及其结构形式。其三，为了保证执行机构与受控对象按照一定的操作规范接受执行信号，系统在传递执行信号的同时，还必须携带具有激励和约束功能的控制信号。在创新型科技人才培养模式中，控制信号就是与教育教学管理活动相关的一系列规章制度。其四，执行过程是执行机构——教师和相关管理人员以一定方式为受控对象——学生传递信号，这便是创新型科技人才培养过程中的教学活动。教学活动亦可视作一个微观系统，由于受控对象具有主观能动性，在信息的传递过程中，它与执行机构之间会产生双向的交流活动。其五，测量变送器用于检验执行信号的执行效果并将相关信息反馈回系统，这便是创新型科技人才培养模式中的人才培养质量的评价与反馈。在教学微系统中，对于学生而言，检验和评价其学习效果的是课程考试；对于教师而言，检验和评价其教学质量的是课堂教学评价。

创新型科技人才培养模式优化的愿景在于：以创新型科技人才素质模型所提供的素质框架体系与素质开发导向为逻辑出发点，针对目前我国地方高校在创新型科技人才培养活动中可能存在的创新素质缺失问题，通过对人才培养模式系统中的目的要素、内容要素、方法要素、评价要素等相关模块的优化设计，以及人才培养模式运行过程所涉及的一些关键的外部协同条件建设，改善创新型科技人才培养模式运行控制系统中信息传输的内容与信息传输的效能，强化发展性内扰和发展性外扰，降低障碍性内扰和障碍性外扰，促使对于学生的素质培养向着广博精深而又科学合理的知识体系的建构、系统深刻而又灵活开放的创新思维方式的养成、富于创新意识和创新精神的个性品格的塑造、适应于科技创新需求的一般智力能力与实际行为能力的锻造的方向发展，以求为他们未来的科技职业生涯奠定良好的素质条件。

二、培养模式优化的影响因素

地方高校创新型科技人才培养模式的优化除了涉及模式本身的构成要素外，亦受其他一些相关因素的影响，虽然这些因素并非人才培养模式本身的构成要件，但却可以为培养模式的有序运行和学生创新素质的生成提供必要的支持条件。其中比较重要的影响因素包括培养模式运行的直接操作者——高校教师、对学生进行综合创新素质锻造所需的科技训练平台以及模式运行所处的环境条件等，它们均可视为创新型科技人才培养模式有效运行的协同条件。

其一，教师通过言传身教的方式将教学行为直接作用于学生，因此对学生知识体系的建构、思维方式的养成、创新意识和创新精神的培育以及创新能力的形成具有直接的贡献作用。同时，教师还可以通过进行科学研究实践，将其在科学研究过程中形成的一些新思想、新方法以及科技创新成果转化为人才培养实践活动中的教学内容、教学方法、教学手段,或者作为科技创新的案例直接向学生展示,这些均会对学生创新素质的培育起到正向促进作用。教师在创新型科技人才培养过程中的这种作用,笔者称其为"教师作用力",而提高"教师作用力"的关键是加强高等学校创新型教师队伍建设。

  其二,创新型科技人才的培养过程不仅是一个针对受控对象的知识传输过程,同时亦应该包括对受控对象科技实践能力的培养,因而,与之相配套的第一课堂、第二课堂以及其他方式的一些实验性、实践性科技训练平台就构成创新型科技人才培养模式有效运行的必要实践保障条件。第一课堂的科技训练平台以学校内部的各类相关实验室为中心,第二课堂的科技训练平台主要是一些课外科技创新实践活动,它们均是学生综合创新能力提升的重要保障条件。笔者将其在创新型科技人才培养过程中的作用称为"实践锻造力",而提高"实践锻造力"的重点是在创新第一课堂内实验教学的同时,积极探索地方高校与科技型企业、科研机构之间建立产学研相结合的创新型科技人才培养的合作机制,并以此为基础为学生开辟常态化的科学与工程实践训练平台。

  其三,培养模式运行所处的环境条件对于其效能的发挥具有重要影响。例如,良好的制度环境是其正常运行的基本保障,高校通过制定有针对性的规章、制度,可以促进发展性内扰和发展性外扰的作用而抑制障碍性内扰和障碍性外扰的影响,提高广大学生勤奋学习、乐于实践的动力,并最终对其创新素质的形成与发展产生积极的作用。良好的校园创新文化氛围有利于广大学生的创新意识、创新精神在潜移默化的熏陶中逐渐生成。笔者将校园环境因素在创新型科技人才培养中的这种作用称为"环境影响力",而提高"环境影响力"的关键是加强以创新为导向的高等学校内部物质环境、精神环境和制度环境建设。

第二节 培养模式优化的指导思想与总体原则

一、培养模式优化的指导思想

  基于素质模型的创新型科技人才培养模式优化设计的总体指导思想是充分贯彻素质教育、创新教育、通识教育等有利于创新型人才成长的教育理念,并突出强调以创新为核心的教育观、以人为本的人才观、以学生为中心的教学观、以适应和多元相结合的质量观,使其成为学生知识要素族、思维要素族、能力要素族、个性动机族等多维创新素质系统生成的思想观照和超越创新型科技人才培养过程中障碍因素的观念先导。

（一）以创新为核心的教育观

在科技创新成为当今时代经济、社会发展的主旋律和创新型科技人才成为社会的核心人力资源的环境背景之下，作为处于其间的高等教育活动必须突破来自传统文化中残存的消极成分的隐性阻力，以不同于以往的视域来认真审视教育者、教育对象、教育内容和教育方法等教育要素的基本属性及其相互关系，并通过内部系统的适当调整来迎合外部环境变革对教育的需求，才能实现其自身应有的功能。创新教育思想的提出是对我国传统的以继承为中心的教育理念的反思，但由于传统教育理念的深远影响，这种新的教育理念目前尚未全面贯穿于创新型科技人才培养的各个环节。因此，进一步进行理念调适对于推动创新教育思想融入人才培养模式的各个环节具有积极的导向作用。

对于地方高校创新型科技人才培养模式的优化设计而言，树立以创新为核心的教育观，首先必须在教育目标、教育功能、教育内涵上实现相应的观念转变。在教育的目标上，应注重学生创新素质的培养，由培养"守成型"的人向培养"创新型"的人转变；在教育的功能上，应尊重学生个性的发展，由强调"个体社会化"向"个体社会化"与"个体个性化"协调发展的方向转变；在教育模式上，应该由"接受性教育"向"主体性教育"的方向转变；在教育的内涵上，应注重传承与创新，由偏重文化传承向文化传承与发展现代学术的方向转变。只有以创新的观念超越传统模式的惯性影响和思维定式，并对人才培养模式的专业设置、课程体系、教学方式、教育评价以及其他非教学途径进行系统改革，适应于当今时代发展需求的创新型科技人才培养目标才有可能实现，或者说，创新型科技人才的培养须以创新的教育观为其实现的基本前提。

（二）以人为本的人才培养观

以人为本是素质教育、创新教育和通识教育等教育理念共同倡导的一种价值取向，其核心要义是强调教育活动应以人的发展尤其应以作为教育对象的个体的和谐发展为根本。所谓以人为本的人才培养观，是指当将以人为本作为教育的价值选择时，它便具有了"创造人"的价值的内涵，即以充分开发个体的创新潜能为己任，以丰富的知识、健全的人格为培养目的，凸显出教育活动对于教育对象素质生成与和谐、完整发展的动力特性，并引导着地方高校的人才培养由传统的知识性教育向发展性教育转变。传统的教育思想在很大程度上将知识的增长作为衡量人发展的标准，混淆了知识增长与人的发展的关系，容易忽视知识以外因素对学生成长的作用,这实质上是对受教育者人性关怀的缺失。

(三) 以学生为中心的教学观

教学观是教育实施者对教学目标、教学过程、教学对象等一系列基本问题的认识或主张。有什么样的教学观,就会有什么样的教学行为(或模式)并进而导致不同的教学效果。因此,教学观对于整个人才培养模式的实践效果具有不可低估的影响。虽然当前在我国地方高校创新型科技人才培养活动中引进了一些新的教学方式方法,但传统教学观中的"仓库理论"依然保持着其强大惯性,严重妨碍着学生在学习过程中积极思维的运用,忽视了学生自我学习能力的培养。在这种教学观指引之下的教学活动往往仅仅是"教"与"学"的简单叠加,无法满足对学生灵活开放而又系统深刻的思维方式的培育,难以激发学生自我探究的兴趣、好奇心、求知欲以及学习过程中分析能力、判断能力、推理能力等综合能力的训练,同时也不利于学生通过自我的持续学习来建构科学合理的知识结构。创新型科技人才培养模式的优化必须摒弃这种传统的教学观,树立以学生为中心的教学观,而创新教学过程中"教"与"学"的方式,使教学过程由"单边活动"变为"双边活动"。其核心思想是充分发挥学生自我在学习活动中的主体作用和主观能动性,通过多元化教学方式的应用来提高教学效能,不仅激发学生的学习兴趣与学习的主动性、积极性和创造性,同时亦使其多元化的思维方式得到反复训练,并在发现问题、分析问题与解决问题的过程中使其综合能力不断得到提升。教师在知识传递过程中应该成为学生知识建构的支持者、帮助者与引导者,指导学生掌握获取知识的有效途径,使其学习活动能够持续进行,并且能够自己教育自己,以此奠定终身学习的坚实基础。

(四) 适应与多元结合的质量观

教育作为一种特殊的社会生产活动,生产着特殊的教育产品,这种产品同样需要以一定的质量标准来予以考量。教育产品的质量是指在遵循教育规律的前提之下,教育产品满足规定或者潜在需要的特征与特性的总和。教育产品的质量具有主体性特征:一方面是指主体因素内化于教育产品之中,另一方面是指教育产品本身即一个主体。

因而,对其质量的评价实质上就是对教育对象主体性发展状况的评价。对于地方高校创新型科技人才的培养而言,在高等教育大众化发展的条件下其教育产品的质量应该满足适应与多元相结合的特性。所谓适应是指人才培养的质量在总体上要符合现代经济社会发展,特别是科学技术发展对人才培养的素质需求,这是检验地方高校创新型科技人才培养质量的社会性尺度;所谓多元是指上述素质需求最终将体现于教育对象的知识要素、思维要素、个性品格要素以及能力要素等多个素质维度的发展之中，其质量形成不仅包括教育活动或过程的结果，还包括使质量形成和实现的活动或过程本身。适应与多元相结合的教育质量观提倡人才培养的社会性目标与个人发展性目标相互统一，有利于引导创新型科技人才培养质量的评价指向逐步实现对传统人才培养质量观中"工具理性的超越""合格质量观的超越"以及"单一性质量观的超越"。

二、培养模式优化的总体原则

根据创新型科技人才素质模型所提供的关于创新型科技人才的基本素质框架体系，着眼于学生创新素质系统培育的目标指向，我们认为地方高校创新型科技人才培养模式的优化设计应当遵循以下几项主要原则，这些原则同样有利于创新教育、通识教育与素质教育理念的贯彻，且对摆脱传统培养模式的惯性具有积极作用。

（一）知识、能力、思维与个性品格等多元素质和谐共生的原则

由于创新型科技人才的素质构成是一个多维度的有机系统，地方高校创新型科技人才的培养必须突破单纯注重知识传递和知识继承的短板，有效地将知识、能力、思维与个性品格教育相融合并且进行整体性教育。在传授知识的同时，注重培养学生的思维、能力与个性品格素质，营造一种自由宽松的教学氛围，使学生逐步形成一种倾向于探求创新的心理愿望和积极进取的性格特征，促使其以创新的精神去吸纳知识、运用知识，并帮助他们创造性地应对环境的变化。在创新型科技人才的培养模式中，教学内容主要影响学生的知识结构和知识水平，而恰当的教学方式、方法和手段的选择运用则可以影响学生创造性思维、能力和个性动机的发展。通过教学内容与教学形式、教学方法以及教学手段最大限度的有机融合，有望达成最佳的教学效果，进而完成对学生的知识素质、能力素质、思维素质与个性动机素质综合培育的有机融合。

（二）理论教学与科研实践训练并重兼容的原则

创新型科技人才不仅应该具有广博精深而又科学合理的知识体系，而且应该具有以创新能力为核心的一般智力能力与实践行为能力。地方高校要培养出创新型科技人才，必须正确把握理论教学与科研实践训练之间的关系，在培养模式的设计中充分考虑二者之间的平衡以避免因为某种偏颇而造成的素质缺失。理论教学的主要功能在于使学生掌握相关的原理和方法，为其建构广博精深而又科学合理的知识体系进行持续性的知识积累；而科研实践训练不仅有利

于学生对已经获得的知识、经验以及方法的理解和运用，也有利于其根据科研实践的具体需要有针对性地补充所缺的知识和方法。同时，科研实践训练还可以为学生创设一个进行独立思考、自主探索的空间，在每一次的科研实践训练中，学生的思维力、分析力、推理力、判断力以及信息搜寻、实践操作等多种能力素质要素都可以得到广泛的调动，且过程中遭遇的各种困难和挫折还可以使其经受信心和意志的历练而逐渐锻造其坚忍不拔的良好品格。因此，理论教学与科研实践兼容并重无疑应该是地方高校创新型科技人才培养过程中需要遵循的一个基本原则。

（三）个性教育与共性教育相互结合的原则

个性的自由发展是创新型科技人才的重要素质特征，亦是创新型科技人才成长的基础。创新型科技人才的创新是一种"标新立异"的过程，是一种求异性思维，蕴含了其鲜明的个性特征。没有个性就没有创新。由于教育文化传统和管理体制的影响，我国地方高校的人才培养模式曾较多地强调共性和统一性，而对个性、多样性重视不足。但由于个体之间先天自然禀赋的不同，以及既定知识、经验积累的起点不同，他们在智力、兴趣、爱好等诸多方面必然存在着或多或少的个体差异。因此，现实的创新型科技人才培养活动应该从实际出发，既要注重学生基础素质和共性素质的发展，更应创造多种教育方式或方法去适应学生个性素质的发展。近年来，教育的个性化问题逐渐进入国内学者的研究视野，且与以往相比，大学教育的个性化实践有了一定的发展，但从创新型人才培养的需要来看，这种进步依然是远远不够的。在地方高校创新型科技人才培养模式的优化设计中，应该进一步平衡共性教育和个性教育之间的关系，增强学生进行个性化学习的弹性和空间，并使其正当的兴趣和爱好得到必要的引导和支持以激发其创新潜质。当然，强调学生个性发展亦有其重要前提：其一是不抹杀学生的个性，而应该加强引导；其二是并非肯定所有的个性品质，而是鼓励发展那些利于学生成长的积极向上的个性品质。

（四）科学教育与人文教育彼此圆融的原则

科学精神和人文精神都是人类精神的内在组成部分，是贯穿在科技探究活动和人文追索过程中的精神实质，二者之间虽有冲突，但在本质上却犹如太极之两仪隔而不绝，共同着眼于人类思维与价值认识的幽微之处。科学精神是人类在对世界特别是自然界的不懈探索中而形成的，包括实事求是、敢于质疑权威、追求知识、相信理性、热爱真理、崇尚创新等一系列准则。科学精神重在严谨求实，探寻万物之理，有助于人们以工具理性去认识客观世界。没有普遍的科学教育，整个社会将难以进步。人文精神是对人类自己生存意义和价值的关怀，包含对人的价值的至高信仰，对人类处境的无限关切，对民主、自由等准则的不懈追求，并凝结为人的价值理性、道德情操、理想人格与精神境界。人文精神重在价值意蕴，追求理想境界，有助于引发人们以价值理性进行思索。离开人文教育，社会就失去前进的方向。科学技术能够告诉我们事实和从事一定活动时应预见的后果。而只要讨论有关规范的问题，就离不开包括哲学在内的人文学科。由于各学科间的分工，这两个门类的知识都无力单独解决全部领域的问题。科学精神与人文精神的统一是世界本质的真实图景，因而，地方高校创新型科技人才的培养必须构建起科学教育与人文教育之间均衡互动、彼此圆融的场域，在着力培育学生科学素养的同时，努力拓展其人文素养的界面，以避免由于科学教育与人文教育之间的相互疏离而引致的"单向度的社会"以及"单向度的人"等一系列教育缺憾的产生。

第三节　培养模式优化的路径探寻

一、学科专业结构的优化

（一）学科专业结构优化的必要性

地方高校是一个社会组织系统，学科专业是高等学校系统的核心组织结构要素，地方高校功能的发挥依赖于其所拥有的学科专业功能的履行。在创新型科技人才的培养模式优化中，通过对学科专业结构的调整优化而实现学科之间的交叉、渗透乃至融合，不仅是当代经济与科技文化发展的必然要求，亦是地方高校提升自主创新能力以及人才培养模式自身改革的迫切需要。学科专业结构优化主要目的在于促进地方高校的人才培养由粗放型向集约型的方式转变，由片面地追求量的扩张向寻求质的提升的方向转变。

首先，随着社会经济与科技文化的发展，地方高校的功能日益扩展，以往的学科专业构成方式正在逐渐发生改变，学科专业结构趋于复杂化。与此同时，为了解决所面临的一些共同问题，学科专业之间出现高度综合化的趋势。此种趋势，一方面源于解决复杂的生产和社会问题的需要，另一方面源于解决学科孤立划分和客观世界本身实际之间彼此矛盾的需要。科技发展与文化发展趋于融合的这一特征，要求地方高校超越传统的人才培养目标，不仅仅是培养具有某一单一学科背景的人才，而是要培养具有跨学科背景的人才。因此，在创新型科技人才的培养方面，地方高校必须便捷地将那些具有内在联系的学科知识组织在一起并形成新的课程组织，这种要求与长期以来将专业视作独立实体的高等教育传统之间产生矛盾，亦对专业建设的理念、体制与管理制度等提出新的要求。

其次，提升地方高校的科技创新能力进而提升其创新型科技人才的培养能力，需要以学科专业结构的优化为基础。地方高校要加快知识创新、技术创新与公共服务的平台建设，就必须在学科专业整体优化的前提下，主动改革和完善现有的人才培养和科研组织形式，积极以学科、项目、技术及产品等为纽带，探索组建多学科集成的科技创新队伍。学科专业结构的优化，有利于促进高等学校以新兴学科来改造传统学科的步伐，改变部分领域中传统学科专业仍然居于主流地位而新兴学科专业所占比例偏小的状况，从源头上解决人才培养结构与经济结构调整和产业结构升级需求之间的错位问题。

再次，创新型科技人才的培养模式改革与地方高校学科专业结构的调整关系颇为密切。因为只有符合经济、社会与科技发展需要，满足学生发展需要的学校教育，才有可能是真正高质量的教育。人才培养模式的改革优化，必须与学科专业结构的调整优化相结合，才有可能为高质量的创新型科技人才的培养搭建宽阔的载体，为学生在多学科交叉的环境中博采众长而创设基本的发展条件。

（二）学科专业结构合理的标志

良好的学科专业结构是地方高校进行高质量人才培养的前提，但绝大多数学者倾向性地认为，学科专业结构的合理性并无固定不变的标准，无论从历史的发展中还是从横向的比较中均是如此。从历史发展中来看，高等学校的学科专业结构经常处于变动之中，具有动态性的特点，如中世纪大学的专业结构在当时是合理的，但在当代早已不符合时代发展的需要。从横向的比较中来看，各国国情的特殊性决定了其学科、专业结构亦无共同标准，任何一个国家和地区的地方高校，其学科比例与专业设置都不一样。即便如此，并不意味着学科、专业结构没有科学合理的标志。从理论上讲，任何一所地方高校总会在一定时期和一定条件下拥有自己最优的学科专业配置，因而，自然就存在一个外在衡量标准，即衡量地方高校学科专业结构的科学性、合理性程度的标准：学科、专业结构设置和优化调整是否有利于地方高校长远发展和办学目标的实现；学科、专业结构设置和优化调整是否有利于形成地方高校优势学科和学科群；学科、专业结构设置和优化调整是否有利于地方高校特色的形成和人才培养。这三个"有利于"是地方高校在设置学科、专业结构时必须考虑的因素，只有全面考虑上述三个方面的标准，才能构建起科学合理的学科专业结构，并以此为创新型科技人才的培养奠定良好的学科基础。

（三）学科专业结构优化调整的关键

在现实中，任何一所地方高校均不可能在所有学科专业门类中占据优势，而总是以若干特色明显的学科专业作为自己的亮点，进而形成自己的鲜明特色与个性，并带动学校学科专业结构的整体优化和建设水平的提高。

二、培养目标的合理定位与培养规格的合理设计

培养目标是地方高校关于培养什么样的人这一中心问题的价值主张与具体要求，亦是其理想、使命与人才观的集中体现。培养目标可以划分为学校人才培养目标与专业人才培养目标两个层次。前者是地方高校在一定教育思想、理念的指导之下，根据社会发展的人才需求、自身的办学历史以及资源条件对培养对象所提出的总括性素质培养目标（如创新型科技人才的培养），后者则是在专业人才的培养活动中对前者的实践落实和具体化。培养目标既是人才培养的出发点与归宿点，亦是确定教学内容与教学方式、检验和评价教学效果的根本依据，在人才培养中具有定向、调控、评价、激励等多重作用，其定位合理与否直接关系到人才培养的质量以及目标本身可能实现的程度。培养规格是地方高校专业培养目标的进一步细化，是对相关专业毕业生培养质量要求的基本规范，因而是制定人才培养方案与课程标准，教学组织检查和评估专业教育质量的重要依据。人才培养规格的重新设计会带动专业人才培养方案、培养途径、培养方式等的一系列改革，从而形成人才培养模式改革。

（一）培养目标合理定位的基本前提：教育价值观的理性选择

培养目标是基于一定的教育思想和教育目的而制定的，而教育目的总会受到一定教育价值观的影响并以一定的教育价值观作为理论依据。社会历史条件不同，物质资料的生产方式不同，教育价值观亦会有所不同。纵观诸种不同的教育价值观，最具基础性且较有影响的学说包括个体本位论与社会本位论两种主张。

以个体的发展为最高目标的教育价值观即个体本位论。个体本位论认为，教育应该主要在于满足个体的自我发展需要，并以此为出发点来制定教育目的、实施教育计划。在西方，个体本位论可上溯至古希腊时期的智者学派，智者学派认为人是万物之尺度，教育之根本目的在于发展人之理性与个性，而非谋求

国家利益与社会发展。十八世纪中叶，法国思想家卢梭提出不能同时将受教育者培养成"人"（自然人）和"公民"（社会人），在二者之间他选择前者。

当人们认为应该从社会发展的需要来确定教育的目的时，就形成了社会本体论。社会本体论认为，教育主要在于满足国家和社会发展的需要，并据此制定教育目的、指导教育的实施。

个体本位论与社会本位论反映了人们对于教育所持的最基本态度，两者都具有其真理性的一面，但又都过于极端。事实上，只有将个体的发展与社会的发展协调统一起来，才有可能充分实现教育的终极价值，而个体与社会的协调统一发展亦是马克思主义关于人的全面发展学说的基本内涵。因而，地方高校创新型科技人才培养目标合理定位的理性价值选择应该既充分尊重个体自我发展的需要，又与社会需要、社会发展与时代进步的需求密切结合，并力求培养对象能够在未来的科技创新活动中实现个体价值与社会价值的统一。

（二）培养目标合理定位的现实依据：利益相关者需求的多方考量

地方高校是一种典型的利益相关者组织，是各种利益相关者之间相互关系的联结，而其利益相关者群体是由居于不同利益层次的多方利益主体所构成的。一般而言，与地方高校有利益关系的利益主体包括内部利益相关者和外部利益相关者。其中，内部利益相关者包括教师、学生、学校行政人员等，因为它们与学校的关系最为密切，往往又被定义为核心利益相关者。外部利益相关者包括政府、捐赠者、校友、工商界、银行、社区等，根据它们与学校关系的密切程度亦可划分为主要利益相关者、边缘利益相关者、潜在利益相关者等不同群体。人才培养作为地方高校最基本的职能，其目标制定必须综合权衡有关利益相关者的需要。在地方高校创新型科技人才培养的专业目标的合理定位中，突出体现的利益相关者需求至少应当包括学生、国家（政府）以及社会组织中的科学研究机构、技术型企业等主要利益相关者。

培养目标的合理定位应体现学生创新素质系统发展的需要。处于高等教育中的学生作为高等学校的培养对象，亦是其最核心的利益相关者，他们的创新素质发展需要是培养目标合理定位的重要内容之一。只有科学地认识创新型科技人才的素质属性特征与学生身心成长的一般规律，把握学生创新素质发展中的关键性问题，并采取一切有利于学生创新素质生成的培养策略与措施，创新型科技人才培养的总体目标方有可能真正实现。本节提出基于素质模型的创新型科技人才培养这一论题，目的就在于为处于自然科学与技术领域内的学生创新素质的系统培育提供一个比较清晰的素质框架体系。

培养目标的合理定位应体现国家的经济社会发展战略需要。创新型科技人才的教育培养作为一项社会性活动，必须与整个国家的经济社会发展战略需要相适应。知识经济时代的高等教育正在逐步迈向社会发展的中心，使得高等学校与整个社会发展的关系更为密切。因而，脱离经济社会发展实际需要的人才培养目标无任何现实意义。科教兴国、可持续发展、人才强国以及创新型国家建设等是我国经济社会发展的重要战略，地方高校创新型科技人才培养的具体目标理应体现出对这些战略的积极回应。

培养目标的合理定位应体现地方高校主要社会利益相关者的需要。科学研究机构、技术型企业等社会组织是地方高校创新型科技人才培养输出的主要渠道，亦是其进行产学研合作活动的重要对象，它们因此可以被视为地方高校的重要利益相关者。地方高校创新型科技人才培养的专业目标合理定位必须重视和考虑这些重要利益相关者对科技人才素质的基本诉求，在强调对创新型科技人才素质特征进行研究的同时，加强对创新型科技人才培养输出单位需求的调查分析，以提高人才培养质量与重要利益相关者期许之间的拟合度，进而密切与重要利益相关者之间的合作关系。

除此之外，培养目标的合理定位还应该体现科学知识自身发展的需要。地方高校的发展不可能离开知识的发展而独存。地方高校通过知识传播、知识阐释和知识发展来促进教师与学生的教与学，来为社会培养真正的高素质创新型人才。如果知识无法发展，地方高校的人才培养工作也将随之停滞。因而，培养目标的合理制定还要以知识发展为依据。

（三）培养规格的合理设计：提供完整清晰的素质发展基准

为了保证学生具有成长为创新型科技人才的基本素质条件，地方高校在制定专业培养规格时应该提出完整清晰的素质发展要求，尽量避免对学生素质培养目标笼统模糊的表述，以便于为学生创新素质的培养提供较为明确的执行标准。根据创新型科技人才素质模型所提供的关于创新型科技人才的一般素质特征，地方高校在制定相关专业培养规格时，应该明确以下几方面的内容。

一是关于知识体系建构的培养要求。创新型科技人才的知识体系具有广博精深而又科学合理的基本特征，虽然处于本科教育阶段学生的知识体系不可能达到与现实的创新型科技人才同等的水平，但仍然有必要以其为基准作为知识建构的发展方向。科技创新的产生首先需要以一定数量的知识储备作为基础，贫瘠的知识矿藏里不可能提炼出独创新颖的思维成果。同时，知识结构合理与否对科技创新能力的影响同样关键，结构决定功能，不同的知识结构具有不同的功能。因而，培养规格的设计既应反映对学生知识广度和深度方面的发展要求，亦应反映对学生知识结构方面的发展要求，以二者的结合来保证培养对象知识体系建构的科学合理性。按照在创新型科技人才素质研究中形成的关于知识体系的基本认识，培养规格的设计中所涉及的知识类别应该包括：创新型科技人才知识结构的基础部分——文化基础知识（科学知识、人文知识、一般的工具性知识）；创新型科技人才知识结构的主干部分——学科专业知识；创新型科技人才知识结构的前端部分——交叉学科与相邻学科知识；关于科技创新的专门知识——对创新教育目的和内容的理解及创新方法与途径。对于这些不同类型的知识在本科教育阶段具体应该达到的程度，专业培养规格中亦应有相应说明。

二是关于思维方式养成的培养要求。思维方式是创造力形成的基础，灵活流畅而又系统深刻的思维风格是创新型科技人才的重要素质特征。但其在我国高等学校的各类人才培养中却常常是一个未被专门突出的培养内容。在创新型科技人才的专业培养规格中引入对学生多元思维方式的培养要求，并将其切实贯彻于具体的培养活动之中，对于学生创新思维方式的养成无疑具有积极的促进意义。相关研究表明，发散思维、辐合思维、逻辑思维、灵感思维、逆向思维、联想思维、类比思维、直觉思维等在各类科技创新活动中均有较为重要的价值，在创新型科技人才培养过程中应该作为思维训练的重点。但由于学科之间的差异，不同学科创新思维需求可能会存在一些不同的侧重点，专业培养规格设计中关于思维方式养成的具体要求应该对此有所研究和识别。

三是关于综合能力锻造的培养要求。一般而言，本科教育阶段是各类科技人才专业能力的初步形成期，在这一阶段所形成的创新能力对其未来的科技职业生涯发展具有重要影响。综合能力的培养既应包括对学生智力操作能力的训练，即创造性的观察能力、分析能力、推理能力以及表现于过程之中的注意力、理解力、规律探求能力与经验迁移能力，也应包括一些关键的实际行为能力，如研究过程中所必需的信息搜寻能力、团队合作能力、实际操作技能以及保证研究得以深入开展所必需的持续学习能力等。

四是关于个性品格方面的培育要求。人格因素包括道德和心理两个方面的非智力因素。在一定的条件下，非智力因素对智力因素的发展起决定作用。良好的非智力因素是强化智力活动和触发创造性思维的心理动力，而消极的非智力因素则会降低智力活动，抑制创造力的发挥。"人格的缺陷可能使创造力遭受自抑或者摧残，理想的人格因素是创造能力的催化剂、释放源。"因而，地方高校创新型科技人才的专业培养规格中应该有涉及学生个性品格方面的发展要求。例如：与创新意识相关的好奇心、求知欲、兴趣驱动；与创新精神相关的探索精神，坚韧执着、独立自主、严谨求实，勤勉性、质疑性与变革性；主动寻求投身于科技创新活动的成就导向；作为一名科技工作者应该具有的开放包容的胸襟与科学人文关怀精神等。这种个性品格方面的发展要求有利于引导学生形成关于科技创新的积极向上的价值观、态度以及内在动机。

三、培养课程体系的优化

课程体系是地方高校实现专业培养目标的基本载体与手段，亦是进行人才培养和组织专业教学活动的重要依据，在很大程度上决定着培养对象的素质结构，直接关系到人才培养质量的高低。在高等教育领域，课程体系甚至被人们视为是高等教育的"黑匣子"，学校向学生提供什么样的课程体系不仅可以反映出其人才培养活动的素质开发取向，同时也直接或间接地折射出社会对于高等教育所持的态度、施加的影响与所抱的期望。因而，课程体系的设置构成是人才培养模式的核心内容要素，对其进行优化调整往往是地方高校进行人才培养模式改革的切入点和突破口。具体到创新型科技人才的培养而言，课程体系的优化应当系统性地对课程的目标取向、课程的内容结构、课程的实施方式等进行适应性调整，使之在创新型科技人才培养模式控制系统中向培养对象所供应的信息能够达到促进培养对象多元创新素质和谐共生的有效需求。

（一）课程体系优化的目标取向

课程目标是指在课程的开发和设计过程中，课程本身所要实现的具体要求，是专业培养目标的具体化，它期望在某一阶段内学生的知识、能力等素质所需达到的程度，对于课程内容的选择以及课程的实施等环节均具有导向与规范功能。美国教育与心理学家本杰明·布鲁姆立足于教育目标的完整性而提出认知、情感和动作技能三个目标领域，认为以往的课程过多地关注知识，将90%的时间用于知识学习，而知识的价值在相当程度是作为理智的能力与技能的基础。由此，教育的目标应当由注重"知识"转向注重"理智的能力与技能"。我国地方高校的人才培养同样具有注重知识灌输的传统，但随着现代科技与产业结构的升级换代对科技人才素质要求的扩展，以知识本位的课程目标已经难以适应社会的发展。因而，创新型科技人才培养中课程体系设计的目标取向亦当突破传统定式，既要注重知识建构维度的设计，亦要注重思维养成、能力锻造以及个性品格塑造等维度的设计，以使整个课程体系的目标与专业培养目标及其规格要求相匹配，并落实理论知识与实践能力并重兼容、科学教育与人文教育彼此圆融、个性教育与共性教育相互结合等创新型科技人才培养的一系列基本原则。

（二）课程体系优化的应然状态

课程体系的目标取向在相当程度上对课程体系的构成状态起着支配作用，其基本取向不同，课程体系所呈现出的特征亦不相同。根据创新型科技人才培养中课程体系的目标取向，地方高校需要将不同形式、内容、形态的课程进行系统整合以达到整体效应的优化。课程体系的优化至少应该表现出以下状态特征。

其一，课程资源具有丰富性。课程资源的丰富性主要表现在地方高校为了满足创新型科技人才培养的目标需要能够提供多门类、多形式的课程体系。其中，既要有涵盖从基础到前沿的科学理论课程体系，又要有从单项到综合的实践训练课程体系；既要有促进学生科学与人文素养形成的通识教育课程体系，又要有专门训练学生创新思维与创新方法的创新教育课程体系；既要有与科学合理的知识体系逐步积累与建构相关的常规性课程体系，又要有与引导学生发现问题、分析问题与解决问题相关的探索性和研究性课程体系；既要有满足学生共性发展要求的一般性课程体系，又要有满足学生个性发展的特殊性课程体系；既要有来自本校内部课程平台所提供的课程体系，又要有来自其他学校与社会相关方面提供的课程体系。丰富的课程资源可以为地方高校专业教学目标的选择与实现提供更为宽广的空间，并以此为基础保证人才培养过程中学生知识、思维、能力与个性品格等多维创新素质的系统生成具有切实、可靠的课程平台条件。

其二，课程结构具有整合性。课程体系在创新型科技人才培养中的作用，不是依靠单一的课程要素或者是各门学科机械叠加作用的结果，而是通过不同学科、课程之间互相搭配和融合以达到整体功能优化的结果。课程体系构建的本身包括了课程目标的确定、课程内容的选择与组织、课程的实施与评价等一系列基本环节，只有将这些环节进行有机组合，才有可能形成一个完整的课程体系。所谓课程结构的整合性是指各种课程要素通过横向与纵向的协调联系，妥善地形成课程结构，且该结构具有整体功能优化的培养机制。它要求课程内容的选择注重学科之间以及学科内部的相互结合，避免课程内容之间出现相互脱节、重复或者零散的现象。针对所选的诸种课程要素，在尊重彼此差异的前提之下厘清其相互之间的内在联系，并按照创新型科技人才素质培育导向的基本要求将它们统合为一个有机整体，使之在横向上保持合理的比例关系，而在纵向上则呈现出一定的层次性与连贯性。通过对课程体系的整合，确保课程内容和课程目标与专业培养目标相一致，避免由于课程的目标总量大于、小于，或者游离于培养目标所导致的一部分培养目标不能得以落实的可能。

其三，课程体系具有相关和集中性。课程理论中的"相关与集中"概念由德国科学教育学的奠基人赫尔巴特首先提出，其要义为，在课程体系中所安排布置的学科，当教授某一学科时亦同时推动了其他学科的教学。创新型科技人才培养目标下课程体系的"相关"是指地方高校创新型科技人才培养所需要的相关课程，而"集中"是指相关课程共同趋向的目标是对学生创新素质体系的培养。"相关与集中"的课程体系具体表现如下：课程体系的构建应根据专业培养目标和培养规格，以学科专业课程为核心，广泛开设为实现专业培养目标和培养规格所需要的相关课程（如创新思维方法训练课程等）以形成合力，这种合力即集中。"相关"的课程学习有利于使学生的知识领域得以延伸而形成多元化的知识体系；趋向"集中"则能够整合"多元"，并进而融合"多元"，滋生创新。

其四，课程体系具有开放性。所谓课程体系的开放性主要反映创新型科技人才培养的课程体系对外部相关信息的接纳以及课程体系自身的开放状态。前者是指课程体系能够根据外部信息的变化对课程进行适时的调整、充实、更新与变革以增强人才培养的适应性。后者是指：同一学科专业的课程体系中各种课程要素之间的相互开放和相互融合，破除传统课程体系中各种课程要素的知识内容自成体系的封闭性，从而避免课程内容发生重复；各个学科专业的课程体系之间相互开放，突破学科专业的壁垒，允许和鼓励学生跨学科、跨专业进行课程选修以增加其知识体系的交叉性，满足其兴趣与个性化发展的需要；地方高校校际课程体系的开放性，通过校际合作的方式借助其他学校的优势课程来更好地为实现创新型科技人才的培养目标服务等。

要实现创新型科技人才培养课程体系的上述应然状态：一方面，需要地方高校将课程体系作为一项系统的基础工程来进行规划建设，确保与其相关的各项资源条件（如师资、实施平台等）能够充分支撑其建设、发展和完善的需要；另一方面，需要着力研究课程体系与学生各项创新素质发展之间的内在逻辑关系，掌握二者之间相互作用的机制与规律，从而使课程体系的建设与实施立于更为客观、科学的基础之上。

（三）课程体系优化的基本思路

在地方高校创新型科技人才培养的具体实践中，为了达成对学生知识、思维、能力与个性品格等创新素质综合锻造的培养目标，课程体系的优化可以在目前"通识化""模块化"等发展趋势的基础上考虑从以下方向进一步推进。

第一，创新课程体系的结构形态，由模块化组织形式进一步向矩阵式组织形式转变。所谓矩阵式组织形式，即在进行课程体系的设计时，分别从横向和纵向两个维度同时进行课程布置。

根据矩阵式一体化的课程组织思想，理论教学系列可以从纵向上进一步划分如下：通识教育课程模块——服务于创新型科技人才培养中"通识化"的培养目标，其课程体系和教学内容由学校根据国家教育方针政策以及学校自身的人才培养总体导向需要统一进行设计，其中包含一系列的必修课程与选修课程；学科专业大类教育课程模块——服务于创新型科技人才培养中"宽口径"和"按类培养"的培养目标，根据学科专业大类中各个专业对学科基础知识的共同需求所开设的课程，主要强调课程的公共性、基础性和学术性；专业主干课程模块——为学生提供专业领域内的基本理论与基本知识，主要强调专业优势与特色；专业选修课程模块——服务于学生个性化发展的培养目标，强调特色、前沿和交叉，以求形成对专业知识的延伸和拓展。根据矩阵式一体化的课程组织思想，实践教学系列可以分为三个递进层次：第一层次，以课程教学为基础，以培养学生的基本实验能力与设计能力为目的的课程实验和课程设计等；第二层次，在学生完成相关学科专业基础课程或者专业课程之后，为培养学生理论联系实际与实践操作能力为主要目的而安排的课程实习、认知实习和生产实习等；第三层次，为综合运用所学的理论知识与各种技能，以培养学生的综合运用知识能力和分析与解决实际问题能力为目的的毕业实习与毕业论文（设计）。科研创新训练系列以有针对性地锻造学生的科技创新能力为主要目的，为学生进行研究性学习和及早地参与科研活动提供课程平台，并借此培育学生进行科学研究、探索的创新意识与创新精神，提升学生的实践动手能力、知识运用能力以及综合地进行问题分析与提出问题解决方案的能力等一系列利于科技创新活动的素质要素。

通过这种纵横双向维度的课程体系安排，可以加强课程之间的关联度与集中度，实现课程设计的一体化，避免单维度模块式课程体系形态可能存在的课程之间的彼此分隔现象，从而更为有效地使课程之间形成一种具有交互作用的联动机制。可以说，矩阵式一体化的课程组织形态既可以体现创新型科技人才培养应当增强学科专业交叉、渗透乃至融合的基本主张，同时亦有利于切实贯彻基于创新型科技人才素质模型而提出的知识、能力、思维以及个性品格等创新素质和谐共生等一系列基本原则。

第二，拓展课程体系的内容界面，为学生多元创新素质的孕育生长提供土壤。课程是实现人才培养目标的基本单元和"细胞工程"，其所提供的内容如何与培养目标的实现状况（特定素质要素的培养）具有直接相关性。因而，创新型科技人才的培养应该力求提供与其关键素质要求相匹配的课程内容。一方面，针对我国诸多地方高校课程体系设置中存在的一般性问题，课程体系的内容优化应适时剔除、更新难以反映课程所在领域科学技术发展现状的冗余及重复的内容，并以与时俱进的课程内容为学生充分展示学科发展的现实图景，使学生的学习或研究活动能够在现实科技发展的"场域"中动态进行，从而提高其知识体系建构的效度。另一方面，基于创新型科技人才素质模型的视角和围绕对学生创新素质体系的培育需求，应适当拓展课程体系的内容界面，以弥补由于课程内容原因而可能导致的人才培养过程中部分关键素质要素的缺失。

根据对我国部分地方高校理工类专业课程体系设置进行考察所发现的问题，课程内容的拓展点至少可以考虑：通识课程体系中应该涵盖"科学通识"的教育内容。作为一种教育理念，通识教育本身包含着"科学通识"与"人文通识"。在我国诸多地方高校推行通识教育的实践中，为了矫正以往过于强调"科学主义"的流弊，纷纷引入人文通识教育课程以求达成科学教育与人文教育的平衡。但在此过程中，包括科学技术发展史、科技创新伦理、科技创新规范等在内的科学通识教育却没有得到应有的关注。而这些知识对于激发学生的科学研究兴趣，培养学生的科学精神与人文关怀精神，规范其在未来职业生涯中的科技创新行为等都具有重要意义。因此，只有将科学通识与人文通识统一于通识教育之中，才能真正实现通过为学生提供"统整的知识"来培养其"统整的人格"的目标。遵循创新的客观规律，在创新型科技人才的培养过程中专门针对创新的方法和过程开设相关课程，以训练学生的创新思维和创新技能具有很大的必要性，亦是创新教育理论最原初与最基本的主张之一。针对我国地方高校理工科教育中学科前沿教育和交叉学科教育不足的现实情况，在设计培养方案时，应有意识地加强跨学科课程的设置，将一些学科涵盖面广、新兴学科生长点明显、相关性较强的复合型课程纳入课程体系之中，以引导学生关注学科交叉，拓展学科视野。而对于学科发展前沿教育，则可以采取定期邀请相关领域的专家学者举行学术讲座，或者要求教师在专业课程的教学中适当安排一定数量（比例）的课时以专题讲授的方式进行。

第三，变革课程实施的基本范式，实现学科课程模式与实践课程模式的叠加。课程实施是将课程计划付诸实践的过程，其中课程教学是课程实施的主要途径。在这方面，我国地方高校长期以来是以学科课程为中心，即把课程实施作为理论知识的传授过程，主要采取的是与实践情境相分离的课堂讲授式教学方法，或者在其间穿插少量案例分析或调查研究，但其价值仅仅在于加深学生对理论知识的理解和记忆。虽然这种课程实施模式在一定程度上可以提高学生系统掌握知识的效率，但由于较少与实践情境结合，学生对知识的迁移能力及其实践能力都会因此而受到影响。因此，我们主张在课程实施中尽量加强学科课程模式与实践课程模式之间的同步叠加，摆脱以往"先理论，后实践"的模式羁绊。将实践情境引入理论知识的同步学习过程之中，可以使学生在实际情境中利用自己原有认知结构中的相关经验去"同化"和"顺应"当前所学习的新知识，并通过多次的反思过程赋予新知识以某种意义，从而达到对新知识的意义建构。在这样的课程实施模式之下，学生的多种素质，如知识与经验的迁移能力，问题的发现、分析与解决能力以及多元化的思维能力等均可以得到同步综合训练。课程实施范式的转换具体涉及教学方式、方法的创新，本节将在接下来的部分做进一步讨论。

四、教学方式的优化

教学是实现专业培养目标的基本途径，是创新型科技人才培养模式系统中实现课程信息向培养对象传递的控制性节点。教学过程（理论教学以及实践教学）的执行情况决定着课程信息传递和接受的效率和效能，即对学生多维创新素质培育的实际效果。因而，改革传统的教学组织形式，破除"仓库理论"的思想桎梏，在教学过程中采用有利于促进学生各项创新素质发展的教学方式方法在人才培养过程中具有不容忽视的重要作用，是地方高校进行创新型科技人才培养模式优化必须考虑的关键因素之一。

（一）教学方式优化的前提：重构教学目标，重塑师生关系

针对目前我国地方高校在人才培养的教学活动中普遍存在的以讲授式为主要形式和以知识传授和灌输为主要目标的传统定式，教学方式优化的当务之急是重构教学目标，重塑师生关系。所谓重构教学目标，是指改变以往单纯的知识传授的教育思想，按照创新型科技人才多元素质开发的需求建立传授知识，培养能力，塑造品性，激发创新意识、创新精神与创造性思维的教学目标。其核心不仅是帮助学生建构科学合理的知识体系，同时亦应使学生在教学过程中获得科学研究的兴趣和方法，磨砺其科学探索的意志，以及锻造其善于以新的视角、新的思维去认识和分析客观事物，并通过独立思考提出创造性问题解决方案的全过程能力。所谓重塑师生关系，是指在地方高校内部构建一种新型的师生关系，即在"教"与"学"过程中教师与学生之间在人格上的平等性、交互活动中的民主性、相处氛围上的和谐性。其核心是师生的心理兼容，通过"教""学"双方的彼此合作与交流碰撞达成学生创新素质有效生成的一系列具体培养目标。

重构教学目标，重塑师生关系对于教师而言，需要教师确立"学生主体"的观念并充分发挥自身在教学活动中的主导作用。著名教育哲学家马丁·布伯认为，教育过程中"教""学"双方是一种"我－你"关系，而不是把对方视作是某种物品的"我－它"关系。这种"我－你"的关系实质应该是一种互相对话、包容和共享的互动关系。在双方的相互作用中，教师的主导地位应体现在"教"的过程，即不将学生视为消极的被教的对象和单纯灌输知识的容器，而是将其看作具有创造潜能与丰富个性的主体，为其提供更多自主学习与独立探究的机会。认知主义学派的代表者布鲁纳也认为，学生是积极、主动的知识探究者，学习过程即学生发现的过程，教师在其中的作用应当是帮助学生创设一种可以使其独立探究的情境，促使学生独立思考并参与知识获取的过程。为此，在教学活动中教师不仅应当培养学生的主体意识，倡导民主的教学氛围，更应当彻底摒弃课堂上"独角戏"般的单方表演和"一言堂"式的枯燥讲授，通过揭示学科内的趣味与价值、适度进行心理干预、灵活进行质疑与释疑等手段引导学生有效参与到教学过程之中，驱动其学习的兴趣与动机、主动性与自觉性。根据课程的内容灵活地设计和运用科学合理的教学方式或方法，力求在改善和提高知识信息"输出—接受—建构"效率和效能的同时，对学生洞察力、分析力、推理力、质疑力、思维力以及信息搜寻与问题发现等多种能力进行训练。与之相关，具体的教学过程亦应由以往注重向学生提供某种"正确"的知识向注重引导学生在过程之中的探索、思考、分析、发现的方向转变，通过"充分暴露认知过程，积极建构认知结构"，导之以理，授之以法。除此以外，教师在教学过程中还应当给学生制造面对困难、解决问题、锻炼意志品质、张扬积极个性的机会和情境，有意识地培养其进行独立探索的自信心、进取心，科学的批判精神以及严谨的求实精神等。

重构教学目标，重塑师生关系对于学生而言，需要提升自主意识并充分发挥自身在学习过程中的能动作用。人的主体性构成包括自主性、主动性与创造性三个基本特征。其中，自主性主要表现为能够充分认识自我和接纳自我的独立性与独特性，并以此为基础产生设定自我实现与发展方向的意向。因此，自主性是个体作为主体的前提和基础。自主意识是个体整个主体性存在和发展中最基础的环节，对于其主体性的发挥具有非常重要的基础作用。就主体性的发展而言，其实质即自主意识不断提升的过程。而作为价值主体，这种自主意识主要表现为对新价值对象的追求以及在认识自我和接纳自我的前提下对自我实现与发展方向的设定。在这个意义上，可以认为提升学生的自主意识是实现其成为学习活动的真正主体，进而能动地、创造性地开展学习活动的基本要件。实际上，任何外在的教育力量和因素只有内化为学生的自觉需要才有可能真正发挥功效，任何教育过程在本质上都是客观因素向主观因素转化的过程。在教师由教育的操作者与主宰者转变为教育的引导者和激发者的同时，学生亦应由被动的知识接受者转变为自主学习与勤于探究的践履者，这样才能使整个教学过程达至最佳状态。自主意识的养成（独立自主）亦是创新型科技人才进行科技创新所需的重要素质之一。

（二）课堂教学方式的优化：归纳式教学与演绎式教学各采其长

由于任何一种教学方法都有其特定的作用和一定的局限性，这就决定了要提高创新型科技人才培养过程中的教学质量就必须依靠开放多样的教学方法。

首先，完善讲授式教学是教学方式优化的基础。理工科的传统教学模式是演绎性的，比较典型的演绎式教学方法为讲授式教学，即教师将一个主题以讲解主要概念和原理的方式介绍给学生，然后以模型或案例的形式介绍其具体应用，再给学生布置相应的作业，最后利用考试来检验学生是否掌握了相关知识点或是否具备解决同类问题的能力。演绎式教学方法的优点在于耗时少而效率高，能够使学生在短时间内获得系统的理论知识。目前这一教学方式受到诸多责难的原因并不在于其本身存在价值缺陷，而是由于教学过程中对其不当运用而演变为注入式所致。事实上，由于讲授式中的概念、原理等教学内容对于学生而言是间接知识，因此，其实施的效果主要取决于授课教师如何运用自己对知识的理解以达到学生对知识的理解，而绝非简单的知识传递和注入。所以，完善的讲授式教学要求授课教师具有深厚的基础知识，精通学科专业发展动态，精心进行课程准备，并在实施教学的具体过程中运用质疑与释疑的问题法，归纳和演绎、比较和分类、分析和综合的逻辑法，以及理论与实际相联系的方法等。同时，施教方应采用生动的课堂语言，关注学生课堂表现的信息反馈。这样才更利于激发学生的学习动机，活跃其多元思维，增进其对知识的理解与吸纳。

其次，归纳式教学是创新型科技人才培养过程中课堂教学方式优化的核心。随着知识经济时代的到来，在科学与工程教育领域人们已经提出了一系列有别于以往讲授式教学的新的现代教学方法，如探究式学习、基于问题的学习、互动式学习等，从形式逻辑上看，它们在很大程度上带有归纳法的特征，可统称为归纳式教学方法。相对于传统的讲授式教学而言，这些方法的共性包括：第一，创设与现实近似的教学情境，以增强和激发学生的学习兴趣和未来的工作适应能力；第二，通过开放性问题的解决，培养学生的自主学习能力与创造力；第三，转变了教师和学生的课堂行为方式，使教师由知识输出者转变为学生自主学习的引导者，而学生则由被动的知识接受者转变为主动学习者，且在一定程度上成为研究者。因而，它们对地方高校创新型科技人才的培养无疑具有重要的实践价值。例如：探究性学习可以让学生将自己的兴趣、好奇心、求知欲等融入学习的过程之中，进而在轻松的学习中得以充分进行主动探究，并在探究中通过提出问题与解决问题等过程，使其真正成为学习过程的参与者和研究者；基于问题的学习将学生遇到的真实情景中的一些具有开放性结果、病态结构的问题作为学习起点，并利用团队合作学习的形式来识别学习需要以及形成各种解决方案；互动式学习可以改变学生习惯于接受既有结论的传统定式，在教、学双方的互动中使学生的自学能力、独立地进行问题分析和问题解决的能力、创新思维的能力得到培养，有利于其个性与才能的全面发展，体现出教与学之间积极思维的共鸣和教师的主导作用与学生的主体作用的和谐统一。

第三，课堂教学方式的优化需要相关方面协力配合方有可能得以落实并在创新型科技人才培养中达到应然状态。对于教师而言，关键是需要提升"自下而上"的教学改革能力。教学方法的改革向度并非只有一条"自上而下"的路径，源于教师自身动力的"自下而上"式的教学改革是创新型科技人才培养中教学方法优化改革走向深入的更优选择。在这方面，可以借鉴国外一些高等学校的相关经验设立教师发展中心、教师工作坊等介体或平台，通过教学讲座、教学咨询、教学发展工作坊、教学改革试验资助等多种方式鼓励教师开展教学方法的改革创新，提高其自觉运用现代教学方法的能力。对于学生而言，需要改变传统灌输式教育模式下所形成的学习习惯，以积极主动的态度去适应并融入新的教学模式之中，实现其学习主体身份的真正回归。对于学校教学管理部门而言，需要理顺和正确处理影响教学方式改革的诸种关系，如教师对选用新的教学方法的态度、教师对现代教学方法的掌握程度、教师对学生学习特性的认知情况、学生对新的教学方式的需求状况等。只有充分关照并理顺这些因素之间的关系，才有可能最大限度地缓解教学方式优化改革过程中出现的种种障碍，并在此基础上为教学方式的优化提供激励性与约束性兼具的配套管理制度。

（三）实践教学方式的优化：系统设计、科学构建与开放拓展

创新的关键在于智力的高度发展和建立在高度发达智力基础上的创造力的

高度发展，而创造力的高度发展离不开实践的磨炼。实践性是现代教育的重要特征。实践教学对于巩固理论教学的成果，培养学生的探究能力、思考能力、分析能力、知识的转化运用能力以及工程实践能力等诸多创新素质具有非常重要的作用。同时，与课堂教学方式相比，学生在实践教学方式中具有高度的参与性，其主体性在此过程中可以得到更为充分的体验。根据创新型科技人才培养应遵循理论教学与实践训练并重兼容的基本原则，创新型科技人才培养模式的教学体系的优化必须重构理论教学与实践教学之间的关系，矫正"重理论，轻实践"的失衡状态。二者的合理存在状态应该是相互融合、相互交叉和相互平行的，其区别仅在于具体教学功能各有侧重，而绝非为一种从属关系。基于这种基本认识，实践教学的优化应抓住以下着力点。

一是系统设计，注重理论教学与实践教学的相互契合，彰显实践教学的价值定位。很显然，以往将实验教学依附于课堂教学并视其为课堂教学的延伸和补充的基本定位已经难以满足创新型科技人才培养的需要，因而，在专业培养方案以及课程系统中，应该按照实践教学与理论教学既是相互联系、又是相对独立的两个子系统进行并行设计，从总体上淡化实践教学对理论教学的依附关系，提高实践教学在整个课程体系中的比重，使其形成一个相对完整而又与理论教学相互契合、相互促进的体系。实践教学体系在创新型科技人才培养过程中的价值定位：既是学生获取知识的源泉，亦是检验知识的手段和标准，还是形成科学精神、培养实践能力、发展创新思维的重要途径。

二是科学构建，注重将实践教学与学科专业发展和科学研究有机结合，更新改造传统的实践教学内容和实践教学方式。为此，应该破除以往围绕课程设置实验的传统模式和以辅助性的理论知识验证实验为主的基本格局，代之以按照学科大类专业统一构建和实施模块化、层次化的实践教学体系。在实践层次上，按照基础实验、综合实验、工程实践训练、创新实践训练、毕业设计等模块递进式进行实践教学的系统设计；在实践内容上，注重实践教学内容之间的有机联系和实施链条的完整性，其中既应涵盖知识验证性的实验项目，亦应包括探索性的实验项目；在实践方式上，克服"被动实践"的习惯定式，鼓励和引导学生积极进行"主动实践"，将教师的实践辅导转变为实践引导，将静态的实践内容转变为动态的实践内容，将面向实践结果转变为面向实践过程。只有这样才能真正发挥实验、实践教学对于学生创新素质锻造的应然效应。与此同时，注重依托学科专业优势以及教师的科学研究，将科研项目转化为实践教学的平台，促进实验项目水平的提升，形成创新型科技人才培养的实践教学特色。

三是开放拓展，注重课内实验课程与课外实践活动的有机结合，扩大学生自主研究与创新素质培养的空间。高素质创新型科技人才的培养，既要考虑学生应获得的理论知识结构与框架，又要考虑学生综合能力和个性品格的全面发展。通过拓展实践教学的途径，延伸实践教学的内涵，为学生提供更多实践和创新机会，以尽可能缩短理论学习与实践应用之间的时空距离，强化课外实践活动对人才培养目标实现的助推效应，从而将对学生实践能力与创新能力的培养贯彻落实于人才培养的各个环节与各个方面之中。

当然，实践教学的优化离不开相关条件的支持，如开放性实验室建设、科学与工程训练平台建设、科技创新实践载体建设等，这些条件建设既需要高等学校自身主动地整合各类资源并有效的加以利用，也离不开利益相关者的大力配合与积极参与。

五、学生评价体系的优化

学生评价体系是高等学校人才培养工作中的一个具有导向性的因素，其目的在于客观反映学生综合素质的发展状况，并引导学生向指标体系所要求的方向努力。其具体功能可以概括为对学生素质发展的导向、诊断与调节。创新型科技人才的培养目标需要有与之相耦合的评价体系。从总体上看，现行的学生评价存在的问题是过多注重总结性评价而较少关注学生的形成性、创新性和发展性评价。具体而言，我国高校目前普遍采用的综合素质评价或综合素质测评在评价主体上表现出明显的一元性，在评价内容上具有片面性，在评价方法上呈现出相当的机械性和单一性，在价值取向上带有较强的功利性，这些都或多或少地制约着人才培养质量的提高。因此，重塑学生评价体系是创新型科技人才培养模式优化的一项重要内容。

（一）学生评价的主导原则

第一，评价内容的系统性和多维性。学生评价体系在内容上应具有系统性，能够充分体现社会发展和学生全面素质发展的要求，按照知识教育和人格塑造并重、专业教育和人文素养整合、个人发展与社会责任统一的创新型科技人才的素质特点全面评价学生的素质发展情况。在评价指标指标设计上应该具有多维性，不仅关注德、智、体、美等方面的基本素质评价，还应关注对大学生的个性品格、思维能力、人文素质及实践与创新能力等方面的评价，以引导学生将学习知识与培养品格、锻炼能力结合起来；将培育观察力、思维力等智力因素与发展动机、兴趣、情感、意志和性格等非智力因素结合起来；将注重生理健康与注重心理健康结合起来。

第二，评价过程的动态性和发展性。评价要关注学生的发展过程，具有动态性。要把形成性评价与终结性评价结合起来，使发展变化的过程成为评价的组成部分，以此来促进学生的全面发展和差异化发展。地方高校学生处于世界观、人生观、价值观形成的关键时期，其政治思想、道德品质、智力结构和心理健康状况都将受社会环境、教育内容的影响，是动态发展的。因此，要以发展的眼光来评价学生的思想、道德、知识、能力与行为表现，不仅要对学生在某一阶段的相对稳定的表现进行结果性评价，还应进行发展的过程评价，对不同阶段的评价结果综合分析；不仅要对学生各方面素质的现状给予判断，同时还应结合学生的发展历史进行原因分析，对学生的发展潜力做出预测，从而准确判断学生各方面素质的发展状况，激励学生扬长避短。

第三，评价标准应兼顾共性与个性的协调。评价标准的共性强调的是学生作为负责任的公民在做人、做事方面需要遵循的基本理想、道德和行为准则，是对学生理论学习、文化修养、科学素养、心理素质等方面最基本的要求。而评价标准的个性化则是在评价学生共性素质要求的基础上，充分重视学生的个体差异性，使学生的特长、兴趣、爱好等个性特征在评价体系中能够有所体现。同时，按照创新型科技人才培养的要求，在考查学生知识获得与智能增进状况的同时，评价体系中有机地增设情感态度与价值观的变化、创新意识、创新精神、实践能力等方面的评价指标。

（二）建立发展性的评价体系

创新型科技人才培养过程中发展性评价的主要特征有以下几点。

第一，旨在促进被评价者的发展。发展性评价，一方面是立足于创新型科技人才培养的基本目标，另一方面，亦充分考虑被评价者的个体状况。评价目标指向被评价者的素质发展，并构成评价的主要依据，将着眼点置于被评价者未来的最优发展上。

第二，要求评价者与被评价者具有一致的价值取向。实施发展性评价时对被评价者（学生）的发展特征的描述以及发展水平的认定，应当是评价者与被评价者共同认可的。

第三，注重发展过程的评价。注重收集并保存反映被评价者发展状况的关键信息，对这些信息的呈现与分析可以形成关于被评价者素质发展变化的认识，并以此为依据对被评价者的优势和不足给予激励或具体的改进建议。

第四，充分关注学生之间的个体差异。针对被评价者各方面的不同特点，正确地评估和判断每位被评价者的发展潜力，并提出适合其创新素质发展的有针对性的建议。

实施发展性评价须具备的基本条件如下。

第一，评价者与被评价者必须具有现实或潜在的共同价值取向。在地方高校创新型科技人才的培养过程中，这种价值取向主要体现为学生创新素质的系统发展。评价作为一种价值判断，对于同一事物或者现象以不同价值标准可能得出不同的判断。因而，如果希望通过某种评价去促进被评价者的发展，那么评价者与被评价者之间对于什么是被评价者的发展以及如何促进这种发展必须具有一致的价值取向，这一共同的价值取向应当是已经具有的（现实的），或者应当是潜在的（通过交流与沟通之后可以成为现实的）。

第二，学生评价所产生的效益应当是评价者与被评价者皆可共享的。

第三，评价者与被评价者在评价过程中对所要判断的事实，应该具有基本的认识。在学生创新素质发展的评价过程中，价值判断是以事实判断为基础进行的。因此，在对某一对象进行评价时，评价者和被评价者必须具有对将评价的内容进行正确的事实判断的水平，而后才有可能在此基础上做出可以达成共识的价值判断，即在进行发展性的学生评价过程中，如果由对于评价内容所涉及的专门知识没有正确认识的主体作为评价者，就难以实现评价的发展功能。

（三）学生评价方式的优化

对学生的评价，不仅需要考察其知识与技能的获得情况，还应该包括对其情感、态度、价值观等方面发展情况的评价。而对一个人的情感、态度、价值观以及创新能力的发展如何评价，目前仍是一个现实性难题。教育所追求的目标的全面性与评价的有限性永远是一对矛盾，无论怎样的评价都不可能囊括学生素质发展的方方面面。因而，更多的是需要靠相关方面对学生学习行为的悉心观察和发现。针对传统评价方法的弊端，各学科与理论流派纷纷诉求评价理念与实践的转向，建构主义的评价观、多元智能理论的评价观、教育人类学的评价观等不约而同地形成"关注过程"的发展性评价理念，主张运用发展性的视域来对学生在情感、态度、价值观、创新意识和实践能力等方面的进步与变化进行评价。基于这一思想，创新型科技人才培养过程中的学生评价方式可以从以下方面进行改进。

第一,开展诊断性评价。例如,在课程教学中,课程开始之前教师可以对学生进行诊断性评价,通过调查了解学生对课程的基本认知与知识起点有的放矢地进行教学。在教学活动过程中开展形成性评价,可以对学生的课堂表现、作业完成情况、问题讨论、小测验、小论文、实验操作情况等进行记录,计入学生学科的最终成绩,并适当提高平时成绩在总评成绩中的比例。课程学习告一段落进行的总结性评价的形式可以是卷面考试,也可以是作品等,根据不同的学科特点选择不同的考查形式。

第二,进行多主体评价。教学过程的参与者主要是教师和学生,对于学生在学习过程中的评价最具发言权的当属教师,因此,教师是学生素质发展的评价主体之一;学生对于自身素质的发展情况应有一定的感知,可以对照一定的标准进行自我评价;社会单位通过对毕业生在工作中的具体行为表现所做出的评价反馈是高等学校人才培养质量改进的重要参考依据,亦可将其纳入学生评价的主体之内;学生管理者、同学、家长等与学生的学习或生活息息相关者对其各方面的发展情况有较多的了解,同样可以作为评价主体。评价主体的多元化有利于为学生的成长和发展状况提供多角度、多层面的信息源,使评价建立在更为客观、全面的基础之上。

第三,开展跟踪评价。学生素质发展是一个动态变化的过程,对其评价不能仅仅停留在一个时期或一个层面,而是要多维度地进行全面评价。跟踪评价的形式主要是建立学生发展档案,档案的内容要涵盖学生的自然指标、专业学习质量、每个学期的考试成绩、撰写论文的数量、发表的文章、社会活动的资料、奖惩经历等。利用学生档案的形式对学生在校期间的能力发展情况和成长历程做动态的记录,将其作为人才培养质量阶段性评价的重要参考依据。

(四)学生创新素质的评价思路

高等教育中学生创新素质的评价是一个全新的范畴,目前尚未见到比较规范和成熟的评价指标和评价体系。考虑到创新素质评价指标具有一定的模糊性和地方高校学生创新活动的特殊性,可通过对创新素质指标进行量化,建立数学模型来对学生的创新素质进行测评,以增强创新素质评价的准确性和科学性。

第四节　创新型科技人才培养中的创新型教师队伍建设

一、创新型教师的内涵特征及其在创新型科技人才培养中的作用

（一）创新型教师的内涵与特征

文献检索结果表明，创新型教师是我国学者于 20 世纪 90 年代末期提出的一个与传统型教师相对应的概念，国外亦有研究者使用创造型教师这一概念。由于创新的内在核心素质是创造力，创新的本质特征是创造，只不过创新扩大了创造的外延，但二者之间在本质上仍然是相通的，在很多语境中它们可以相互替代使用。因此，创新型教师与创造型教师在本质和内涵上具有同一性。

创新型教师是指具有创新教育理念和创新人格品质，善于根据教学情境变化运用各种教育技术和方法，注重培养学生的创新意识、创新精神和创新能力的教师。与过于强调高深知识传授的经验型教师相比，创新型教师的特征可以概括为以下几个方面。

第一，创新型教师应具备科学理性的教育观。创新教育是以提升受教者的创新意识、开发受教者的创新能力为宗旨，以培养创新型人才为目标的教育思想理念。创新型教师应具有符合时代精神的教育观，包括：新的教师观，教师是一位帮助学生发现矛盾论点而不是拿出现成真理的人；新的学生观，尊重学生的个性，关注学生的情感、道德和人格养成，允许学生在民主、和谐的氛围中自主、独立地探索；新的知识观，强调知识获取和知识迁移的能力，向学生动态而非僵化地呈现知识；新的培养目标观，将开发与培育学生的创新素质视为教育的最高目的；新的教学方法观，提倡发现式和研究型学习的方法，使教学本身成为一种创造的过程。

第二，创新型教师应具有强烈鲜明的创新品格。创新品格是创新型教师所特有的非智力因素，这种因素不仅能够激发学生的创新意识，而且能够升华其创造性思维并影响其创新品格的形成。例如，强烈的事业心和高度的责任感、强烈的好奇心与旺盛的求知欲、敏锐的直觉和丰富的想象力、开放性的人格和包容理解的良好心境，等等。这些品格特征决定了创新型教师将教育视为实现自我价值的崇高事业，在创造性的教学活动中感受工作责任和乐趣；善于运用自己的高尚人格熏陶和感染学生，造就学生；善于学习和接受新的知识，探索和尝试新的教学技术、工具与方法；善于依据学生的知识水平、心理特点以及

课程内容设计出最优教学方案，且灵动而富有成效地予以实施；善于营造和谐民主的教学氛围，善于启发学生思维，点拨其思想，激发其创造灵感。

第三，创新型教师应具备综合性与专业性、开放性与动态性相结合的知识体系。知识是一切创新活动的基础，个体的知识存量和结构不同，其创造性的强度和方向也就完全不同。教师及其知识储备、知识结构不仅影响着教学活动的实施，更影响着学生的发展。在创新型教师的知识体系中：既有学科专业知识和教育理论知识，亦有学科前沿知识和交叉学科知识；既有关于对自我认识方面的知识，亦有关于学习对象认识、学习背景发生的知识，以及关于教学方法论的知识。这种知识体系具有明显的综合性与专业性特征。同时，创新型教师的知识应是多维的和不断变动的，表现为开放与动态的结合。它需要随时补充新知识，通过与外界双向交流而不断变更。新知识的输入可以打破原有知识体系的平衡，改变思维定式与惯性，就能由被动性转向创新性，从而达到知识活用、知识育人的目的，培育出学生的思维力、想象力和创造力来。

第四，创新性教师应具备从事知识生产、传播和应用所必需的职业能力。高等学校在知识生产、扩散、转移、传播、应用以及技术创新方面具有举足轻重的作用，这种作用发挥的强弱与教师的职业能力水平息息相关。

创新型教师作为高等学校教学、科研与社会服务活动的直接承担者，在高等学校的三大功能实现中具有灵魂作用，与之相关的能力特征主要有以下几方面。

第一，教学与学术研究能力，包括：贯穿于教学活动的组织、传导和调控能力；注重师生交流、引导学生思考和形成创造力的能力；在科研活动中产出原创性研究成果的能力；注重以身示范影响学生科研素质形成的能力等。

第二，知识获取与吸纳能力，包括：通过不断获取新知识、新技术而吐故纳新，完善知识结构的能力；采用协作式的知识更新模式而实现知识的充分交流和共享能力等。

第三，社会服务的能力，包括：预测科技发展与社会未来需求的前瞻能力、捕捉信息的能力、科研成果转化能力以及实践融通能力等。

第四，创新型教师应具有自我发展的主体意识。实践证明，教师的自我发展主体意识对于教师发展具有重大意义，它有利于教师摆脱生命的工具状态，激发教师发展的内在动机，形成教师独特的教学风格，并在教学活动中能够独立思考、自主创造。自我发展主体意识的形成是传统的经验型教师向现代的创新型教师转化的一个重要标志。

此外，从认知特征看，创新型教师的认知加工方式以发散性的加工方式为主，不依赖于课本知识和单一的授课方式，多渠道、多角度地对知识进行加工和讲授，并辅以收敛性的加工方式支持，在场依存性和场独立性之间，认知方式更倾向于独立性。从情感特征分析，创新型教师的重要特征是其有教无类的博爱情感，对学生充满真诚关心，善于捕捉学生的优点与不足，注重因材施教。

（二）创新型教师在创新型科技人才培养中的作用

我国高等教育正在发生着深刻的变革，培养包括创新型科技人才在内的创新型人才是高等教育改革发展的中心问题之一。教育创新与理论创新、制度创新和科技创新一样，是非常重要的，而且教育还要为各方面的创新工作提供知识和人才基础。百年大计，教育为本。教育大计，教师为本。推进教育创新，培养大批高素质人才，离不开教师的辛勤工作。教师在教育创新中承担着重要的使命。教师富有创新精神，才能培养出创新型人才。因此，拥有一支能够胜任创新型科技人才培养的创新型教师队伍对于创新型科技人才的教育培养至关重要。教师作为人才培养的实施者，在学生知识体系的建构、思维方式的训练、个性品格的熏陶、综合能力的锻造和创造力的形成过程中发挥着关键性作用。一个墨守成规的教师对于学生创造力的发展无疑是一种近乎灾难的障碍。具体而言，创新型教师在创新型科技人才培养中的作用主要表现在以下几方面。

首先，创新型教师是新知识的生产者与传播者，其教学活动直接决定着学生知识体系的建构水平。科技创新需要以充分的知识储备和良好的知识结构作为基础，知识可以为创造性思维提供加工的材料，知识结构是个体在某个领域产生新颖和独特观念的前提，而这些"基础""材料"和"前提"的形成离不开教师的创造性劳动。从本质上讲，这种创造性劳动不仅需要"传道、授业、解惑"，还需要"启发、引导、创造"。

其次，创新型教师是创新教育的倡导者与实践者，在创新型科技人才培养中具有引领作用。只有通过创新型教师对创新型科技人才培养的教育教学规律进行积极探索，更新教育观念，改革教学内容、方法、手段，注重培育学生的主动学习精神，鼓励学生的创造性思维，引导学生在发掘兴趣和潜能的基础上全面发展，才能培养出适应社会主义现代化建设和知识经济发展需要、具有创新精神和创新能力的优秀科技人才。

再次，创新型教师是创新精神的示范者和力行者，其个体的学术风范、研究追求、创造魅力、科学好奇心和求知欲等，对于学生创新素质的培育具有潜移默化的影响作用。这种影响作用虽是无声的，但却是深刻而久远的。

最后，创新型教师的科技创新实践活动不仅是科技创新的源泉，也是培养创新型科技人才的重要依托。创新型教师在自主创新所涵盖的原始创新、集成创新、引进消化吸收再创新等方面均有重要的作用。教师积累的知识随着科技的进步和社会的不断发展,需要吸收最新的学术成果,不断充实自己的理论体系,并创造性地运用积累的知识开展科技创新、理论创新。创新型教师的创新活动总是在不断追求知识创新、技术创新过程中产生创新意识和创新需要,并在不断实践、不断探索的过程中引领学生参与其中,成为创新型科技人才培养的重要依托。

二、推进地方高校创新型教师队伍建设的对策建议

地方高校创新型教师队伍的成长是一个长期而复杂的过程,不仅关涉个人动机、实践和高校的办学制度设计,还关涉国家相关政策的支持。为更好地建设一支创新型教师队伍,切实提升创新型科技人才培养的师资质量,对于地方高校而言,可以在以下方面采取一定的措施。

第一,将创新型教师队伍建设作为师资队伍建设的一项系统工程加以推进,使创新型教师队伍建设由惠及少数教师的局部性工程上升为惠及全体教师的基础性工程和战略性工程。培养包括创新型科技人才在内的创新型人才,其前提条件之一是广大地方高校教师接受和树立创新教育的理念、熟谙创新教育的技能和方法,且其本身拥有强烈的创新意识、创新精神和创新思维方式。换言之,它要求广大地方高校教师首先自身成为创新型人才,否则,便无法承担创新型人才培养的重任。因此,创新型教师队伍的建设必须作为一项面向全体教师的基础性工程和战略性工程加以规划,并制定体系化的配套措施有计划地稳步实施,方能实现与创新型人才培养目标之间的协同。

第二,改革制约创新型教师队伍建设的管理制度,为教师行为的去功利化建立科学合理的引导机制。制度对于人的行为具有调控、指示与限制作用,制度亦是表达一个组织价值理念的重要载体。我国地方高校在进行创新型教师队伍建设过程中所面临的诸如教师行为功利化等问题,很大程度上是由于地方高校的教师管理制度在制度导向上过于"急功近利"。为此,必须摒弃制度设计的短视行为,理性地构建教师管理制度体系,引导教师在教学和科研之间自觉地寻求平衡,促使其在两个方面同时成长以胜任创新型科技人才培养的需要。针对目前高校在教师管理中存在的一些共性问题,教师管理制度的改革与再设计首先应体现以教师为本的理念,即教师并不是管理者实现自身政绩和某一发展目标的工具,亦非行政权力的附属者,而是实现大学职能的基本主体。同时,教师作为富有思想和人格独立的群体,其管理还应体现柔性管理的基本原则。

例如，教学和科研均为高校教师的当然使命，二者并无轻重之分，不应在教学和科研绩效评价制度的设计上有失偏颇。在一定的时期内，应该允许教师根据自己的实际情况对工作重心做出灵活安排。教师管理制度的设计只有以此理念和原则为指导，并充分体现民主性、宽容性，方能真正使创新型教师队伍建设释放活力。

第三，完善创新型教师队伍建设的支持条件，为教师职业素质的发展提供多元化的资源平台。一方面，地方高校应充分发挥科学研究在创新型教师队伍建设中的作用，优化资源配置，着力搭建科研平台。例如，通过培育跨学科科研团队，发挥跨学科合作的优势，形成学科交叉融合，拓展学术视野，带动相关领域的协同发展；通过加强与行业合作，采取项目协作、课题招标、联合攻关，以及共同进行新产品研发、新工艺的推广等工作增强科技创新对经济社会发展的推动力，等等。另一方面，地方高校应充分重视继续教育培训在创新型教师队伍建设中的作用，通过构建制度化、全面性和先导性的培训体系提升教师的创新素质。在教育培训形式上，可以通过岗前培训、在职进修、国内外访学、专家讲座、经验交流会和网络学习等多种手段，组织教师学习创新教育的理论和技法，以提升其教学能力。针对地方高校目前青年教师比例较高，不少教师没有经历师范教育的实际情况，可以考虑对非师范院校毕业的青年教师进行六个月到一年的较为系统的师范教育进修以提高其教学能力，或者采用"青年教师导师制"，为每一位青年教师配备一名学术水平高、教学经验丰富的指导教师，促进其尽快成长。除此之外，还应针对不同层次和类别教师的需求，设计相应的培训项目，通过构建网络与实体相互配合的资源平台，满足创新型教师队伍建设的资源需求。

第四，推进创新团队与相关学科的协同发展，以有效增强其对创新型教师队伍建设的带动作用。学科是地方高校学术活动的基本单位，亦是其办学水平和办学特色的重要标志。随着学科的不断分化和高度综合，科技进步与学科发展形成了共生的关系，学科的发展不断由外延式知识扩展转向内涵式知识分化。地方高校作为围绕学术性活动展开的组织，迫切需要构建知识共享、资源互补、协同创新的工作机制。这就要求地方高校在内部组织建制上充分发挥人才和学科的集成优势，以促进学科的交叉和融合为出发点组建高层次、开放型、多元化的科研创新团队。高校应结合自身定位，立足科技发展前沿，探索建立以"学科+团队"的工作机制，遵循人才集聚规律，以学术带头人为核心，重视团队的动力效应，通过创新平台进行前瞻性的科学研究，培植新的学科生长点，以团队带动优势学科、交叉学科的发展，促进创新型教师队伍的成长。

第五，营造创新型教师队伍建设的良好环境，为教师创新活力的充分释放提供正向力场。环境是影响创新的重要因素之一，良好的环境对地方高校创新型教师队伍的建设具有支持、促进和催化作用。创新型教师队伍建设除了需要大力营造鼓励创新、崇尚创造的环境氛围外，还应注重其文化逻辑的构建，以抵御那些与创新相悖的文化因素的侵蚀。如以学术创新为内核（高校教师的学术创新主要体现在科研创新、教学学术创新和基于学术的社会服务创新上）的个体文化为高校教师的学术创新提供了强大、持久的动力，它是地方高校教师学术创新的坚实基点，亦是从个体层面建设创新型教师队伍的文化逻辑起点。因而，建设创新型教师队伍必须首先解决教师个体的身份认同和价值认同问题，让教师在日常工作和生活中以创新者的身份致思践行，让学术创新成为其内在的价值取向。与此同时，创新型教师队伍建设还需要进行以价值理性引导下的民主组织文化建设，以克服纯粹的工具理性支配下的学术官僚文化的影响，以及非人性的学术角色分工和学术霸权的影响。

第六，拓宽创新型教师队伍建设的视域范围，充分利用地方高校外科技人才资源为创新型科技人才培养服务。创新型教师队伍建设除了应着眼于高校内部师资之外，亦应加强与高科技企业及科研院（所）的合作，聘请具有丰富研发实践经验的科技人员作为兼职教师，为学生讲授新技术、新工艺的应用与推广，指导学生进行科研实践。这样既有利于教学过程中理论与实践的结合，亦有助于增加学生对科学与工程实践的现实感知。

第五节　创新型科技人才培养中的科技实践平台建设

一、科技实践训练平台与创新型科技人才的培养

"创新之根在实践"已经成为国内外科学与工程教育领域的基本共识，创新型科技人才培养过程中学生科技实践能力的锻造，需要以一定的科技实践训练平台为依托。所谓科技实践训练平台是指为了增强学生的理论认知水平，培养学生的科学研究能力与工程实践能力所需要的相关资源条件的集成系统，其常见形态包括课程设计实践平台、综合性工程实践中心、毕业设计实践平台、科技竞赛活动和项目课题研究等，是组织学生开展科技实践训练或课外科技文化活动的基础。

依托科技实践训练平台对学生开展科技实践训练对学生创新素质的培育具有多方面的功能价值。其一，完善知识结构，奠定创新基础。科技创新素质的

培育首先要求学生具备本学科的基础理论和专业知识,并以此为基础拓展知识面。通过认识和探索未知世界的科技实践活动,可以让学生理解科技发展的最前沿,接触本领域的新知识、新技术和新方法,形成比较完善的知识结构,为未来的创新活动奠定扎实的基础。其二,激发创新意识,培养创新精神。在传统教育中,由于缺乏科研实践,学生在学术行为上往往表现为人云亦云,迷信于权威。而科研实践训练可以挖掘学生的创新潜力,释放创新激情,提高其提出问题、分析问题、解决问题的能力,形成敢于质疑、勇于挑战的创新精神。其三,活跃创新思维,拓展创新技能。创新思维是整个创新活动智力结构的关键和核心,科研实践训练可以从多个方面培养学生富有独创性的思维形式,提高其思维的元认知水平。同时,在实践训练过程中亦可以使其正确地运用创新的原理与方法,提高信息搜寻、实验操作、分析推理等基本的创新技能。其四,塑造创新人格。创新并不是纯粹的智力活动,还需要以创新人格为动力。长期缺乏科技创新实践的学生,难以突破自我意识障碍和动机障碍。而科研实验训练可以帮助学生树立投身科学研究的远大理想,追求真理的坚定信念,释放孜孜不倦的创新激情,克服自卑与胆怯、从众与保守等心理障碍,形成健全的创新人格。

二、科技实践训练平台建设存在的问题

随着我国地方高校目前对实践教学环节的逐步加强,各地方高校已经逐步建立起具有各自特色的多样性的科技实践训练平台,并在对学生科技实践能力的培养过程中发挥着积极的作用。但与此同时,学生科技实践训练平台建设依然存在着一些值得注意的问题。

一是缺乏常态化的科技实践训练平台和可持续性的科技实践训练设计。近年来,尽管国家相关部门和各个地方高校均非常重视学生第二课堂科技创新活动平台的建设,但相对于创新型科技人才培养的普遍需要而言,科技实践训练机会的匮乏依然是当前所面临的一个瓶颈问题。很多地方高校虽然认识到科技实践能力训练在创新型科技人才培养过程中的重要意义,但在人才培养方案中却并没有制订系统性和持续性的科技实践实训计划,且对学生参与科技创新实践活动缺乏强效的引导机制,学生理论知识的学习与科技实践能力的培养之间存在着明显的失衡。

二是高校的科研性实验设施面向本科学生的开放程度低。目前,各地方高校为了满足日常教学或工程训练的需要,普遍建立了教学性实验室或工程训练

中心。其中，教学性实验室在功能上主要用于满足学生进行基础性和验证性实验的需要，工程训练中心则主要用于对学生进行基本的工程实践操作技能训练，但两者无论是在开放时间、配置水平以及承载能力上都难以完全满足学生进行自主探索所需的综合性和研究性的资源条件要求。地方高校大量的以学科或专业名义建立的各类研究性实验室（研究中心）却局限性地服务于教师或研究生的科研活动，很少对本科学生开放。

三是地方高校内部不同院系之间科研实验设施的共享程度低。特别是一些大型高精尖仪器设备，由于其购置成本和维护成本较高，所属院系往往不愿意与其他院系共享使用，通常是哪一院系、哪一学科或哪一课题组最先取得了仪器的使用权，就不自觉地将仪器设备"私有化"，认为其所有权属于本院系、本学科甚至本课题组。这种情况不仅直接导致了许多地方高校同一类仪器设备重复购置的现象大量存在。同时，由于受使用人员数量较少等因素的限制，造成了一些大型仪器的使用效率低下、闲置浪费现象严重，不能在学生的科技实践训练活动中发挥其应有的作用。

四是学生科技实践训练平台建设的社会合作化程度低，未能充分实现"产、学、研"的有机结合。其主要表现在学生科技实践训练平台是以国家和学校投入建设为主，很多高校尚未建立起与广大高新技术企业、科研机构等社会单位合作培养创新型科技人才的运作机制，校内科技实践训练平台和校外科技实践训练平台在创新型科技人才培养过程中未能形成良好的资源互补与对接。这就直接导致了学生的科技创新实践活动往往局限于实验室研究，缺乏与行业或产业发展的实际接合，其最终创新成果的社会认可程度亦因此受到影响。

五是在科技实践训练平台建设过程中存在着偏硬件设施建设而轻运行机制建设现象，即对于如何通过设施建设、组织建设、制度建设以及环境建设等多种途径形成有效吸收大学生参与科技创新实践活动缺乏系统的思考和有效的探索，由此使得各种科技实践训练平台在创新型科技人才培养过程中的功能未能得到充分释放。

三、学生科技实践训练平台建设的改进

创新源自实践，要培养学生的创新能力，必须为其提供开展实践活动所需的良好平台。进一步改进和完善学生科技实践训练平台建设，可以考虑从以下几个方面着手。

第一，注重系统设计，构建全程化和阶梯式的学生科技实践训练平台体系。

创新实践能力的发展是一个逐渐积累和逐步提高的过程，学生科技实践训练平台的设计亦应遵循这一基本规律，确保科技实践能力的训练能够覆盖学生培养的整个过程。为此，地方高校可以考虑按照普及型平台、提高型层平台和研究创新型平台的逻辑层次来进行学生科技实践训练平台体系的设计。例如：对于一、二年级的本科学生，应着重为其构建理论教学与实践教学相互嵌合的基础性普及型实践训练平台，并以此平台为基础促使其加强对基本理论的理解和基本实验技能的掌握，使其初步具备分析问题和解决问题的能力，并养成科学思维的习惯和严谨的科研作风；而对于三、四年级的本科学生，应着重为其构建集成性的提高型和研究创新型实践训练平台，促使其科技实践综合能力的生成。

第二，注重立体设计，构建多维度和多元化的学生科技实践训练平台体系。创新实践能力的形成是由多种素质要素共同作用的结果，对学生实践能力的锻造亦必须从多个维度和多个方面展开。为此，学生科技实践训练平台体系的建设应体现课内平台和课外平台相结合、校内平台和校外平台相结合、一般平台和竞赛平台相结合、单项平台和综合平台以及硬件平台和软件平台相结合等的思想，以使学生的科技实践能力得到多方位和持续性的培养。

第三，突破资源制约，构建具有足够承载力的普化型科技实践训练平台体系。针对目前学生科技实践训练机会有限的实际情况，地方高校应大力开拓校内和校外两种资源，增强科技实践训练平台体系的承载力，使其普惠于所有学生。一方面，通过积极争取财政资金或自筹资金的渠道，建设能够开展较大规模的实验课程教学、工程实践训练、科技竞赛训练等活动所需的软硬件设施。与此同时，通过充分整合校内科研设施资源、破除资源使用权的院系分割、建立开放性实验室等途径实现资源的高度共享。另一方面，大力拓展校外资源，通过加强与高新技术企业和科研院所的深层次合作，建立常态化的科技实践训练基地，使学生能够实际参与到社会科技生产实践中去。

第四，强化机制建设，提高学生科技实践平台运行的实效性。例如：通过建立专门化的组织机构来保证学生科技实践活动的有序开展，协调活动过程中的各种资源需求与内外关系；通过建立合理的激励制度，激发学生参与科技创新活动的积极性与主动性；通过建立科技创新实践导师制，为学生进行项目研究提供必要的技术指导；通过建立科学的过程管理和成果评价制度，有效控制学生进行科研项目研究的质量；等等。

第六节 创新型科技人才培养中的创新教育环境建设

一、创新教育环境内涵与结构

（一）创新教育环境的内涵

在汉语语系中，人们关于环境的普遍认识多源于《辞海》中的解释：一是指"环绕所辖的区域"；二是指"围绕人类的外部世界"。环境是一个多学科使用的概念，在哲学中，环境被定义为，围绕着人群的空间，及其中可以直接、间接影响人类生活和发展的各种自然因素的总体。在心理学中，环境被定义为，在人的心理、意识之外，对人的心理、意识形成发生影响的全部条件，包括个体身体之外存在的客观现实，也包括身体内部的运动与变化。广义而言，环境是相对某项中心事物而言的，并且总是作为中心事物的对立面而存在的，它因中心事物的不同而不同，随着中心事物的变化而变化。任何事物的存在和发展必须通过与其外部环境进行物质、能量以及信息的交换才能得以持续。对于人的发展而言，环境是一种不可或缺的载体，它可以通过各种显性与隐性的物质要素、精神要素或制度要素作用于人的思想观念、心理发展和行为活动中，并对人的素质形成发生综合性影响。

教育环境是指为培育人而有意识创设的情境，一般可分为家庭教育环境、社会教育环境和学校教育环境。教育环境既是一般环境的一部分，又因其具有一定的目的性而不同于一般环境。从人的整个成长过程来看，最具系统性的素质培育主要是通过学校教育来进行的，因而，学校教育环境对人的发展具有不可或缺的重要作用。创造力理论认为，创造力除了个体本身的智能、动机、人格等内在条件之外，尚需有利环境与之交互作用才得以发挥，且有关创造力的人格特质、动机与创造技能等，亦需适当的环境才能培养成。基于对教育环境以及创造力本质的理解，可以将创新教育环境（或创造教育环境）界定为影响个体创造力发挥或发展的一切环境要素，其中心项是人的创造力，而周边体是教育中的环境要素。对于这一界定，有以下几点说明：第一，创新教育环境特指影响创造主体（人）创造力发展的那部分环境；第二，创新教育环境不只是一个纯客观的外部条件因素，更重要的是创造主体在心理意义上的认同感和满意度因素的整合；第三，环境总是处于不断的发展变化之中，因此，创新教育环境并不是静止不变的，而是动态的；第四，创新总是在一定环境条件下进行的，环境为创造力的发展提供了可能，又对其构成了一定的限制，这就告诉我们，环境作为一种客观存在，有其自身的发展规律，并不以人的主观意志为转移；第五，创新主体具有主观能动性，其主体性的发挥对创造力的发展具有重要作用。

所谓地方高校的创新教育环境，是指地方高校以科学先进的办学理念为指导，遵循教育规律和创新型人才身心发展特点，运用一定的方式方法促进创新型人才成长、发展并发挥作用的环境条件的总和。在创新型科技人才的培养过程中，创新教育环境建设对于培养对象创新素质的培育是一个重要的协同条件。良好的创新教育环境不仅对创新人格的形成和创新动机的产生具有积极的催生作用，而且对创新思维的发展具有重要价值。

（二）创新教育环境的结构

关于创新教育环境，学者们基于不同的标准做出了多种不同的结构划分。其中：可感性环境主要是指物质生态环境（或称硬环境），是能够让培养对象直接感受或体验到其存在的有形环境和有形实体，它们可为培养对象创造力的发展提供必要的物质基础；可适性环境主要是指人文环境（或称软环境），是能够让培养对象适应其特性的一切外部环境因素的总和；可控性环境主要是指依据一定的目标，有目的、有计划地选择、创设的有利于创造力发展的一切环境因素的总和。从生成机制来看，可控性环境具有主观调控的特点。客观而言，对环境进行全面、准确而严格的分类比较困难。因为环境本身是一个整体性的存在，其构成要素之间并不是相互孤立的，而是往往处于动态变化之中的，现实中并不存在纯粹的某种环境类型。

创新教育环境是一个具有丰富内涵和外延的多因素集合体，以其对创新教育的影响层面来看，至少应包括三个部分，即基础层面的物质环境、保障层面的制度环境和核心层面的精神文化环境。三者相互联系，相互依赖，共同构成创新型科技人才培养的生态系统。其中，物质环境是指能被培养对象感知的客观存在的实体性环境，是教育教学活动赖以进行的基础，主要由学校内部的各种物质因素或物理因素所构成，可进一步细分为自然环境、设施环境和时空环境。在物质环境中，往往积淀着一所大学的历史传统和文化元素，其本身即蕴含着潜在的教育意义与教育价值。制度环境是指高校为达成人才培养目标，落实人才培养理念而制定的一系列规章制度、管理和评价制度等规则和规范体系，它对创新型科技人才培养起着规范性和导向性作用。同时，由于规章制度是一种行为规范，具有稳定性和权威性等特点，因而是创新型科技人才培养活动得以有效进行的重要保证。精神文化环境是指那些以潜移默化的方式影响培养对象价值取向、个性品格与行为方式的各种精神形态或观念形态的环境因素,具体体现在校风、教风、学风、校园文化等方面,是一所大学独特个性与精神面貌的集中反映。

二、创新教育环境的应然特征

创新教育的本质就在于其超越性,即提升人自己所拥有的创造意识,培养其把创造意识变成现实的能力。对于创新型科技人才培养而言,与这一本质相适配的环境应具有自由、宽容、支持和开放等基本特征。

(一)自由

自由是人作为人存在的基本规定性。自由意味一个人不受制于另一人或另一些人因专断意志而产生的强制的状态。就自由与创新的关系而言,自由思想与创新精神总是如影随形的,创新是自由思想流动的产物,创新只有在不受束缚地发展自己的条件下才能生成,只有获得思想自由的人,才能获得创新的内在动力。而思想自由地流动,离不开自由的环境。自由的环境不仅是人的创造潜力得以发挥的前提和保证,亦是高素质创新型人才成长的基本条件。心理安全和心理自由是创造力培育的两个重要条件。在压抑、恐惧的心理状态下和在追求服从、压制个性、排斥立异的环境氛围中,学生创新思维和创新品格的发展毫无疑问地会受到抑制和剥夺。因此,自由是创新教育环境理应具备的基本特征。

(二)宽容

宽容,就其实质而言,就是对待异己的观念和信仰持公正和理智的态度,在不妨碍他人的前提下,容许他人自由行动和独立思想。创新需要宽容。宽容意味着对独立个性的包容,对不同兴趣、观点、思想的容纳;宽容意味着容忍失败,承认失败的价值,因为任何创新过程都不可能是一帆风顺的,在很大程度上,创造力是在汲取失败和错误的经验教训中不断得到发展的;宽容意味着尊重独创性,鼓励多样性,给予包含更多积极成分的支持、鼓励、肯定、接纳、认同、赞扬、欣赏等。在创新型科技人才培养过程中,没有宽容,就难以培养学生的自信心,没有自信心,学生就失去了创造的内驱力;没有宽容,就无法培养学生的批判精神和发散性思维,没有了批判精神和发散性思维,学生的创造也就失去了"技术"支持。从这个意义上讲,富有宽容性的创新教育环境是学生创新素质培育必不可少的生态条件。只有在宽容的教育环境中,学生才能勇于质疑，发表见解，大胆创新，成长为个性鲜明的具有创新意识、创新精神和创造能力的人才。

（三）支持

所谓支持性，是指在培养对象创新素质发展和表现过程中能够为其提供物质的、心理的或情感的支持的良好环境。大量相关研究表明，高创造性的人，其成长和发展的环境主要是支持性的。同时，在其从事的专业领域中，亦是充满支持性的气氛。但美国心理家斯腾伯格和鲁巴特进一步指出，一个鼓励和看重创造力的环境对创造力是有利的，然而，一个完全良好的支持环境，一个从来不需要去抗争的环境，对人的创新也不全是有利的。按照这一观点，创新型科技人才的培养应该有一个大致良好的支持环境，但是里面要有一些挫折、障碍物散在过程上。

与此同时，创新教育环境的支持性不仅表现为对活动机会等外在条件的创设，也表现为对个体好奇心和求知欲的保护，以及对独立性等创造性人格品质发展的鼓励，环境所提供的这种支持促进了创造潜能的发挥和创造力的发展，使创造的可能性转化为现实性。

（四）开放

耗散结构理论认为，在远离平衡态和非线性作用条件下的开放系统，通过涨落，系统会从无序自发走向有序，其中由于负熵的引入，系统可以抵偿甚至削弱内熵。要维持这种有序的结构，系统必须不断地与外界进行物质、能量和信息的交换。人的创新素质的培育以及与之相关的创造力的形成与发展过程可以视为一个开放系统——创造力系统。在这一系统中，人脑已储存的经验信息以旧有的稳定形态存在。传统知识的不断输入以及思维定式的不断强化，无疑给创造力系统增加了正熵值，正熵的日益增多，就会使该系统走向"热寂"（死亡），致使人的创造力丧失殆尽。因此，为了增加创造力的生命力，就需要不断地从外界输入新的信息，并通过发散思维等创新思维的方式对已有的知识经验进行重新组合，以使系统内负熵增加，从无序状态走向有序状态。可以说，开放性是创新教育环境的必须特性，这种开放性不仅表现为文化的开放性和人际关系的开放性，也表现在环境中的人的观念和信息的开放性上。

三、创新教育环境的培育路径

大学教育本身就是一种促进人的创造力形成的环境因素，它主要是通过校园环境来发挥作用的。现阶段，在我国诸多地方高校的创新型科技人才培养过程中，教育环境的适配性依然是一个值得关注的问题。为了创设一种自由、宽容、支持和开放的创新教育环境，地方高校应以提升物质环境为基础，以优化制度环境为突破，以营造精神文化环境为核心，坚持软环境与硬环境建设同时并举的方针。具体而言，创新型科技人才培养的环境培育应沿以下路径进行。

第一，加强创新型科技人才培养的物质环境建设。要谋求高等教育事业的发展，培养大批包括创新型科技人才在内的高素质创新型人才，最根本的环境保障就是以教育投资为基础形成的物质环境。只有以良好的物质环境为基础，才可能与制度环境、精神文化环境一起形成有利于创新型科技人才培养的环境合力。而要构建良好的物质环境，必须有充裕的教育经费投入作为保证。从教育生产函数来看，教育质量与教育经费投入之间呈正相关的关系，教育投入的不足必然会直接影响到教育质量与其可持续发展。

近年来，虽然我国高等教育经费投入总量呈不断上涨趋势，地方高校的办学条件和物质环境亦得到显著改善，但相对于高等教育事业发展的实际需求而言，教育经费投入不足依然是很多高校面临的现实问题。为了改变这种状况，必须进一步加大高等教育的经费投入力度，通过多种途径筹集办学资金以提升地方高校人才培养的物质环境。一方面，各级政府应切实落实教育优先发展的国家战略，继续增加公共教育经费的投入额度，不断提高其占国民生产总值的比例，力争早日达到和超过世界平均水平。另一方面，地方高校应积极拓展办学经费的来源渠道，通过校办产业、社会服务、社会捐赠等非财政渠道筹集资金并提高资金的配置效益，以便为创新型科技人才培养过程中的教学、科研和生活提供良好的自然环境、设施环境与时空环境支持。

第二，优化创新型科技人才培养的制度环境。创新教育环境的培育无疑需要进行一场深刻的观念变革和文化革新，但单纯的观念变革往往无所附着，而那些需要革除的旧观念、旧文化并不是抽象的，而是具体地留存在现行的教育制度之中，继续发挥其效用。因此，比较而言，制度创新也许比单纯的观念创新更为重要，也更为有效。也只有通过制度创新，才能真正除旧立新，树立新的教育观念。要进行制度的优化和创新，首先需要政府主管部门改革地方高校的管理模式，理顺政府宏观管理权与学校自主办学权之间的关系。落实地方高校办学自主权的核心是保证其学术自主权，因为大学是学术创新的事业，需要有独立思考、自由讨论的氛围与环境。只有拥有学术自主权，才有可能冲破种种限制与禁区，为学术传承与创造提供有利条件。落实地方高校办学自主权的重点是围绕《中华人民共和国高等教育法》所规定的地方高校在招生、学科专业设置、教育教学、科学研究与社会服务、国际交流合作、机构设置与人事管理、财产管理与使用等七个方面的办学自主权，加强部门协同，确保放权到位，以解除阻碍地方高校自主创新发展的相关管理体制的束缚。具体来说，要深化招生考试制度改革，支持地方高校科学选拔适合培养需要的学生；支持高校走特色办学之路，根据经济社会发展需求自主调整优化学科专业；支持高校自主开展教育教学，促进学生更好地成长成才；扩大高校人事管理权限，发挥各类人才的积极性创造性；为高校自主开展科学研究、技术开发和社会服务创造更好条件，不断提高科研水平；扩大地方高校管理使用财产经费的权限，发挥经费的最大效益；支持高校开展国际交流合作，提高国际化水平。

对于地方高校自身而言，亦需进行学校内部相关管理制度的改革与优化，构建与创新型科技人才培养相适配的制度体系。从学生管理的角度来看，我国高校现行的本科教学管理制度基本是以管理者为本位、以教学控制为中心的刚性教学管理制度，其最大缺陷在于刚性过强，学生学习的自由选择空间有限，而学习自由又是学生创造性发展的必要条件。这就要求高校在注重制度规范的同时实行灵活而有弹性的教学管理制度，以学生的学习需求为导向，通过实行弹性学制、主辅修制度、科研导师制等给予其必要的学习自主选择权。教学管理制度的改革还应着力解决课程种类多、教学内容多而课时较少的问题，充分利用网络技术增强课后延伸，提高教学效率，使学生有足够的时间去体验、思考和质疑，将创新意识、创新精神和创新能力的培养建立在各个课程平台之上。此外，制度环境的优化还需重点对传统的学生评价制度进行改革。传统的学生评价制度，在评价目的上过于强调选择适合教育的学生，在评价功能上过于强调评价的甄别与选拔功能，在评价内容上过于注重对知识和技能的评价，在评价方法上过于注重纸笔测验，在评价主体上过于强调他人评价。这种评价制度难以真正促进学生的全面发展，因而，有必要对其进行重塑，构建符合创新教育基本理念和反映学生知识、能力、思维和品格等多维素质发展状况的评价制度和评价方法，以有效发挥学生评价制度的诊断功能和导向功能。

第三，营造创新型科技人才培养的精神文化环境。大学不仅是一种客观的物质存在，更是一种文化存在和精神存在。从某种意义上讲，大学精神与文化的重要价值就在于其中所内含的科学精神和人文精神对学生潜移默化地浸润。其中，人文精神从本质上来讲是一种求善精神，即以人的存在与价值为内蕴，注重人的全面发展，关注人的存在，强调人的意义，其终极目的是促使个体得到自我完善，养成完美人格。而科学精神的本质则是"求真"，其基本内涵是"实事求是、追求真理、独立思考和勇于创新"创新型科技人才的培养不仅需要有作为正式规则的制度环境所提供的外动力，同时亦需要有作为非正式规则的精神文化环境所产生的内驱力。因此，精神文化环境是创新型科技人才培养中创新教育环境建设的重要内容。实践证明，一定的群体文化可以在很大程度上对个体的思想和行为产生不容忽视的引导作用。营造创新型科技人才培养的精神文化环境：一方面，需要地方高校着力倡导崇尚科学、追求真理、自由探索、开放民主和敢于质疑、勇于创新的学风，促使学生在这种环境中逐步生成创新型科技人才所需的价值取向、思维方式、行为习惯和个性品格；另一方面，亦需要构建无惧失败、包容失败的舆论氛围，鼓励学生积极参与科技创新，发挥创新潜能，锻造创新能力。

第七章 地方本科高校工科类专业创新型人才培养模式

第一节 地方本科高校工科类专业创新型人才培养模式的现状

一、地方本科高校工科类专业创新型人才培养模式改革取得的成就

我国高等教育经过几十年的发展和改革,已经形成了一个比较完善的教育体系,在现有的2000多所高等教育机构中,既有研究型大学、教学研究型大学,也有相当一部分教学型大学,还有为数过半的高等教育职业机构,其中地方本科高校中工科类专业占比较大。目前,地方本科高校工科类专业创新人才培养体系的构建和建设方面已初见成效。

(一)在科技创新方面的成就

1. 科技队伍不断扩大

我国地方本科高校工科类专业科技队伍不断扩大,已经成为我国科技创新队伍中的骨干力量,在研究开发和产业化等方面取得了很多重要的成果。这支科研队伍把科研与育人结合起来,既出人才,又出成果,除了源源不断为全国各行各业输送高层次人才,提供人才支持和知识、技术外,还为自身培养一代代科研人才。这支科研队伍驰骋在各科学技术领域,开展包括基础研究、高技术研究在内的各层次科技工作,其中一大批人已成为科研的中坚骨干力量。

2. 科技成果显著

在基础研究、高新技术研究领域地方本科高校工科类专业取得了一大批接近或达到世界先进水平的成果,引起了国际科学界的瞩目,如承担国家自然科

学基金项目、重点项目等,被国际著名检索工具——科学引文索引(SCI)和工程索引(EI)收录的论文逐渐增多。

(二)创新平台建设初见成效

1. 实验室建设快速发展

地方本科高校工科类专业的创新活动,大多数是在实验室里完成的。近年来,我国地方本科高校工科类实验室建设(如国家重点实验室、国家网络实验室)已进入快速发展阶段。通过装备先进的仪器设备,吸引高水平的科技人才,各地方本科高校都在强化实验室所具有的科学研究的综合优势。这些科研基地侧重基础研究和高技术研究,经过建设,其研究方向明确,研究领域广泛,研究内容重点突出,装备比较精良,拔尖人才较为集中。同时,也涌现出一批依傍地方本科高校的高新技术、高科技企业集团。大学科技园在孵化高新技术企业、推动高新技术产业化、培养创新型人才和促进高校科技创新成果转化等方面都发挥着重要作用。

2. 创新团队建设方兴未艾

团队协作已成为地方本科高校工科类专业科学研究获得成功的关键条件,也是创新型人才成长发展的重要途径,但具有国际影响力的科技团队并不多见。随着我国教育部"长江学者和创新团队发展计划"等政府支持的创新项目的实施,近年来地方本科高校工科类专业都在积极探索基于团队的科技创新模式及人才培养模式。

(三)为我国的现代化建设培养了一大批高层次人才

近年来,我国地方本科高校工科类专业硕士和博士培养取得了显著成绩,上述成绩的取得,虽然不能全部归功于地方本科高校创新体系建设,但与地方本科高校创新体系建设不无关系,地方本科高校创新体系建设在一定程度上增强了其科技创新功能和创新型人才培养功能。

二、地方本科高校工科类专业创新型人才培养模式存在的问题

人才培养机制是指构成人才培养系统各要素之间相互联系、相互作用、相互制约,推动人才培养系统运行的条件和功能,主要包括人才培养目标系统、手段系统、约束系统和激励系统等。能否培养出大量的具有创新素质的人才,关键在于人才培养机制是否有利于创新型人才的大量培养。多年来,我国地方本科高校一直强调创新型人才的培养,但效果并不理想。

（一）现存人才培养机制存在的问题

1. 以知识传播为根本任务的目标体系的问题

长期以来我国地方本科高校以培养知识型人才为根本目标，有人也称其为知识中心论。知识中心论比较强调知识结构的系统性和完备性，对知识型人才的评价标准主要是学历和文凭，人们通常认为学历越长文凭越高知识就越多，也就越容易获得较好的就业机会，从而实现自己的人生价值。为了造就所谓的知识型人才，地方本科高校在课程设置上必修课越来越多，选修课越来越少；理论教学越来越多，实践操作越来越少；教师的主体性发挥越来越多，学生主动性发挥越来越少。这种以知识为中心的目标取向对创新型人才培养的阻碍作用是非常明显的：一方面，在知识传播过程中学生长期处于被动状态，不动脑不动嘴，不动手，导致学生主体精神和主动性弱化；另一方面，知识学习主要是注入式的，强化了学生的接受能力，而创新所需要的思考力和判断力却被扼杀了，因而十分不利于创新型人才的培养。

2. 以理论阐述和逻辑推导为主要内容的问题

长期以来，我国地方本科高校教学以课堂理论知识教授为主，老师重视理论备课，准备充分，内容充实，逻辑严密，推理无懈可击，内容大多通过教师讲教案，学生上课记笔记，考试考笔记来完成的。由于设备投入和教师精力投入的限制，其对实践教学准备不充分，弱化实践教学，淡化学生动手能力的训练，学生创新的机会和灵感没有被大规模地激发。

（二）自主创新能力方面存在的问题

1. 观念更新能力弱

目前地方本科高校工科类专业在一定程度上还未摆脱苏联高等工程教育模式的影响，不同层次的院校在学科专业设置、教学计划安排上都有雷同现象。有些地方本科高校工科类专业干脆照搬重点理工科大学的办学模式，导致出现了一些先天不足的缺陷，潜藏着发展危机。

2. 教育创新能力差

目前地方本科高校工科类专业在人才培养目标创新，课程体系创新，教学组织、教学方法、教学手段创新上没有标准的规范，也没有很好的模式。地方本科高校工科类专业以培养创新精神、创新能力为重点的素质教育新体系还未建立。

3. 技术创新能力低

目前地方本科高校工科类专业技术创新能力层次类型的定位模糊不清，在不同层次的科技创新能力培养上没有达到一致性，常常是各自为政，远不能适应地方技术创新系统中各层次的需要。地方本科高校工科类专业的技术发明和技术革新能力普遍不强，有较强的技术发明和技术革新的又不能投入地方经济应用技术领域当中去。

4. 管理创新能力小

目前地方本科高校工科类专业管理创新能力小，表现在：一是学校现有的规章制度仍然制约着创新活动；二是学校内部没有对已存在的一切创新活动进行科学有效的管理，也没有对师生创新活动给予必要的帮助与支持；三是没有根据地方经济的发展和学校的发展目标，对学校管理制度、管理过程、管理方式方法、管理组织机构进行系统的创新。

5. 教育科研经费投入不合理

地方本科高校教育科研经费增长幅度大致与招生人数的增长幅度相当，但生均国家投入和社会投入已经连续几年悄然削减。此外，近年来大量的教育经费用于学校基础建设，使实际用于创新型人才培养的投入严重不足。科研经费投入的不足，在一定程度上制约着地方本科高校总体科技创新水平的提高，进而会影响到高校创新型人才培养的数量和质量。

6. 教师队伍建设不利于创新型人才培养

现阶段我国高校教师队伍素质在不断增强，但高学历者大多年轻，缺乏教育经验，而教育经验丰富者普遍未经历博士教育，二者对创新型人才培养的集成优势还没有充分发挥出来。在一些研究型大学，具有高学历、富有创新思维和能力的教授存在重科研、轻教学的倾向，反映出我国成熟的创新型教育文化尚未完全形成。

（三）其他方面的影响因素

除上面介绍的影响因素外，在观念层面、管理方面、制度层面、办学层面上也存在影响我国地方本科高校工科类专业创新型人才培养的因素。

1. 观念层面影响因素

观念是行为的先导，观念层面在高等教育创新型人才培养中起着系统引导、驱动的作用，没有它的引导、驱动，整个系统就没有方向，没有运行的原动力。

（1）存在只有高学历的人才是创新型人才的观念

在我国普遍存着把创新型人才与高学历等同起来，认为只有高学历的人才能称之为创新型人才，这是一种认识上的误区。学历就是学习的经历，但它不能简单地等同于能力，更不等于创新力。

任何一种教育只是培养受教育者的基本素质，即受教育者只具备了成为人才的可能，而能不能成为真正的人才，还要看他在社会实践中的综合能力。美国心理学家马斯洛曾说，在我们这个社会，拿着博士和硕士文凭不知道如何创业的大有人在。研究表明，有的人虽然学富五车，满腹经纶，但却是书呆子，并没有什么创新和贡献，而有的人，如牛顿、爱因斯坦、爱迪生等这些可谓世界顶级的大发明家，并没有很高的学历，却做出了划时代的贡献。这表明学历与创新并不一定成正比，它对创新而言，不是先决条件。因此，接受过系统教育的人并不一定就能成为创新型人才，反过来讲，一些学历不高但经过自学而具备了很高的创新能力的人，也能成为创新典范。

（2）存在只有科学技术人才是创新型人才的观念

有些人对创新型人才的理解存在着急功近利的倾向，认为只有在自然科学和技术领域中有了重大发明和发现的人才才是创新型人才，所以在培养人才中存在着过分重视自然科学而忽视人文社会科学的倾向。创新的基础是人的全面发展，而人的全面发展是一种科学精神和人文精神的统一与融合。由于当今时代对专业教育的过分强化，导致在人才培养中出现了技术化和功利主义倾向，从而造成了人的片面发展和人文精神的失落。所谓科学精神就是人们在科学活动中形成的意识和态度，是科学工作者应有的意志、信念、气质、品质、责任感、使命感的总和，它建立在科学思想和科学观基础之上，是对科学的产生和发展规律及其对科学活动主体要求的一种理性升华，是促进科学活动的精神动力。人文精神是指蕴含在人文社会科学中的、对人类生存的意义和价值的关怀，是一种以人为对象、以人为中心的思想，主要包括人的信念、理想、人格和道德等。现代人文精神是在经济转型时期，为避免工业经济时代出现的、为追求财富和利润使人沦为机器和技术的奴隶，为避免在谋求物质利润最大化的原则指导下人类文明畸形发展的灾难，为捍卫人的价值和尊严，为谋求人的长远利益而提出的，存在着只有从事自然科学研究的人才算创新型人才的观念，在创新型人才的理解上存在着急功近利的倾向。从而忽视人文科学的研究，所以人文科学的研究一直不受重视。应该重视人文科学的研究，没有人文的科学，是残缺的科学，科学中应有丰富的人文精神；没有科学的人文，是残缺的人文，人文中应有宝贵的科学基础。因此，创新人才应该既有良好而坚实的科技素养，又有高尚而博大的人文精神。

（3）存在只有名牌大学才能培养出创新型人才的观念

传统观念认为，只有名牌大学才能培养出创新型人才。就我国而言，我国对大学进行了分类，如211及985院校、全国重点高校、普通高校、职业院校等。列入211、985工程的重点院校拥有教学资源、政策倾斜、国家资助力度比较大的优势，所以在科研和人才培养方面也要优于其他普通院校。在创新型人才培养方面，我们必须承认那些国家重点院校所做的贡献要大一些，所培养的人才从层次上讲要更高一些。但不能片面地认定只有重点院校才能培养出创新型人才，创造性被垄断在那些具有高学历、高文凭的重点大学里。其实则不然，人人都具有创造性，这已被心理学界所证实。所以，那些重点大学能培养创新型人才，一些职业院校、学院等也同样能培养创新型人才。创新型人才具有层次性，任何一所学校都不能忽视创新型人才的培养，都不能以自己的学校类别为推脱，都应以培养创新型人才为己任。

2. 制度层面影响因素

制度是行为的保证，没有一个宽松有序的制度体系作保证是不能培养创新型人才的。就我国而言，我国教育制度和评价制度的一些弊端不利于创新型人才的培养：一方面，地方本科高校自主权依然较少，缺乏学术自由的制度保障，创新所需的民主、自由、开放的氛围不浓；另一方面，在地方本科高校的教育管理上，重视整齐划一和效率的刚性管理，缺乏灵活的、个性化的弹性管理。

3. 管理层面影响因素

（1）我国地方本科高校缺乏个性的管理

地方本科高校的个性就是指地方本科高校的自主性、能动性和创造性，它是一所高校区别于另一所高校的精神品格。虽然地方本科高校的个性、创造性与其所培养的人才的个性、创造性并不能划等号，但二者之间的相关关系是显而易见的。这是因为地方本科高校的个性即其精神品格，对其所培养的人才有动力作用。一所地方本科高校的精神品格是激励包括受教育者在内的所有成员致力于创新的精神动力，具有强烈的内聚力和感召力。同时，地方本科高校的独特个性对其成员的熏陶既是潜移默化的，也是强烈的、持久的，能够浸润其成员人格的所有层面。有个性的地方本科高校是最具包容性的机构，能够容纳其成员丰富多彩的个性，它唯一不能容忍的就是无所事事、没有创见，因为这与自己的精神品格背道而驰。就中国高等教育而言，地方本科高校在人才培养方面同样存在着模式化倾向，过分追求统一：统一的教学大纲、统一的学制、统一的课程安排和修习程序、统一的学习评定方式。这种缺乏特色的办学模式和人才培养方式，十分不利于创新型人才的成长。近年来，我国高等教育在吸取过去经验的基础上，在多样化和个性化方面有所进展，但新出现的一些问题值得思考：高等教育分类不清、定位不明，精英学校拼命搞大众化的教育，大众化高等教育机构拼命往研究型、综合性的路上挤等。

（2）合并风潮

各地受多种因素驱使，在外力（主要是行政权力）的驱动下，纷纷将各种院校合并，建立综合性大学。这两种倾向在一定程度上都有损于大学的个性化，进而影响创新型人才的培养。一些升格为大学的院校徒有空壳，在不具备大学办学条件的情况下，盲目模仿大学的办学方式，不伦不类，毫无个性可言。由外力驱动合并而成的综合性大学旨在追求规模效益，殊不知规模并不必然产生效益，相反，整合、消化不良的规模却可能增加成本、降低效益；而盲目追求规模牺牲的是其特色和个性，这种缺乏特色的办学模式和人才培养方式十分不利于创新型人才的培养和成长。

以人为本是现代教育价值观的核心，它重视人本身的发展，并将个体的发展同社会的发展统一起来，将个体的全面发展同个性发展统一起来，将个体的人文精神同科学精神的养成统一起来，充分开发个体的智能，使之能够在复杂、多元、快速、多变的社会环境里正确地进行知识选择和创新，并能艰苦创业。管理的目的本来是为了把事情做得更好，为了减少混乱，提高工作效率，为管理对象提供更好的服务。但是事实经常相反，一旦管理规章建立以后，管理者就会要求事情服从管理规章，要求管理对象服务于管理者。管理者为了避免麻烦，而把超出常规的需要拒之门外，这样，本来是为了人的管理变成了人为了的管理。在这其中，最受伤害的就是人的创新能力。然而，目前我国地方本科高校管理方面多层化过于严重，大学校长基本上由行政部门任命，大学教师根本没有机会参与到选举中。教授治学，教育家治校，这是一条教育规律，因此，由治学人来选拔治校人是合情合理的，但是，这个问题现在却被人们忽视了。大学行政人员和教师之间更多表现为一种管理与被管理的关系，行政人员主导了大学的管理，教师只能在有限的范围内发挥一定的作用。显然，这种管理体制不能激发广大教师和学生的主体意识和参与意识，其主动性和创造性难以得到发挥。

（四）办学层面影响因素

办学是高等教育的核心任务。办学涉及的问题很多，现阶段我国高等教育存在的比较典型的问题主要是师资问题、课程问题和实践问题。

（1）师资问题

培养具有创新能力的学生，首先需要有创新意识和创新能力的教师。然而目前我国地方本科高校教师实际情况却难以适应这种需要。第一，教师的控制欲望强，在教学过程中以支配者的角色灌输给学生书本上的现成知识，忽视学生的主体性和能动性。由此看出，现实与大学生所期望的培养方式有很大的背离。第二，教师无瑕创新和不敢创新，教师自身创新意识和能力的不足。创新需要投入大量的实践和精力，但事实上教师没有这样的条件。由于地方本科高校规模日益扩大，尤其在近几年，各种形式的学位班、课程班猛增，教师疲于奔命，没有心思和时间去创新。

自我国高等教育进入大众化以来，出现了高等教育数量与质量的矛盾。在条件（资源）不足的情况下，数量增加，势必导致质量下降。自扩招以来，学生数量剧增与教育资源增长不平衡，导致高等教育总体质量下降，其中最重要的教育资源——教师的数量不足与质量不高，大学的知名教授给本科生上课的机会越来越少，作为大学人才群体的本科生直接与一流学者交流、对话的可能性越来越小。知名学者是大学的宝贵财富，对大学生有着无法估计的感召力，其严谨治学、不懈求索的精神对大学生的影响是内在的、长远的，是大学生成长的精神动力。将一流学者与本科生的联系纽带切断，既是对学校人才资源的浪费，又不利于新一代人才的成长。大学教师多倾向于将主要精力放在撰写论文和著作上，对教学则没有过高要求，一些专心于教学的教师无法得到应有的尊重，在很大程度上影响学生创新能力的培养。

（2）课程问题

作为地方本科高校创新型人才培养的主渠道，课程改革受到了很大的重视，各个地方本科高校纷纷对课程进行了一些改革，如重构课程体系、更新课程内容等。华东师范大学在对我国三所重点综合性高校课程设置和教学内容选择的调查报告表明，当前，某些大学在课程的目标上，重视发展大学生的认知能力，而忽视学生学习的过程和方法，以及学生情感、态度、价值观等非智力因素的发展；在课程内容上过于专业化，缺乏通识性、实践性，个性化内容也较少；在课程设置上，是以学年为基础的必修课与选修课的混合课程制度。这样的课程制度，与单一必修课制度相比，在学习内容的多样性与自由度方面，已经有了较大的改进。但与社会变化和学生需求相比，仍然存在相当大的改善空间。对于这样的选修课数量比重，不满意的学生，占学生总数的 54.8%。学生不满意的还不仅是选修课的数量，对于选修课的内容，也有高达 53.9% 的学生认为需要改进。

（3）实践问题

实践活动是高等教育的起点和落脚点。高等教育通过知识传播和知识创新达到培养人才的目的，而人才的成长与发展也正是为了更好地从事实践活动。实践出真知，实践是创新的源泉，也是人才成长的必由之路。纵观古今，所有的发明创造无一不是在实践中产生又在实践中得到检验的，而我国传统教育却过于注重知识传承。诚然，传承知识是教育的任务之一，本无可厚非，但若过于注重，则必将压抑教育的另一功能——创新素质的培养。轻视实践教育是我国传统教育模式的最大弊端。忽视实践教育使创新精神和创新能力的培养失去了基础。

第二节　地方本科高校工科类专业创新型人才培养的特点

一、地方性

地方本科高校工科类专业的办学经费主要来源于地方政府的财政拨款和事业性收入，因此，其生存发展的根基必然与地方经济和社会发展紧密相连，这是一种天然的亲缘关系。地方本科高校工科类专业肩负着为区域性经济发展服务的历史使命，同时地方工业经济发展的区位优势也影响着他们办学特色的形成，因此在人才培养、学科专业设置、课程体系等方面无不被打上地方经济的烙印。它们要依靠自身学科专业力量在各个层面上为地方经济发展服务。第一，适应开发本地区优势资源、发展本地区优势产业的需要。第二，要主动适应区域经济集团化发展需要。为缩小区域经济发展的不平衡性，地方政府常常引导组建跨地区发展的工业经济集团或行业经济集团。地方本科高校工科类专业要以开放的眼光服务于本地区或跨地区、跨省的经济发展需要。第三，要适应区域性经济国际化发展需要。

二、工程性

（一）人才培养的针对性

地方本科高校工科类专业的人才培养目标要适应我国新型工业化的发展要求，培养现代社会所需要的工程师和各种工程技术人才。

（二）工程能力的实践性

工程是指运用科学知识和科学原理对工业生产中的产品、工艺、设施和营运等进行研究、设计、评价、施工，直到完成验收为止的整个周期性过程。所以工程的实践性很强。现代工程教育要回归工程实践，加强工科大学生的实践性教学环节，注重动手能力的培养。

（三）工程能力的创新性

工程技术人才必须具备技术创新能力。创新是工业经济发展的灵魂，创新活动贯穿于工业生产的全过程，在产品设计、生产管理、商品流通等各个环节都需要各类技术人才参与创新。因此技术创新能力是地方本科高校工科类专业人才培养的重点。

（四）工程能力的社会性

现代工程的概念已不再局限于工业生产领域，不仅涉及科学技术因素，而且牵涉到社会、经济、环境、生态等非技术领域的诸多方面，这表明工程本身的社会性在日益扩大。高等教育对人才的培养光依靠学校力量是不行的，必须善于利用企业真实的工程环境合作培养工程技术人才。高等工程教育的社会性表明地方本科高校工科类专业必须加强与社会各方面的交往与联系，这是经济发展的需要，也是高等工程教育自身发展的需要。

三、应用性

地方本科高校工科类专业的办学一般都定位在应用性上。从我国工业发展的总体水平来看，自动化程度很高的企业数量并不太多，半自动化的企业占2/3左右，还有一定比例技术装备水平很低的企业类型。在这种情况下，社会除了需要一大批高层次、高水平工程型科技人才外，还需要大量的应用型科技人才。企业特别是中小型企业成为地方本科高校工科类专业的主要服务对象，因而这类院校必须以培养生产一线所需要的工程技术人才为主体。他们在人才培养层次上一般都以本科生为主，或者本、专科人才兼顾培养，所以其人才培养规格类型与重点理工科大学应有所区别。在科研方面，地方本科高校不应注重开展基础理论研究，而应积极主动地开展应用性研究，推动技术创新、拓展工程技术的应用面。在为社会服务方面，则主要以技术咨询、技术服务为重点。

四、多科性

由于科学技术的高度分化与高度综合，工业化大生产需要多学科的合作攻关，工程师培养需要文科和理工科知识的交叉、渗透，过去单科性的育人模式已经不能适应未来工程师培养的需要。地方本科高校工科类专业普遍将学科门类扩展到经济、管理、法律等社会科学领域，改变了过去单科性院校的性质，走上了以工科为主多学科协调发展的办学之路，其学科的综合性正在不断增强。

当今，学科之间的交叉与渗透已成为学科发展和进步的主导方式，国内高校已逐渐认识到了交叉学科建设的重要性，开始重视学科间的联合，也慢慢形成了一些交叉学科的学科群，并有交叉学科研究中心、研究院等体制上的保证。

单独的一个学科，其知识和思维方式是纵向的，知识面较窄，不利于学科的相互渗透融合和创新型人才的培养，不利于思维模式的改变和优秀人才的脱颖而出，难以培养出类拔萃的人才。尤其是工程问题，涉及不同学科方面的知识，因此，作为工科类专业，要培养创新型人才，就必须强化交叉培养创新型人才的理念。跨学科、跨专业培养是一项系统工程，它涉及多个部门，这就需要各个部门解放思想，增强意识，清醒地认识到跨学科、跨专业培养创新型人才的重要性和必要性，为跨学科、跨专业培养创新型人才制定政策、方针，提供各种便利的条件。

第三节　地方本科高校工科类专业创新型人才培养模式的改革与实践

一、地方本科高校工科类专业创新型人才培养的目标定位

在新形势新条件下，地方本科高校工科类专业创新型人才的培养不仅需要以科学理论为指导，借鉴国内外创新型人才培养的实践经验和理论成果，更需要结合实际不断探索工作原则和规律。

（一）目标定位的基本原则

1. 科学教育与人文教育相结合

科学教育，就是指科学素质的教育，主要包括科学知识、科学研究能力和科学精神的教育。值得注意的是，长期以来，我国学校教育只注重科学知识教育的不良倾向，极大地阻碍了创新型人才的培养。因而对创新型人才必须实施科学素质教育，在掌握科学知识基础上，加强科研能力和科学精神的培养。人文素质教育，则是指人文素质的教育，主要包括人文知识、人文修养和人文精神的教育，其中最重要的是人文精神的培养。对创新型人才来说，只有塑造了良好的人文精神，才能够正确确立创新活动的服务方向，从而在创新活动中自觉为人类进步努力拼搏、开拓进取，否则即使取得"创新成果"，也不一定会给人类社会带来福音。科学教育与人文教育在创新型人才培养过程中，必须有机结合起来。科学教育与人文教育同等重要，不存在主次之分，两者要同时进行、相互渗透。

2. 全面发展与个性发展相结合

所谓全面发展与个性发展相结合，就是指在创新型人才培养中，既要促进全面发展，又要强化个性发展。全面发展包括德、智、体、美、劳等各方面的发展；个性发展，主要是指个体的独立性、自主性等心理品质的发展。坚持全面发展与个性发展相结合是我国教育方针的一贯要求，是对所有受教育者提出来的。然而在传统教育中，由于种种原因，个体的全面发展和个性发展，特别是个性发展被抑制，甚至几乎被泯灭，这正是我国创新型人才严重匮乏的根本原因所在。

3. 正常教育与超常教育相结合

所谓正常教育就是按既定教育计划开展的培养活动，一般来说，学校教育中主要实施的就是这种教育。通过正常教育来培养创新型人才是世界各国的一致做法，因为创新型人才的成长和发展也受自身年龄阶段特征的制约，并非完全无规律可循，但是在实施正常教育的同时，也要根据实际实施超常教育。所谓超常教育，就是根据人的超常能力或水平的需要实施的教育，因为创新型人才所具有的特性，往往使得他们在一定的年龄阶段表现出不同寻常的智力方面的水平，或在某个学科、领域方面表现出非凡的能力等，这就应该及时地根据这种变化的需要，有针对性地对其实施超常教育。坚持正常教育和超常教育相结合，是由创新型人才成长过程中自身表现出的特殊要求决定的，也是世界各国普遍的做法。

迄今为止，国内外教育学者对如何建构创新型人才的培养模式做了大量的研究，取得了十分丰硕的成果。除了探究教学、问题教学、案例教学等基本模式以外，吉尔福特、威廉姆斯、帕内斯、泰勒等人还提出了创造性教学，以及非指导性教学、学导式教学、开放课堂教学等众多不同的培养模式。这些培养模式基本上都是以创新教育理论为指导，在教学实践活动中逐步总结和概括形成的，对于培养不同层次、不同类别的创新型人才，具有突出的意义和作用。我国现有的培养模式有的也闪耀着培养学生自主学习、发现问题、解决问题能力的光芒，但具有这一闪光点的培养模式并未得到普及，现存的培养模式仍以灌输式为主。对于我国的地方本科高校工科类专业而言，与其他各类高等院校相比，更是具有显著的差异，如果一味地生搬硬套这些培养模式用于培养工程创新型人才，势必很难收到理想的效果。传授知识、开发潜能本是任何教学工作中并行不悖的重要目的。从当今知识更新的速度看，传授知识明显要为开发潜能服务，然而，我国传统的工科培养模式基本上还是采用灌输式和继承式的培养模式，其基本特征就是以教师、课堂、书本为中心，教学内容信息来源狭窄单一，整个教学围绕教材而展开，由于教材的稳定化，导致教学内容更新缓慢、知识陈旧且覆盖面窄。在课程设计方面，学生自主选择的余地十分有限，缺乏综合性。许多教师也已形成了"讲得越多越好、越细越好"的基本观念和行为模式，缺乏训练学生科学思维、自主学习与创新的方法。同时，建立在工业化基础上的班级授课制教学组织形式过于呆板，片面注重减少生产成本、提高劳动效率，却忽视了教学对象的差异性，不利于学生个性的发展。

（二）工程创新型培养模式的提出

纵观我国地方本科高校工科类专业几十年的传统培养模式，班级好比是生产场所，课程和教材如同充满知识、思想和价值观的"铸造模型"，教师好比是生产者，将学生按照各种"产品规格"成批地"生产"出来。这种培养模式一般只能造就"应试机器"和人云亦云的"传声筒"，不太可能培养出工程创新型人才。因此，没有创新性的工科教学，没有合适的工科培养模式，就不可能培养出大批的创新型工程技术人才。

借鉴国内外各种创新型人才的培养模式的优点，结合我国地方本科高校工科类专业的教学实际，将适合我国地方本科高校工科类专业的工程创新型人才的培养模式称为工程创新型培养模式。

工程创新型培养模式是依据创造理论和现代教学理论，在促进学生自主学习和自主创新基本理念的指导下,建立起来的较为稳定的教学基本结构与活动程序。这种培养模式以创新为中心,以现代教学技术和手段为依托,以培养工程创新型人才为目标,通过教师与学生的共同操作和探索实践,开发学生的创新潜能,提升学生的创新素质。它摆脱了传统的行为主义学习理论和以传授知识为目的的教学目的观、功能观、价值观的束缚,突破了人的发展是连续的这一传统假设,认为人的发展有连续性发展与非连续性发展两种,并且只有当人的大脑中的认知因素与非认知因素的发展处于最和谐状态时,人的活动才最有效益。因此,这种培养模式综合了探究教学模式、问题教学模式、非指导性教学模式、开放课堂教学模式等的优点,既重视认知教学,又重视非认知教学,通过运用现代教学技术和手段对教学要素进行重组来实现教学目标,具有明确的目标指向、明显的可操作性、灵活的操作程序和操作要求。

教学活动作为一种特殊的认识活动,是指学生在教师指导下以学习间接知识为主,积累直接经验为辅,并将认识已知世界与探索未知世界统一起来的一种活动。在我们传统的教学活动中,多采用以灌输式、注入式为主的方法,以教师为中心,将教师的权威绝对化,只强调知识的传授,忽视对学生能力和素质的培养,不能充分调动学生学习的主动性、创造性,影响了教学效果。在信息时代的教育活动中,科学技术的进步带来教育理念的更新,学校教育变成一个开放的系统,教师和学生分别作为信息的输出端和接收端,通过双方的交往、互动来实现信息的传递和转换,实现信息的互动和共享。教师在有目的有意识地影响学生的同时,也受到学生的影响。教师不是信息的唯一来源,教师要教会学生学习,授之以"渔"而非"鱼",体现"教是为了不教"的基本思想。我们需要摒弃注入式教学,提倡启发式教学;冲破封闭式教学,提倡开放式教学;改变传统教学手段,采用现代教育技术和手段;重视教师的主导作用,同时注重发挥学生的主体作用。

二、地方本科高校工科类专业工程创新型培养模式的特点和原则

工程创新型培养模式是一种崭新的培养模式,是在改革传统的工科培养模式,培养时代所需的会学习、会创新的工程创新型人才的要求下产生的,相信它必将成为新世纪地方本科高校工科类专业的主培养模式。

(一)工程创新型培养模式的特点

工程创新型培养模式与其他培养模式相比,有自己鲜明的特点。其主要表现在以下几个方面。

1. 人才培养理念具有独特性

任何一种培养模式都有自己特定的应用条件和范围，如果超越或不具备这些应用条件和范围，就很难产生良好的教学效果，也就是说，任何培养模式不可能超越它所依据的培养理念。工程创新型培养模式以专门培养工程创新型人才为目标，体现为工科大学生的创新与发展而教和注重工科大学生的自主学习的基本理念，是其他培养模式不可替代的。

2. 具有明显的可操作性

工程创新型培养模式有科学灵活的操作程序，能够使工程创新教育和工程创新型人才的培养有章可循。同时，这种可操作性还表现为工程创新型培养模式在培养工科大学生的实验动手与实践探索的精神和能力方面，是其他培养模式所不可比拟的。

3. 具有发展性

同其他各种培养模式一样，工程创新型培养模式提出来之后，也应该有其相对独立和稳定的结构，不过该模式本身是一个开放的系统，将随着教育实践、观念和理论的变化而不断发展。

（二）工程创新型培养模式的原则

工程创新型培养模式培养的人才是具有现代新型素质的工程创新型人才，这种高素质的人才有非常良好的创新意识、创新精神和创新能力。因此，这种培养模式的构建必须考虑到激发学生积极主动、探究进取的意识与思维，而这种行为与思维活动不是反叛的代名词。在构建工程创新型培养模式时，必须站在使学生会学习、会创新的高度展开思考。其主要的原则有以下几方面。

1. 全面发展原则

因此，在工程创新教育中，教师要把学生作为一个内在和谐的整体加以看待。这个整体主要表现为能力的多样统一性、身心发展的有序性，在以创新精神和实践能力为主要目标的指引下，坚持学生的整体和全面发展。

2. 主体参与原则

主体教育论认为，教育活动的主体性表现在受教育者的主体性、教育者的主体性和决策者的主体性三方面，主体活动是主体性发展的源泉，并且教师和决策者的主体性最终都要通过学生的主体性来表现自身，如果没有主体的活动，也就谈不上主体性的发展。因此，在培养过程中必须始终以学生主体为出发点和归宿，教学活动所采取的一切措施，都要为学生的全面发展和个性充分展示而选择和设计。同时让学生与教师一起设计和完成各种教学活动，做到主动参与、全员参与和全程参与。

3. 民主交流原则

民主是社会进步的标尺之一，课堂教学不仅有教与学两方面的活动，而且还有学生与学生之间的交流活动。这种多向交流越广泛，师生的积极性越容易被调动，效益也就越好。教师要尊重每个学生的兴趣、爱好、个性和人格，以一种平等、博爱、宽容、友善的心态来对待每个学生，使学生的身心得到充分自由的发展。

4. 实践探究原则

教师要尽可能多地给学生提供实践的机会，要交给学生一些富有探索性的实践任务，使学生具有开展探索活动的广阔时空，不断培植和加深学生成为发现者的愿望，提高学生的实践创新能力。

5. 协同创新原则

协同创新要求把教师教会创新和学生学会创新、学科创新和活动创新、创新素质和综合素质有机地统一起来。

6. 激励进取原则

教师要培养学生增强对自己创新能力的自信和获得创新成就的勇气，积极鼓励学生去探索，选择新途径、新方法处理问题，要善于激发学生不断创新的欲望和需要，促使学生的心理经常处于一种追求创新的状态。

三、地方本科高校工科类专业工程创新型培养模式的基本思路、框架结构与操作程序

工程创新型培养模式由学生活动和教师活动两大块组成，其一般框架结构和操作程序可概述为两方面：一方面，教师以现代教学手段为主，利用各种方法和条件创设创新情境，组织学生进行网上或网下、个人或小组、实践或非实践的各种训练活动、探究活动，采用最有效的培养方法激发学生的学习兴趣和创新欲望，实现培养目标；另一方面，学生主要利用教室、实验室、图书馆、计算机网络室等，在教师的引导和建议帮助下，选定学习内容与形式，自主地进行实践探究活动，并可在任何时间与教师或各种高水平人士交流，获得最需要的学习指导、学习信息和学习资源。

（一）基本思路

工程创新型培养模式的基本思路是自助式教学（也称自主式），是指在给学生以充分自主权的前提下，教师引导学生学习，师生共同认识现有知识和探究新知识的一种活动，具体含义包括以下几个方面。

1. 学生拥有充分自主权

学生拥有的自主权包括：在自助式培养模式中，学生可自主选择学习时间，同一门课程由不同的教师在不同的时间以不同的形式（如网上课堂）开设，即"授课超市"；学生除必修规定学时的主干课程外，可自选其他课程，同时鼓励学生自立项目，当有合适的主题完成较好时，可免修相关的课程；学习方式提倡另辟蹊径，师生之间、生生之间有自由表达的机会，这不仅有利于问题的解决与掌握，更有利于培养学生的团队合作精神；学生有使用学校实验设备、资源的权利；学生有评估的权利等。

2. 学生在教师指导下进行学习

学习活动既包含间接经验的积累也包含直接经验的获取。在师生互动中，只有在教师的引导下才有可能有效地发挥学生的自主性。一方面教师要能够捕捉信息，并通过各种有效途径、方式、方法将信息有效地传递给学生，学生可以通过教师的指导主动探求而非被动接受；另一方面教师要发展自我、超越自我、完善自我，不断提升和实现自我价值，主动创造性地开展教育活动。

3. 师生、生生共同探究新知识

教师与学生共同组成一个学习化社区，教师的作用不再仅仅是讲授或指导，还在于探究；学生的作用不再仅仅是吸收或接受，还在于发现。简言之，师生在教学过程中是共同学习、讨论、探究、发现的伙伴。从事创造性研究的学者进行教学不仅使学生受益，而且在充满好奇与幻想的年轻一代学生不断询问中，在各种讲座、研讨班和实验室中，知识本身也将得到丰富和完善。在授课中教师可采用多种教学方法，如演讲课、讨论课、辅导课、试验课、个案研究、项目研究、角色扮演等，组织引导学生创造性学习，期间教师与学生之间、学生与学生之间可以讨论、质疑。

4. 学生对授课教师进行评估

在期末将课程评估表发给任课教师，教师在该课程结束时交给学生匿名填写。该表包括对课程、教师的评价和建议，学校有关部门将内容汇总，并有专人编写评估结果报告，存放在一起，供有兴趣的人查阅。这还可以为学生选课提供参考。

（二）框架结构

工程创新型培养模式的结构分为动力激发、理性启迪、实践探究、交流创新 4 个部分。

1. 动力激发

感情和愿望是人类一切努力和创造的动力，积极的学习情感和主动学习精神的养成，比学习方法、技巧的掌握具有更深刻的意义，对人一生的发展有更持久的影响。动力激发实质上就是如何创设教学情境或问题情境，从而调动学生学习情感的问题。在这一阶段，教师要通过创设教学情境或问题情境，把教学中先后出现的两种性质相似或不同的现象进行对比，制造矛盾或设置困境，引导学生积极参与，让他们始终处于激情状态。通过情感激发和意志锻炼调动学生的学习兴趣、学习热情、学习动机，促进学生进行直接的感知和体验，产生参与创新的欲望，从根本上缩小学习、创新与心理间的距离。动力激发的形式通常有感知、体验、质疑三种，每种形式又有不同的具体方式。感知可通过语言、举例、实物进行，体验可通过角色扮演、情境、操作进行，质疑可通过提问、现象展示、自学和渗透进行。从动力激发的内容来看，激发主要沿三条主线展开，即兴趣、情感、意志。兴趣是学生自主学习和主动探究的原动力，有了兴趣学生就会主动地与周围环境发生相互作用，主动进行知识建构。情感是创新的一种动力，有情感参与，思维活动就会更加活跃，一些新的设想、创意常常在情绪激动时闪现出来，并且激发学生的情感也有利于促进学生进行现实的学习和创新活动。创新的过程是一种异常艰辛的过程，创新的完成需要百折不挠、持久不懈的毅力，需要有咬定青山不放松、抓住目标后锲而不舍的意志。由于情境能让学生在受到气氛感染的同时接受教师语言动作、图文声像等多方面刺激，在无意识中进行积极的情感体验，产生积极乐观的心态和进取精神，所以，教师一般通过创设情境将兴趣、情感、意志这三条主线联系起来，让学生感受、体验、发现，进而激发学习与创新的兴趣与欲望。

2. 理性启迪

众所周知，创新始于问题，问题是培养工程创新型人才的重要动力学特征。英国哲学家培根曾经讲过，如果你从肯定开始，必将以问题告终；如果从问题开始，则将以肯定结束；有位心理学家说过，如果想做什么事，但你不知道如何做，那么你得到了一个问题；爱因斯坦认为，发现问题和系统阐述问题可能比得到解答更为重要，解答问题可能仅仅是数学或实验技能问题，而提出新问题、新的可能性，从新的角度去思考老问题，则要求创造性的想象，而且标志着科学的真正进步。然而，传统工科教育一般比较注重结论性教学，重视培养学生分析问题和解决问题的能力，但却忽视了激发学生的质疑精神和培养学生提出问题的能力。当前，提倡培养工程创新型人才，实际上就是解放、培养学生的问题意识的过程，在这一过程中，既要充分给予学生质疑问题、尝试解疑的机会，启发学生凡事问个为什么，又要鼓励学生放开思想、扩展思维，不要有框子，不要先入为主，还要鼓励学生大胆发表意见，敢于标新立异，敢于挑战权威。只有充分解放学生的头脑、双手，扩展学生活动的空间和时间，才可能将传统的满堂灌变为满堂问，学生才能够大胆地看、积极地想、大声地说、放手地做。创新是一种从问题出发去突破常规的活动，批判是突破常规的重要前提。批判思维是创新素质的一个重要品质，是破除人们思想固执和思维惯性的关键。如果学生只能感到有问题存在而不能批判性地分析问题，不能确定问题的性质、问题的范围以及问题的症结所在，即使绞尽脑汁也无法解决问题。因此，当提出问题之后，教师还要引导学生根据自己的学识和经验运用批判的态度、推理和观察的方法进行问题的辨析、批判思考与反向思考，帮助学生把一些为什么的问题转变为许多怎么样的问题，使其研究的问题更为集中和深入。

3. 实践探究

根据哲学家波普尔的观点，一部科学历史就是对奥秘的探索和对问题解答的历史，科学发展的关键并不在于证实而在于证伪。科学道理总是推测性和假设性的，只能通过不断地尝试、排错、反驳、否定，不断地排除和检验假设，逐步向真理逼近。创新素质在实践探究过程中培养和形成，离开了实践，即使大脑里有再强的创新意识，有再多的疑惑问题，也不会形成现实的创新能力。实践探究活动具有发现性或创新性，是学生为了发现事物的某一特征，发现事物间的联系，寻找方法而进行的直接试探活动和有目的、有计划、有方向的探究活动。因而，在教学中必须充分给予学生进行自主实践探究活动的时间和空间，充分利用学生的好奇心、表现欲望和创新潜能，让学生的抽象知识与客观现实世界相互作用，自主进行知识建构，让学生的全身都活动起来，做思结合，讲做结合。

当然，我们对实践不能做片面狭义的理解。实践的形式多种多样，进行具体操作活动是实践，对事物的仔细观察是实践，人际交往是实践，运用知识解决问题也是实践。对于地方本科高校工科类专业而言，实践探究活动的内容更加广泛，既包括动手操作又包括智力操作；既包括工程训练与探索、产品设计与制作、实验实习与观察又包括调查研究、分析论证、科技创作，还包括习题练习，应用知识解决相应问题或将知识迁移解决其他问题等。有的学生可能很快发现了解决问题的方法和途径，进而向更深层次的问题探究，有的学生可能要进一步广泛收集资料、学习消化后才能拿出解。

4. 交流创新

交流创新是教师引导学生对自己的思想情感进行疏导，对探索实践进行总结，对问题解决方案进行反思，对创新成果进行自我评价的阶段。这一阶段通常以演讲、讨论、研讨、辩论、作品和成果展览等形式，让学生把自己的思想观点、经验体会、探究过程、新的发现与制作的作品等充分表达和宣泄出来。通过为学生提供思想相互碰撞、相互启迪、相互学习的机会和自我发现的机会，培养学生的合作意识、交往能力、分析综合能力和表达能力，实现生生互动和师生互动，达到交流和创新的目的。

在研讨交流中，争辩是活跃思维的最好形式，它可以使一些容易混淆和出错的问题得到明确、清晰、完满的理解，可以碰撞出创新的火花，可以给其他同学以启迪，拓展思路。学生在群体活动中由于受群体凝聚力、群体规范与压力的影响，常常会产生吸引与排斥、竞争与合作等相互作用，并在一定条件下形成教学的群体动力。同时，学生群体对教学的社会性作用也得到充分显现，个体的一点成功都会得到集体的承认和精神上的赞许，每一点困难又都能得到集体的帮助，错误的理解会得到纠正，肤浅的理解会得到深化。通过研讨交流，学生可把自己在探究实践活动中的感受、想法、做法充分地表达或展示出来，让大家共同分享其思考和实践的成果，进一步激发学生自主创新的兴趣和欲望，巩固和培养创新意识，发展创新思维，做出创新行为和创新成果。而教师在这一阶段的主要作用是积极为学生的交流创设和谐的情境，民主地参与研讨，全方位地发现学生在实践探究中存在的问题和偏差，要因人而异，因势利导。通过引导学生反思各自的实践探究过程，帮助学生学会归纳总结，促使学生对自己的行为原因与结果意义的重要性进行深入分析，认识自己在学习、创新中哪些方面是成功的，哪些方面是有待改进的，进一步明确今后努力、改进和发展的方向。

（三）操作程序

创新型人才综合素质的培养是地方本科高校的根本任务，也是全社会的共同责任，我们应该努力做到以下几个方面。

1. 努力提高对培养创新型人才素质及培养创新型人才重要意义的认识

要使大学生成长为中国特色社会主义事业的合格建设者和可靠接班人，不仅要大力提高他们的科学文化素质，更要大力提高他们的思想政治素质。只有真正把这项工作做好，才能确保党和人民的事业代代相传、长治久安。

2. 改革教育体制，使应试教育转变为素质教育

传统教育强调对逻辑思维能力的培养，现代教育则逐步转向培养学生的创造性思维能力、直觉思维能力上来。直觉是一种在知识材料不充分的情况下得出的具有一定概然性的突发性思维活动，是一种自由创造的思维。现代教育特别需要有创造性的教师，他们善于吸收最新教育科技成果，并将其积极应用于教学中，并且有独特见解，能够发现行之有效的教学方法。教师要采取多种途径对学生的创造性思维进行训练，引导学生自己去探索，及时而准确地指导学生自己思考、灵活运用，鼓励他们从多角度去思考问题。课堂教学对学生创新素质的培养具有决定性作用。首先，教师应该用启发式和研讨式教学方式，变应试教育为素质教育，充分调动学生参与课堂教学，鼓励学生勤于思考、勇于创新的精神，以培养其创新意识和创造能力。其次，教师要拓展知识面，更新教材，建立合理的知识结构，及时捕捉最新的学科发展信息，为学生创新素质培养打下坚实的理论知识基础。再次，教师要多开设各种类型的选修课，为学生学到更多的知识创造条件，如地方本科高校工科类专业开设一些文化、艺术类的课程，加强美育等。最后，教师要加强教学中的实践环节，使学生有更多的动手机会，把理论知识与实际相结合，激发学生的创造灵感。

3. 课程设置应更加全面，知识结构应更趋于合理和完善

要精选专业课，拓展通识课，多设辅修课。改变单一模式，向多样化发展，开阔学生视野，扩大学生知识面，培养和提高学生综合素质，并进一步深化素质教育，为创新型人才的培养打下坚实基础。在课程实施上，应尽量满足不同学科不同层次学生的要求，体现多元化的特点。

4. 加强教学中的实践环节，使理论与实际相结合

充分重视实践性教学环节，加强教学、科研、生产劳动和社会实践的有机结合，丰富实践教学内容、方式和途径，切实提高实践环节的质量和水平，强化专业实践能力及创新精神的培养，使学生掌握较为扎实的基础知识，加强学生的基本技能，强化对学生实践能力的培养，增强学生的适应性。

5. 加强德育工作

教育是发展人的个性的过程，弘扬个性、培养创新型人才是教育的使命，是教育价值的升华。创新精神、创新个性、创新才能作为一种宝贵的时代精神和特征，是现代社会人才素质的精华，是思想政治教育的重要内容。高校学生思想政治教育作为高校教育的重要组成部分，必须为学生解放思想、明确方向、开发潜能、发展个性提供强大的精神动力。

6. 加强校园文化建设

地方本科高校校园文化是社会主义先进文化的重要组成部分，加强校园文化建设对于推进高等教育改革发展、加强和改进大学生思想政治教育、全面提高大学生综合素质，具有十分重要的意义。加强校园文化建设必须坚持社会主义先进文化的前进方向，遵循文化发展规律，借鉴吸收人类文明有益成果，以实施科学文化素质教育为基础，以建设优良的校风、教风、学风为核心，以优化校园文化环境为重点，以树立正确的世界观、人生观、价值观为导向。要弘扬主旋律，突出高品位，努力建设体现社会主义特点、时代特征和学校特色的校园文化。要丰富学生的课余文化生活，为学生提供更为广阔的学习空间，如通过学生的各种自治组织举行健康高雅的文化、体育、娱乐等活动，从而培养学生良好的思想品质、团结协作精神、社交能力等。

7. 加强第二课堂活动

首先，通过社会实践活动，鼓励学生走上社会，了解社会，增长才干，锻炼解决实际问题的能力。其次，大力加强对学生学术科技活动的支持，为学生提供更多学术交流、科技竞赛的机会和条件。重视学生的小发明、小创造，这是培养学生创新素质的有效方法。

8. 努力营造人才竞争的社会环境

我们要进一步发展教育和提高教育质量，加大人才培养的力度，建立一套能够发挥社会主义集中力量办大事和社会主义市场经济体制两种优势的创新机制，形成一个拴心留人的环境，培育一个争相创新的氛围，使优秀人才脱颖而出，发挥才干。要营造和保护公平与公正的人才竞争环境。这种公平与公正的竞争环境包含两层含义：一是要客观公正地对待同类型人才，不能随意地因人而异，因时而异；二是公平与公正并不等于一个标准、一种尺度、一种模式，相反，对不同类型的人才，对不同学科，如自然科学与人文科学的人才，要消除学科偏见，采取有针对性、有差别的政策和考核指标，不仅是公平性与公正性的具体体现，而且也是科学性的体现。要鼓励人才竞争和脱颖而出。当然，是鼓励健康的竞争，而不是恶性的竞争；是鼓励水涨船高式和异军突起式的脱颖而出，而不是水落石出式和鹤立鸡群式的脱颖而出。

地方本科高校要为人才创新素质的培养创造良好的社会环境。首先，要充分运用政策这个指挥棒，建立相应的激励机制，使创新型人才能脱颖而出。例如：在推荐免试研究生时，降低对学习成绩的要求，重点考察其是否具有突出的创新和研究能力；学校设立力度较大的创新奖学金等。其次，要确立有利于学生创新素质培养的评价体系和标准。再次，要加强教师队伍创新素质的培养，对教师提出必要的要求和考核标准。没有创新的教师，怎么能培养出创新的学生，更谈不上培养创新型人才了。努力使创新型人才学会成功，取得成功，实现社会价值。地方本科高校在人才培养中要有意识地加强对学生成功素质的培养，增加成功理论教学及实践，要让学生在学校里就学会如何取得成功，使其在今后走上社会时，能够运用自己的知识、能力和良好的综合素质，按照成功的步骤不断实现一个又一个目标，为社会创造出巨大的财富。

四、地方本科高校工科类专业工程创新型培养模式的实现和应用

（一）优化课程体系与教学内容，突出实践教学与工程训练

在地方本科高校工科类专业内推行工程创新型培养模式，应以现代科技发展趋势和社会对人才的需求为导向，以拓宽专业口径、增加人才创新适应能力为目标。在以信息化为主要特征的新时代的要求下，合格的工程创新型人才必须具备整体性的知识及分析问题和解决问题的能力，必须具备开阔的科学视野和扎实的基础。因此，构建课程体系，选择教学内容时就不能仅仅依据学科体系，而更多地要依据学生的能力结构及其与社会生活之间的联系，要以形成整合化、结构化、程序化的认知结构为最终目标。

只有大力推进课程综合化，才能有效地实现教育活动与社会实践的整合，更好地培养学生的创新精神和实践能力，以及学生的综合创新素质。近年来，根据不同专业的特点，许多地方本科高校将大学生的创新能力培养纳入教学计划，全面整合与精选课程，实行课程模块化、系列化和综合化，变积木式的线性结构为整合式的网络结构；对实践教学规定独立的课程体系和相应的实施条件，确保理论知识教学、实践教学和科学研究三元并重；在教学中减少验证性实验，增开探究性实验，加大实验室开放的力度，最大限度、最广泛地接受学生开展工程训练和创新实践，为学生进行创新作品设计和创新作品制作创造良

好的环境；设置创新学分，鼓励学生积极参加课外科技活动，促进学生自主进行工程实践和创新。在具体某门课程的教学中，通过选用优秀教材，把联系生活、贴近生活、具有时代气息的内容引入具体的课堂教学，寻求教学内容基础性与发展性、理论性与现实性、科学性与人文性等的融合。

（二）探索创新教学方法，引导学生自主创新

地方本科高校工科类专业传统的教学方法受传统教育观念的支配，明显地存在着重教轻学、重教学技术轻教学艺术、重理论讲授轻实践创新等弊端。要按照工程创新型培养模式培养和造就大批工程创新型人才，必须改变传统培养模式下单纯的由教师带着知识走向学生的固定做法，取而代之以让学生带着创新欲望走向教师的新方式。

由于学生的创新意识和创新激情，除了来自社会要求的压力外，最主要的就是来自教师的创新意识和激情，这是无形的压力和榜样。如果教师本身没有这方面的意识和激情，学生的创新意识和激情就无从谈起。因此，首先，地方本科院校要保证高水平教师上教学工作第一线和教授技术基础课，通过大师、专家、学者的学术传承和人格熏陶，去教学生和诱导学生，使之热爱创新，养成创新的习惯。其次，教师要充分认识学生的学习主体地位，树立教学民主的思想，培育和谐的教学关系，根据工程创新型人才培养的教学目标、教学内容和与之相匹配的教育技术，结合工程创新型人才形成的条件和规律，对教学方法进行选择和重建，使学生产生自主学习、自主创新的需要和愿望。最后，教学方法的选择要充分考虑学生的个性差异，因材施教，并以能够满足学生的自主活动愿望为基本准则，促进学生的个性全面和谐地发展。由于教学方法的选择是一个至关重要的复杂问题，它不仅与教学目的、任务和内容特点有关，而且与教师、学生以及教学设备有关。同时，教学方法多种多样，每种方法又各有其特定的功能价值和使用范围。教师可以有选择，但绝不能仅仅只采用单一的讲授法，而应在优选的基础上对各种方法进行综合运用，改变传统单一的注入式教学方法，积极运用情感教学、实践训练、问题教学、讨论教学、探究教学、暗示教学、案例教学等生动活泼的教学方法，帮助学生破除对创新活动产生的神秘感和畏惧心理。要根据课程内容鼓励学生勇于提问，启发学生积极思考，引导学生大胆试验，哪怕是错误的见解、拙劣的实践，教师也不应批评、嘲讽，而应循循善诱地加以引导，营造自由讨论的和谐、民主、宽松的教学环境，从而培养学生的自我意识和创新意识，以及自主学习、自主创新的能力。

（三）运用现代教学技术，拓展学生自主活动空间

运用现代教学技术为学生的学习、创新服务，应以信息技术为依托，突出网络技术、多媒体教学，粉笔、板书不再是工程创新型培养模式的主要教学手段，书本文字、纸张也不再是工程创新型培养模式的主要媒介。只有以革新教学技术为突破口，积极推广多媒体、网络等现代电子信息技术，才可能在有限的时间内增大教学内容容量，拓展教学空间，改变教学组织形式，为学生提供多种多样的学习方式和创新的环境，以适应知识爆炸时代的要求。据有关专家调查表明，应用现代网络和多媒体技术进行的网络化教学可使学生多学30%的课程，提高教学效率80%。在网络多媒体技术的支持下，教师可将较为难讲的内容转化为简单直观的画面，使学生可以观察到很多用传统方法难以看到的现象，带领学生直接经历知识的发现过程和使用过程，增强学习的灵活性，同时，也为教师调动学生的学习主动性、独立性和创造性，提高其自学能力、独立解决问题能力和创新能力创造了条件。

由于网络多媒体的高速传输的便捷性、超时空交流的共享性、展示内容的动态模拟性、外部刺激的多端性、超文本链接的多选择性，使教师可同时兼顾到学生学习与创新中的共性问题与个性问题。在同一单元时间内，教师可用不同的教学方式有区别地对待多个不同学生的需求，对不同学生提出不同的教学进程要求，因此学生学习、创新进程的差异也不会造成相互间的干扰。只有以革新教学手段为突破口，利用网络多媒体技术为学生提供多样化的学习方式和创新的环境，才能构建起以学生学习创新为中心的开放式新型培养模式，离开了信息技术和网络多媒体技术，一切都将成为空想。通过正确运用现代教学媒体，充分发挥承载教学信息的各种音像教材的功能，初步形成教师轻松地教、学生愉快地学的良性循环。

（四）开展创新教学评价，科学测评教学活动效果

创新教学不把学生视为学习、创新的机器，而把学生作为一个整体看待，把学习、创新与发展结合起来，把学生今天的学习和创新看作明天发展的基础。学生是作为一个完整的人参与到学习、创新中去的，教师不可忽视学生身体、心理、情感、知识、方法、能力等任何一个因素的调动和发展。否则，会对学生的学习和创新产生不利的影响，难以进行真正的学习与创新。因此，在处理和评价教学关系时，要以学生为主体，以学生的发展为本，把教、学、创新融合在一起，教学不再只以知识的逻辑体系为唯一依据，而是按照学生学习和创新的规律、机制和方法来确定和组织教学过程，由以教师的教为中心转变为以

培养学生的创新精神和实践能力为中心,由教师一言堂、满堂灌转变为群言堂、满堂问,注重教、学和创新三者关系的相互转化。

近年来,对如何建立科学合理的教学质量评价和学生学业考核评价体系进行了大量的探索。对于教师的教学质量评价,应采取以学生评价为主,结合领导评价、同行评价和自我评价进行综合评价。对于学生的学业考核,应着重从改革考试内容、考试方法和计分办法入手:由过去单纯考核学生死记硬背能力的做法,改为着重检查学生对书本知识融会贯通的掌握程度和灵活运用、解决实际问题的能力;由单一的闭卷笔试方式,改为综合运用讨论、开卷笔试、口试、科研论文、产品设计、调查报告等相结合的考核形式;由原来以期末考试作为计算成绩的唯一依据的做法,改为把平时的作业、设计、实验、实习、测验等以一定比例计入课程总成绩的方法,以有利于学生独立思考、自主学习和自主创新。通过这些教学改革措施,许多学生不再把目光始终盯着书本,而是更加积极主动地参与课外科研活动、社会实践、各类竞赛和集体活动,从而使学生的综合创新素质得到全面发展。

(五)改革教学组织形式,促进教学过程全面开放

推行工程创新型培养模式,旨在培养具有创新精神,能进行新创造、新组合、新联系、新迁移或新发现的工程创新型人才。学校的一切教学活动都要围绕培养学生的创新精神和能力展开,通过对以工业化生产理论为基础的复制范式进行革命,从而建立以知识经济为基础的工程创新范式。在工程创新教学活动中学生可以通过书本、实验室、图书馆、网络多媒体上的各种模拟现实的场所等,进行自主学习和创新。在这种情况下,教学空间必然超出教室,借助网络多媒体等现代教学手段,使教学走向微观世界,走向科学研究的实验室,走向生产的工厂。教学内容不再局限于教材,而是把发生在课堂外、课本外的新事物、新理论有机地纳入教学活动中来,把学生的视野引向广阔的社会天地,把鲜活的社会实践知识引入教学过程。

教学组织形式在教学理论和实践中,处于真正具体落脚点的地位,带有综合、集结的性质;要突出学生的主体性,满足学生全面发展的需要,没有合适的教学组织形式,教学内容、教学方法、教学时间和教学空间的全面开放也将难以实现。因此,在高校持续扩大招生的情况下,生源质量参差不齐、差距很大,为实现从传统的施教思想向求学思想转变,从单向灌输知识向双向培养综合素质转变,从系统的专业教育向终身教育转变,必须打破传统的班级授课教学组织形式,代之以更加灵活、更加弹性的学分制教学组织形式。通过推行学分制

管理，可以更好地解决大众教育与精英教育的矛盾，有利于学生的个性与共性的统一，有利于因材施教，有利于全面推进教学管理创新，在教学中充分体现学习自由的思想。

从本质上说，创新型人才首先应是德才兼备、德才统一的人才，因此，创新型人才的培养，既要培养才，又要培养德。有德无才，不能创新，不是创新型人才；有才无德，危害社会，更不是创新型人才。

创新人才的培养，重点是创新意识、创新思维、创新能力、创新品格和创新技法的培养。其中创新意识的激发和巩固是基础，创新思维的强化和发展与创新能力的开发和提升是关键，创新品格的塑造和完善是必不可少的条件，创新技法的探索和锻炼，则是实现创新的钥匙。

第八章 地方本科高校理科类专业创新型人才培养模式

第一节 地方本科高校理科类专业人才培养模式的现状

高等教育是衡量一个国家综合国力的重要指标,而高等理科教育则是评价一个国家高等教育发展水平的主要依据。理科是关于数学与自然科学的基础性学科,是科学创新的源泉,技术革新的温床,是经济发展、社会进步的重要力量,因此,理科在高等学校各学科中居于基础地位、核心地位。

一、地方本科高校理科类专业人才培养模式改革取得的成就

我国地方本科高校理科类专业人才培养模式改革取得的成就,主要表现在培养目标、课程体系以及培养途径三个方面。而培养目标、课程体系和培养途径恰恰都是人才培养模式中的核心要素,所以,在人才培养模式改革取得的成就中起到决定性的作用。

(一)人才培养目标获得重新定位

我国高等理科教育发生了一系列重大变化,其中表现之一是在地方与学校自主权扩大之后,一些院校专科升本科,师范、工科类院校转为综合类院校,而所有这些院校几乎都有数、理、化、生等理科专业。高等教育的外延型扩大再生产造成了理科专业的重复设置和规模过大,到了后期出现了理科人才结构性过剩和数量性过剩。这种人才过剩主要是高校的培养目标和社会需求不相适应的结果,因为在20世纪80年代初培养的理科人才多为理论型和教学型人才,随着这些部门需求的饱和,以及社会对理科人才需求多样化的出现,最后必然出现理科人才的结构性过剩和数量性过剩的现象。

（二）课程体系改革成效显著

课程既是教学改革的出发点，又是其归宿，还是培养目标的具体体现，地方本科高校的一切改革方案最终都要落实到课程上来。为了培养高质量的应用性理科人才，各校把构建与应用型理科人才的知识结构和能力要求相适应的新课程体系作为学校的中心工作来抓。通过各高校长期改革实践与探索，对培养应用型理科人才需构建的课程体系达成了共识，即应用型理科人才的课程体系不是简单的组合拼凑，也不是在原有教学计划中增加几门应用型课程或强化某种训练就可以完成的，而是根据应用型人才不同的培养目标和培养规格，对基础课、应用课、理论课、实践课、选修课和必修课等课程关系进行一种科学有机的优化组合，以此形成某一专业方向的目标明确、体系合理、结构优化的课程体系或课程模块，以保证学生学习过程的系统性、连续性和知识结构体系的完整性和科学性。在这一共识的指导下，地方本科高校在构建应用型理科人才课程体系时，主要从以下四个方面积极开展工作。

①加强基础课的建设与改革。

②强调基础，重视应用，搞好应用型课程的建设。

③注重理工结合，构建合理的课程体系。

④加强实践性教学环节，注重学生能力培养。当然，地方本科高校在具体构建和实施过程中，各高校根据其自身的特色形成了各自的特点。

（三）培养途径实现现代化

培养途径是人才培养模式改革成败与否的最后一道防线，因为在确定培养目标、建构课程体系和选择好教学内容后，能否采取科学有效的培养途径来传授教学内容，从而达到培养目标，这是人才培养体系改革成败的关键。在理科教学改革中，地方本科高校将教学方法和现代化的教学手段作为主要内容进行了有效的实验和实践。在教学方法的改革上，认识到传统教学方法的弊端，在总结经验的基础上大胆创新，并注重借鉴国外一些比较有特色的教学方法，培养学生的自学能力，由学会变为会学，解决了学生学习积极性、主动性、独立性的问题。同时积极向一些已经倡导采取启发式、讨论式、研究式等教学方法的综合性大学取经。对教学手段的改革，主要体现在两个方面：一方面，在某些地方本科学校有工科背景的条件下，充分利用工科教学条件，将理工科有机结合，致力于培养具有扎实理科知识结构和科学素养，同时又具有良好现代应用技术基础的高质量应用型理科人才；另一方面，通过建立教学、科研、生产三者相结合的基地，使理论学习与实践应用密切结合起来，培养学生的理论联系实际能力，从而培养应用型理科人才的社会适应能力。

二、地方本科高校理科类专业人才培养模式改革存在的问题

虽然地方本科高校理科类专业人才培养模式改革近年来取得了重要而可喜的成绩，但面临的挑战仍然十分严峻，需要解决的问题也还很多。这些问题既有思想上的，也有人才培养模式构成要素中的培养目标、课程体系、教学方法等所反映出来的问题。

（一）思想观念上陈旧性、落后性和封闭性并存

思想和观念不仅是人们对高等理科教育与社会经济、政治、科技、文化关系的认识，还是对理科类专业人才培养规律的认识。可以说，教育思想和观念是时代的反映，在不同的时代，具有不同的内容与不同的形式，并且随着社会的发展而发展。只要我们认真审视一下不同的人才培养模式，就不难发现，事实上任何一种人才培养模式下制定的教学内容和实行的教学方法，都是一定教育思想的反映。纵观这些年来地方本科高校在改革理科类专业人才培养模式时，发现其在思想观念上陈旧性、落后性和封闭性并存。

第一，思想观念陈旧，主要表现为仍然没有认识到个性发展和全面发展对理科类专业人才成长的重要性。长期以来存在的理科教育在促进人的个性发展和促进人的全面发展方面存在严重的不足的现象仍然普遍存在。在教学中，重教师的教、轻学生的学，重专业教育、轻素质教育，重科技教育、轻人文教育，重共性教育、轻个性教育，重知识传授、轻能力培养等思想观念仍然根深蒂固地存在于人们的头脑中。那么反映到人才培养方式上，就是班级教学、齐步走等现象普遍存在，导致理科类专业的学生长期缺乏那种针对每个人不同的个性特点、不同的智力、不同的兴趣爱好而进行有区别的教育，使人的发展需要在一定程度上受到局限和制约。许多研究表明，大凡有创造性成就的人都有鲜明的个性。作为肩负国家重任的高等理科教育要培养具有创造精神和能力的人才，应将促进人的个性发展和全面发展作为理科教育的最高目标或终极目标，采取积极有效的办法，把满足人的多方面兴趣和要求作为理科教育工作的出发点，把最大限度地实现人的价值作为教育目的，一切为人的发展服务，只有这样，创新型人才才会有产生和成长的土壤。

第二，思想观念落后，主要表现为所培养的人才无法满足经济发展的需要，无法为经济建设发展服务。纵观这些年来理科类专业培养的人才，在服务地区经济建设上表现不佳，在围绕解决经济、社会发展中急需解决的难点、热点和

重点问题上没有充分发挥其应有的作用。由于地方本科高校缺乏与科研机构以及企事业组织之间的协作，在优势互补、提高教育资源的使用效益、促进高新技术的产业化和科研成果向现实生产力的转化方面还比较欠缺，为社会经济发展做贡献的能力还不够强。

第三，思想观念封闭，主要表现为缺乏一定的开放性，没有形成国际性的视野。地方本科高校的开放性是指地方本科高校在主动适应地方经济发展，致力于为地方经济服务的同时，积极进行国际交流与合作，努力提高自己的办学水平，站在世界学术的前沿，把人才培养的视野扩展到全球范围。随着我国经济体制的不断改革，对高等理科教育开放度的要求明显增大。开放办学给高等教育带来人才需求量的增加，人才资源的流动，也带来了高等教育的改革和调整，高等理科教育也不例外。改革开放以来，我国国际交流已形成全方位、多渠道、大规模、多形式的格局，这一切也促使高等理科教育的改革态势朝着国际化的方向发展。近几年，随着教育改革的不断深入，一些地方本科高校开始与国内外高校联合培养人才，并相继派出教师在国内、国外进行交流与合作，但这毕竟还是极少数的。

（二）培养目标忽视了人的主体性和个性

一直以来，理科类专业培养目标始终强调培养的理科人才适应本国建设的需要，反映在地方本科高校理科人才培养目标上就是强调适应地方经济建设的需要。当然这也无可厚非，但由于比较注重社会的需要，就必然导致对促进个性发展和人的全面发展注重不够。这样学生发展只能消极、被动地适应教育为其规范的有限的轨迹及坐标点。显然，在这种教育环境中，既不可能盛开出多姿多彩的个性之花，也难以培养出具有创新精神的高素质人才。

（三）课程体系不够优化

我国高校理科教育的课程体系，由于曾经受苏联教育的影响比较严重，建立了一套与专业教育相适应的窄、专、深的课程体系。它曾经在特定的历史时期立下了汗马功劳，为我国经济发展培养了大量社会需要的各类专业人才。但是随着社会发展，对具有创新精神和高素质的人才需求逐渐增多，于是这种与专业教育相适应的课程体系的弊端就逐渐暴露出来了，主要表现为课程体系不够优化。这种不够优化主要表现在以下三个方面。

第一，课程设置结构没有突破传统框架模式。在地方高校理科教育中，课程设置结构仍然没有挣脱专业教育下将课程设置为基础课、技术基础课和专业课的模式，这种以某一特定专业设置课程，导致对专业知识的纵向关系关注过多，而对各类课程构成的横向关系考虑较少，其结果就是培养的人才专业面过窄，适应性不强。各类课程的学分和课时比例的结构不够优化，必修课所占的比例较大，导致我国高校理科类专业的课程体系设置缺乏灵活性，不能对社会需求的变化做出灵敏的反应，学生选课受到很大限制，压抑了学生的主动性、创造性能力的发展。

第二，课程类型结构不协调。目前，在我国高校理科类专业课程体系建设中，专业课程、人文课程以及素质课程的比例还不是很恰当。在理科专业的课程设置上，比较注重功利：考虑眼前或近期需要的多，考虑长远需要的少；考虑社会需要的多，考虑个人发展的少；为今后就业考虑所需知识的多，考虑所需素质的少。例如：在一些学校的理科教育中，专业教育仍占统治地位，素质教育形同虚设，徒有虚名，人文教育等课程没有真正进入理科专业课程体系中，明确标出的仍然是统一规定的政治课、思想品德课及跨专业选修课，学生的时间被专业课占得满满的；还有些学校虽然在理科专业开设了人文教育课程，但往往停留在一般性的介绍上，过于重知识教育、专业教育，忽视思想灵魂的塑造，忽视学生的体验感受等非认知因素的培养，缺乏在专业教育中启迪学生接受人文教育的能力。

第三，课程内容的更新比较滞后，主要表现在课程内容更新比较慢，没有及时将最新的科技成果融入课程教学内容中去，还停留在对经典理论的烦琐阐述中，片面强调本学科理论的严谨性、知识的全面性、内容的系统性。

（四）教学方法不尽科学

在教学方法和教学组织形式上，改革虽进行了多年，但至今大多数教学仍然实行的是老师讲、学生听、粉笔加黑板的班级教学形式，教学方法体系几乎一成不变，学分制没有真正发挥作用。注入式教学在理科教学中仍占主导地位，这种教学方法在教育目标上重知识教学忽视能力培养，在教与学的关系上将教师权威绝对化，将学生视为被动接受灌输的知识仓库和存储器，因而在教学方法的运用上采用单向的"填鸭式"的强制灌输，忽视对学生积极性的调动及对学生独立学习活动的组织与学习方法的指导。这种思想与方法只能教会学生模仿和记忆，却压抑了学生学习主动性、创造性的发展。在教师主导，学生被动接受的教学组织形式下，学生的创造性思维必然得不到很好的发挥。我们的不少理科教师：在传授知识方面有优势，但在激发学生的潜能方面处于弱势；在演绎、推理、严谨认真方面有余，但在归纳、分析和渗透、综合方面不足；在讲授中比较注重讲授确定性的内容，但对不确定的内容讲授不够，不仅影响学生全面理解科学的本质和了解科学发展的前沿，而且不利于激发学生科学探究精神的养成。

（五）实践教学环节偏弱

实践性教学是高等理科教育教学工作的一个重要组成部分，是理科人才培养的重要环节，在培养学生动手能力、思考能力、研究能力、创新能力等方面具有不可替代的作用。但是长期以来，在理科教育中，理论与实践的关系始终处理得不理想。

一是不同程度地存在着重理论轻实践的现象。近几年，国家对地方本科高校经费的投入已有较大的增长，但一些学校真正用于教学尤其是实践性教学环节的经费增长不多，缺额仍较大。由于实验材料、试剂药品价格上涨，实验个数不断减少，更谈不上开设研究型、综合型、设计型实验。学生生产实习、社会实践得不到保证，实习的时间一减再减，实习的地点由远而近，一变再变，有些干脆取消，致使实践性教学环节的质量难以得到保证。

二是实验教学队伍人员严重不足，缺乏培养。年轻人不愿意从事实验教学，有一定水平的实验技术人员又千方百计往教师系列转编，使一些原本已经处于困境的实验教学雪上加霜，一些实验教学人员没有必备的基本理论、基本知识和基本技能，起不到实验教学人员应起的作用，只能从事一些低水平的仪器设备和实验室的日常管理，这在一定程度上影响了实验课教学质量的提高，影响着创新型人才的培养。

三是管理不到位。一些学校的管理部门对实践性教学环节缺乏必要的、科学有效的研究和管理，重仪器设备的购置，轻仪器设备作用的发挥，致使一些大型仪器设备没有充分发挥作用，有的管理甚至徒有虚名，致使实践性教学处于放任自流的状态。

四是在加强实践性教学环节方面，缺乏一些强有力的办法和措施。例如：地方政府必须为学校提供相对稳定的实习基地和社会实践基地；学校必须加大对实践性教学环节的投入，加强校内外实习基地的建设和管理等。

长期以来，实践性教学环节薄弱的现状之所以没有得到根本的改变，有经费不足等问题，最根本的仍然是思想观念上的问题，是对实践性教学在理科教育中的地位与作用认识不到位的问题。当然经费、队伍、管理对实践性教学的影响和制约也不可低估。可以说这些因素都在直接或间接地影响着理科人才的培养，有关部门应给予高度重视，对现存的问题采取积极有效的措施加以解决，为理科人才的培养创造良好的实践性教学条件。

第二节　地方本科高校理科类专业创新型人才培养的特点

一、重视理性思维与探究能力的培养

理科是对人的能力、思维方式的培养。理科的人才培养不仅意味着基础知识的累积，更重要的是，它是传授科学合理的思维方法和分析解决问题能力的最佳载体。知识储备是可以突击提升的，但是能力和方法的获得是需要细水长流的培养才能实现的，因此，我们在培养理科类专业人才时，关注学生学习理科基础知识无可厚非，但我们更应该重视通过理科学习使学生获取对自身发展必要的能力和方法。因为理科基础知识的学习无论对工科还是理科本身都具有重要意义：工科学习要识记大量理科知识以满足工程技术应用；理科学习理科基础知识是获取前人研究经验、思维方法，提高自己分析问题、解决问题能力的重要过程，并在此基础上寻求理论的创新。简单地说，理科知识是理科学生学习期间研究的对象，是工科学生运用的工具。可是，谁也不敢保证大学期间所学的知识就能满足未来新科技的需求，特别是在那些更新换代速度快、贴近科学前沿的应用技术领域。因此，地方本科高校只有重视对学生理性思维和探究能力的培养，培养出来的理科毕业生的优势才会显现出来，他们更熟悉新科技原理的表述方式，会更快地入门，在工作中表现为后劲更足。

二、重视科学精神与实践创新能力的培养

为了培养社会需要的高素质创新型人才，理科类专业人才的培养必须重视科学精神和实践创新能力的培养。因为，理科是一个基础性很强的学科，也是一个能够产生先进科学理论的学科。所以，要重视对学生科学精神的培养，通过不断的实践锻炼，使学生在实践中激发创新意识，培养实践能力。地方本科高校在进一步完善理论教学体系的同时，应把实验、实习等实践环节从过去的辅助地位，提升到与理论教学并重的地位。要强化学生实践能力与创新精神的培养，重新构建实践教学体系。在培养计划中将实验教学、实习、课程设计、军训及社会调查、课外认证与竞赛、毕业设计、科学研究等各项实践教学环节进行统筹安排。要设计和实施以培养基本实践能力、综合设计能力、科研素养、创新能力为目标，体现"纵向多层次，横向多模块，必修与选修相结合，课内与课外相结合"的特点，层层递进并且四年不断线的实践教学体系。例如，河南理工大学在培养理科类人才时，构建了集中性教学环节和创新实践环节，以此来培养学生的创新精神和实践能力。

三、重视综合素质和灵活性的培养

现代科学发展到今天，本身就具有综合性和灵活性的特点。由于各学科的知识、方法和思想的相互渗透，使任何一个专业的学生所学习的内容都不可能被单纯地归结为某专业的内容。下面以计算机训练和实验训练为例，讲解一下河南理工大学理科类专业人才培养对学生的锻炼。计算机是现代科学的重要研究工具，河南理工大学在计算机方面要求学生至少学完一年半的课程，这些课程包括"计算机文化基础""数据库程序设计""C语言程序设计"，通过开设这些课程使学生系统地学习从计算机语言到算法、数据结构的知识。在实际的学习中，会有许多问题需要进行计算机数值计算或进行计算机模拟。河南理工大学的理科学生在这种实践中，可以获得熟练运用计算机手段处理实际问题的经验，而这种经验是超出所学专业范畴的。因此，当学生未来从事其他工作时候，大学学习期间的计算机技能和经验就对他们发展十分有益。理科类实验是锻炼学生理论结合实际的最好途径，理科多是实验科学，因此强调实验对理论的验证。实验在河南理工大学理科类专业的课程中占了很大比重，与公众的一般认识不同，实验动手能力不是理科实验所能带来的唯一益处。学生从事实验工作，要从理论角度考虑，但是设计、完成实验要从实际出发，在现有条件上进行工作；学生要统筹安排实验仪器设备，没有的仪器，或需要自制，或需要购买；实验后，学生还要实事求是地分析讨论实验结果。由此可见，一个实验可以锻炼学生理论结合实践、统筹管理、处理工程技术问题、分析问题等多方面的能力和求真务实的精神。

第三节 地方本科高校理科类专业创新型人才培养模式的改革与实践

一、地方本科高校理科类专业创新型人才培养目标的定位

在精英教育阶段，地方本科高校为社会培养了大批基础性的理科人才，但是随着社会经济的发展和高等教育大众化阶段的到来，地方本科高校已经成为承担大众化教育培养责任的一支重要队伍，因此，其培养目标也应做出相应调整。高等理科教育的总体目标是为21世纪培养高素质的创新型人才，本科教学以培养应用型技术人才为主。鉴于此，地方本科高校理科类专业培养目标不能只为学生确立一种必须达到的终止性的教育目标，而应不断地培植、挖掘学

生发展的可能性与潜力，确立一种期待性的、没有终结点的教育目标。地方本科高校理科类专业培养目标应以"三个面向"为指导，培养德、智、体、美、劳全面发展的，受到良好的科技与人文的教育，具有民族精神、科学精神、人文精神、创新精神，在未来社会和国际社会中具有竞争力的，高素质的，一专多能的应用复合型人才。这不仅是 21 世纪科技、经济与社会发展的需要，也是人才发展的需要。

（一）应用复合型理科人才的提出

首先，应用复合型理科人才培养是社会经济发展的客观要求。21 世纪是知识经济的时代，随着经济全球化的推动和我国加入世贸组织，我国的高新技术得到快速发展，产业结构也逐步从劳动密集型向高科技知识集约型方向转变。原有行业的调整与转化，新兴行业、职业的不断催生，使得市场不仅需要一批能进行知识创新的拔尖人才，更急需大量能把知识转化为产品、把科技转化为生产力的应用型人才。教育的发展必须与社会发展相适应，培养应用型理科人才已经成为我国高等教育的重要任务。

其次，应用复合型理科人才培养是高等教育发展的必然趋势。从高等教育发展阶段上来看，就是从社会本位发展阶段进入市场本位发展阶段，这个阶段要解决好高等教育主动适应经济社会发展的问题。高等教育要从人才市场的需求出发，更加注重社会经济发展的要求，强调高等教育供给与就业市场需求之间的平衡，强调培养英才与满足大多数青年接受高等教育愿望之间的平衡，强调学术性教育与职业性教育之间的平衡。总之，现阶段高等教育应积极进行适应性调整。应用复合型理科人才的提出正是地方本科高校对此做出的适应性的调整。

最后，应用复合型理科人才培养是地方本科高校寻求自身发展的理性选择。中国高等教育走的是一条精英教育之路。那么，随着高校扩招，中国高等教育逐步走向大众化教育，特别是作为地方本科院校，如何发挥其服务社会经济发展的功能，做到紧密围绕地方社会经济发展，以服务求支持，以贡献求发展呢？亦步亦趋，简单地模仿和照搬重点研究型大学的人才培养模式显然不是正确的选择。作为一所高校，主要培养什么类型的学生，主要从事什么样的科学研究，主要提供什么样的社会服务，必须根据社会需要和自身条件来确定，如果不顾社会需要和学校办学的实际，相互攀比是难以办出特色的，也难以有较好的发展。地方本科高校进行的复合型理科人才培养，正是根据社会对理科人才的需要以及学校自身的办学特色做出的理性选择。

(二)应用复合型理科人才培养目标的结构

1. 知识结构

所谓知识结构,是指一个人把获得的各种知识,在自己的头脑中按照一定的联结方式所形成的知识体系结构,或者说是一个人的知识在数量上和质量上的构成情况和组合方式。每个人都拥有不同种类不同数量的知识,这些知识按照一定的方式组合在一起便形成了一个庞大的知识结构的系统,不同专业人员的知识结构系统中的内容是不相同的。因此,以理科对其现代人才素质结构的要求为依据,以理科对未来社会要求的复合型、创新型人才为目标,来构建理科人才的知识结构,是地方本科高校在培养理科类专业人才时,应该在培养目标中得以体现的。理科类专业人才应具备以下几方面的知识结构。

第一,具有广博的科学基础知识。这包含了两方面的含义。一方面是强调基础,因为基础科学中基础知识是知识中最稳定、最持久、最不易老化的部分,有了宽厚、扎实的基础理论知识,在思考解决实际问题时,才能有更大的灵活性和创造性。另一方面是强调广博。科学的本质是创新,而创新活动就其本质而言,是在已有知识重新组合上进行的,可见,科学创新不是凭空设想的,它是以广博的知识储备为基础的。著名物理学家牛顿曾经说过,如果说我比旁人看得远些,那是因为我站在巨人们的肩膀上。广博的科学基础知识,不仅包括本门学科的基础知识、基本理论,还应包括与本门学科相关的其他学科的基础知识及与本门学科交叉的边缘学科的基本理论。

第二,具有坚实精深的专业知识。具体说来,专业知识包括专业学科的概念体系、理论体系、研究工具、基本资料等,它是从事专业工作和科学研究的资本。如果把人才的知识结构比作一座宝塔的话,塔尖就是专业知识,塔的中间部分是专业理论基础知识,塔的下半部分是专业必备的广博的科学基础理论知识。这就要求理科人才必须有精深的专业知识,只有专业理论知识精深,才能有明确的主攻方向,集中力量在事业上取得突破。除此之外,值得特别强调的是,理科人才要有精深的专业知识,就必须掌握本专业发展最前沿的东西,即专业发展的前沿知识,否则,在创新活动中,就不能够把握什么是新东西或新在哪里。

第三,具有扎实的现代科学实验技能知识。理科在很大程度上是以实验为基础的自然科学,许多自然现象只有通过实验才能观察清楚并得到解释,所以科学实验在理科专业中的重要地位可见一斑。理科专业人才在具备本专业及其有关的基础理论知识的同时,还要掌握扎实的现代科学实验基础知识和实验技能的相关知识。实验基本知识是指实验的基本理论、基本方法和基本操作技能。

实验的基本理论包括认识实验的作用，通过实验使学生了解实验的设计思想和实验的原理，能分析实验误差。实验的基本方法包括了解实验的过程和步骤，能设计表格、整理实验数据、画出图线、得出结论，会利用实验方法（如替代法、比较法、半偏法、控制变量法）进行准确的测量。实验的基本操作技能包括：能正确、熟练按操作规程使用物理仪器；能仔细观察，认真读数、记数、整理数据，对实验结果做出解释；能排除在实验中出现的简单故障；能写出规范的实验报告。

第四，具有较丰富的文化素养知识。研究表明：文学知识可以激发人的形象思维和直觉思维，丰富人的想象力，对以抽象思维和逻辑推理见长的理科人才来说，正好是个补充和完善；历史知识为人们提供正面和反面的经验，揭示科学发展的规律；哲学知识能使专业人才在错综复杂的科学问题面前，把握事物发展规律，为科学技术研究提供方法论知识并启迪智慧；艺术知识则能启迪和促进创新思维和文化素质的提高，也从不同层面完善创新型人才的培养。因此，具备此类人文知识，不但是个人人格完善的要求，同时也是提高创新能力的需要。具体到理科人才来说，其知识结构的系统中应该包括文学、历史学、哲学、管理学、心理学等方面的知识。

第五，具有深厚的工具性知识。工具性知识是人生存与发展的知识基础，此类知识的多少对人的先天素质和智力潜力的挖掘具有很大作用。新时期的理科人才的工具性知识主要体现在外语和计算机两个方面，尤其对于理科人才来说，英语在学术交流方面的作用更为显著，因为几乎所有国内外最新、最高水平、最具权威的理论发现与技术成果都是用英文表述的，理科人才在科研过程中所需的学术刊物绝大部分也都是英文期刊，如果不能很好地掌握英语，尤其是专业英语，科研活动受到的限制可想而知。由于计算机教育在高等学校的普及，使信息技术将作为一种文化成为新时期人才的基本素质之一。尤其是应用性理科人才，作为直接为各个生产部门和技术部门服务的人才，外语和计算机更是应该熟练掌握并应用。

2. 能力结构

能力是在掌握一定知识基础上经过培养训练和实际锻炼而形成的从事社会实践的本领。对于理科类专业学生，需要注重强化三种基本能力的培养。

一是获取知识的能力。这是最基本的能力，特别在这个知识以加速和剧变的方式发展的时代，如何不断地和有效地更新、掌握所需的知识，是开发个人潜能、扩展个性才华、培养新的智能才干，在工作岗位上开拓未来、改革创新的基础。

二是应用知识的能力。获取知识的目的是为了应用知识，在应用中发挥知识的力量，求得自身的发展，但知识本身没有告诉获取知识者怎样应用知识。因此，应用知识的能力是一种综合素质的表现。

三是创新知识的能力。获取知识、应用知识的过程本身就是一个积累和创新知识的过程，但从无意识地创新到自觉地、主动地创新却需要一个过程。在学校教育中创新能力的培养具有深远的影响，培养的人才有没有创新能力，关系到人类社会物质文明和精神文明的发展水平和发展层次。

由此可看出，获取知识的能力是基础，应用知识的能力是核心，创新知识的能力是目的。

3. 素质结构

对理科大学生来讲，素质大体包括四个方面，即思想道德素质、人文素质、业务素质、身体心理素质。其中：思想道德素质是根本，表现为具有坚定的政治方向、远大的政治理想和坚持真理、明辨是非的理性；人文素质是基础，表现为具有深厚的文化积淀与文化修养、对人类对民族命运的关注和责任意识、批判性思维、健康和谐的个性与道德品质以及正确的思维方式与学习方法；业务素质是关键，表现为掌握本专业的基本理论和基本技能，并能将理论运用到实践中去；身体心理素质是保证，表现为有强健的体魄、坚忍不拔的毅力、顽强的自信心和健康的审美观。

二、地方本科高校理科类专业课程体系和教学内容改革与实践

改革思路是遵循高等教育和科学发展规律，并且在总结过去经验的基础上，正确处理好四个关系：从学校发展这个角度出发，要正确处理好统一、多样、特色的关系；从专业建设这个角度出发，要正确处理好学科、专业、需求的关系；从课程内容选择这个角度出发，要正确处理好传统、现代、前沿的关系；从学生发展这个角度来说，要正确处理好基础、能力、素质的关系。

（一）要坚持六字方针：博、厚、多、融、活、行

在大学教学过程中，除传授知识外，更重要的是使学生养成正确的学习方法和很强的自学能力，培养学生的科学精神和健全的人格。要实现这一目标，必须对高校理科类专业的课程体系进行优化。为此，我们提出了理科类专业课程体系优化应该坚持的六字方针：博、厚、多、融、活、行。

第一，"博"是指主张在课程中体现通识教育的理念，从而实现人文精神和科学素养的融合。通识教育是相对于专业教育而言，主要针对现代教育科技

至上、科学主义异军突起、传统文化面临断裂无继等问题提出的。

第二,"厚"是对学生基础性要求的体现,目的是适应宽口径培养的发展趋势。通常,人们把基础理解为基础知识、基本理论与基本技能,在今天看来,这是从知识传授的角度提出来的、带有一定片面性的看法。从素质教育的角度看,基础还应包括学生的学习能力和独立获取知识的能力,它涉及的内容应该是基础性、综合性、有效性以及可迁移性都比较强的知识,只有掌握了这种基础,学生才能具备对今后社会快速变化的适应能力。此外,从终身教育的观点看,当今大学教育在人一生中的基础性更为明显,加强通识教育、加强基础的重要性不言而喻。在课程设置方面,进一步拓宽专业口径,提倡宽口径培养是目前的发展趋势。

第三,"多"是指提倡课程设置的多样性,以满足不同学习个体多层面的需求。人和人是有差异的,我们要面对这种现实,要尊重、承认这种差异的存在,同时要开设不同层次、不同内容、不同方向的课程以满足不同学生群体的发展需要,这一点正是以人为本教育理念的体现。在课程设置方面,很多院校都开设了不同层次、不同方向、不同系列的选修课程,如国内外一些知名大学,每学期开出的课程有几千门之多,学生选择的余地很大,学生可根据自己的兴趣爱好自主选择有关课程。

第四,"融"反映了学科发展的综合性特色,强调交叉学科的发展。学科交叉是当代科学技术发展的主要特征。从学科的整体发展与综合化出发,合理构建教学内容与课程体系,整合、重组课程无疑是构建培养方案时需要遵循的重要原则。要教授给学生整体性的知识,注重其他学科知识对本学科的影响及在本学科领域中的应用,更要在精选知识、交叉融合上下功夫,搞好整体优化。切忌将新知识机械地叠加。

第五,"活"是指提倡灵活性,体现在要让学生真正做到自主地选课、选时、选师。首先,学校要开出足够的课程供学生选择;其次,学生能在不同的时间选择同一门课程;再次,同一门课程有不同的教师讲授可供学生选择。

第六,"行"主要针对学生的发展性而言,重点强调对学生创新精神和实践能力的培养。大学生实践能力的培养日益受到人们的重视,因为实践是创新的基础,它彻底改变了传统教育模式下实践教学处于从属地位的状况。

(二)要体现理科课程的价值取向

高等理科课程目前具有学术价值和实用价值两种基本的价值取向。但随着社会对高等理科人才要求多样性的发展,高等理科课程如果还只是具备学术价值和实用价值两种基本的价值取向显然是远远不够的。它应该呈现多方位多层次的良性发展，以便使高等理科课程更加完善，培养的高等理科人才更能适应社会，服务社会。对此，地方本科高校在对理科类专业课程体系进行优化时，就应该要体现出理科课程的最新价值取向。具体来说，理科课程的新价值取向主要表现在以下三个方面。

第一，理论、技术、应用全面发展的课程价值取向。科学技术是第一生产力，科学地位反映了科学满足社会需要的程度；反过来，社会的发展要求学校设置与科学地位相适应的理科课程。高等理科教育的基础性科学研究是社会长期知识创新能力的根本保证，但是近年来，由于应用研究直接面向市场需求，能带来直接经济效益。很多大学在基础研究领域具有天然的优势。例如：学科门类相对齐全，利于学科交叉，渗透；科研与教学紧密结合，学术思想活跃，研究后备力量充足；拥有大量的图书资料，先进的实验设备，创新资源十分丰富等。这些都为实现基础研究和应用研究的结合提供了一定的条件。事实上，基础研究与应用研究之间不存在严格的界线，纯粹的学术理论课的开设，学生是无法把所学的知识应用起来的，就更谈不上科学的发现了。因此，高等理科课程只有具有理论、技术、应用全面发展的价值取向才能既有利于社会实现科学前沿的学术研究，也能为社会创造看得见摸得着的财富，更贴近人的发展和教育的本质。

第二，国际化与本土化相结合的价值取向。社会的发展越来越趋于国际化，高等学校的发展也不例外，因此高等理科教育也应该秉承科学无国界的原则，对国外的科学研究用发展的眼光看待，合理吸收，借鉴学习，同时也要把本国的科研成果更好地展现给世界。这就要求高等理科课程应该发展双语主义——同时掌握中西方两种研究范式。一方面，全球化和高教市场经济的形成将刺激国家之间的学生流动，外国的学生来中国深造，高等理科课程如果过于狭隘或落后于科技前沿，不具有国际的视野，就会缺少对外国留学生的吸引力；另一方面，国际范围内高等学校之间频繁的学术交流，也为高等理科课程的国际化和本土化融合提供了一定的条件。另外也要把国内外最新的科研动态和所取得的科研成果纳入高等理科的课程之中。只有这样才能更好地把外面的引进来，让自己的走出去，使课程内容实现国际化与本土化的有效结合。

第三，人性与科学相结合的价值取向。和平与发展是当今世界的两大主题，科学技术一度被认为是中性的，与此同时，科学技术带来的另一个问题就是人类利用先进的科学技术对自然界的破坏，危害了养育我们的地球，当然最终的受害者是人类自己。由此，人们无法不对科学中性产生怀疑，而科学家也遭受到公众的批判，大学作为科研机构，当然也无法逃避自身肩负的人性与科学相结合的正确的价值取向。科学研究不是无限度的，学术自由也应该与社会责任协调一致。在课程建设上只有坚持人性与科学的统一才能协调理科课程和教育价值取向上的种种冲突，培养出来的理科人才便能在认识世界和改造世界时，做到真善美的完美和谐与统一。

（三）要实现课程体系总体结构、类型和内容优化

课程体系是构建人才培养方案的核心内容，课程体系是否科学、合理，对地方本科高校高质量实现人才培养目标有着决定性的意义。课程体系的优化，即构成课程体系的各类课程组成部分——主干学科、主干课程、主要专业实验、主要实践性教学环节、其他课程以及各门课程之间所建立的组织关系，通过重新调整、改造，使课程各要素相互配合，整体功能达到最佳状态，包括课程体系总体结构的优化、课程类型的优化、课程内容的优化三个层面。

第一，课程体系结构的优化主要是指构建一种合理的课程结构模式。现代科学技术的发展，对理科类专业人才素质提出了更高的要求，要求理科类专业学生既是某一专门领域的专家，又要了解相关学科知识，同时还要具有良好的思想道德素质、文化素质、身体心理素质以及拓展知识、适应社会的能力。因此，地方本科高校在培养理科类专业人才时，课程体系的结构设置不但要考虑学科知识结构的纵向结构关系，更应该考虑各课程要素之间的横向结构关系。

第二，课程类型的优化。地方本科高校理科类专业课程类型主要包括思政类课程、基础类课程、专业方向类课程以及选修类课程，要分别对这些课程进行优化以利于理科类专业人才的培养。对于思政类课程的内容要精并且要时常更新，提高德育的有效性和针对性，教学内容应当跟上时代前进的步伐，及时充实政治、经济的新观点、新知识。对于基础类课程而言，主要包括一般基础课和专业基础课，要致力于实现它们的宽而坚实。特别是对于理科类专业来说，许多专业课程的基础理论在较长的时间里相对稳定，如果学生掌握了这些理论，就为将来进一步学习先进的科学技术打下了扎实的理论基础。专业方向类课程的优化主要是指在这类课程设置时体现一定的职业适应性和一定的职业针对性，特别是对于应用性的专业，专业方向课程要多样化，以便于学生根据自己的职业兴趣选择修读相关课程。选修类课程的优化就是要极力做到广而有度。

第三，课程内容的优化。课程内容的优化即教学内容的优化，是长期困扰地方本科高校教学改革的问题。课程体系能否整体优化，在相当大的程度上取决于课程内容的选择，特别是课程内容的重组、整合与精选、凝练。优化的课

程内容应该不是原来的课程内容的机械拼凑,而是一种有机的组合和新的创造,在保持课程内容的基本理论、基本方向具有一定稳定性的基础上,体现一定的先进性、适应性、科学性和拓宽知识性,把广度和深度很好地结合起来。理科教学内容改革必须主动适应21世纪科学技术进步、社会经济文化发展、教育思想和观念更新、教学方法和手段变革的需要,不断提高教育质量,为新世纪培养高素质的优秀人才。

三、地方本科高校理科类专业教学方法改革与实践

我国高校普遍存在大学无教法的思想,很多高校教师也认为大学教师不必讲究教学方法,学术水平高自然能搞好教学工作,因此在教学中只重视自己专业学术水平的发展,轻视甚至忽视教学方法的研究,填鸭式、满堂灌依然是当前高校教学方法的主旋律,显然这种现象也普遍的存在于地方本科高校理科类专业教学中。事实上,地方本科高校要构建理科类专业创新型人才培养模式,实施教学方法改革显然是其中很重要的一环,因为倘若教学方法得不到改进,纵使专业结构得到合理调整,课程体系、课程内容也进行了改革,理科复合应用型人才的培养目标也难以实现,其教学质量也得不到提高。对此,地方本科高校将依据知识经济时代高等理科教育所展现出来的发展态势以及发展理想作为其教学方法改革的指导思想,以此来改善理科类专业人才培养过程中所采用的教学方法。其中高等理科教育的发展态势表现为更加综合化、基础化、社会化、网络化和国际化,更加重视对知识、能力、素质、人格的全面培养,更加强调基础,鼓励创新,发展个性,完善人格。而高等理科教育发展的理想是构建以终身教育理念为目标的教育价值观,以学会认知、做事、合作和生存四大支柱为核心的教育目标观,以自然科学和人文科学整合为特点的教育内容观,以注重学生创造个性发展为特征的教育方法观。我们发现,无论是对高等理科教育的发展态势的描述还是对高等理科教育发展理想的展望,这其中都反映出这样一种现象:我们越来越关注学生个人的发展了,越来越愿意从学生发展的角度去考虑问题了。这样一种理念的转变也必然反映到我们教学方法的改革中来。

以学生为本是高等教育教学改革中必须要坚持的一贯原则,这就要求在教学过程中以学生的发展为本,而且是以学生个性发展和全面发展协调发展为根本。既然要以学生的发展为本,那么我们就非常有必要对高校学生的身心发展特点有所了解,这样我们在改革教学方法时才能做到有据可依。

首先,高校学生的生理特点。高校学生一般年龄在18～22岁,他们的生理结构及机能方面,都达到了最高的发展阶段,特别是大脑的机能高度发育,

脑重与脑容量已达到成人水平，大脑皮层的兴奋与抑制过程趋于平衡，正处于脑细胞建立联系的上升时期，经过教育训练和专业学习，大脑皮层细胞活动量迅速增加，联络神经纤维开始充分发挥作用，使大脑接收信息、传递信息、综合信息的能力大大提高，并趋于成熟的水平。这一切为高校学生思维的高度发展奠定了物质基础。他们能够坚持较长时间的脑力劳动，并已具有了从事复杂的思维活动，独立学习比较高深的理论和比较复杂的技术的生理基础。

其次，高校学生的心理发展特点。他们的心理智能发育趋于完善，智力水平处于上升时期，想象力十分丰富，观察力、记忆力、思维能力突出发展，理性逻辑思维方式占主导地位，并开始从理论的深度探索事物的本质规律。其抽象思维能力特别是辩证思维能力得到高度发展，思维的逻辑性、独立性、批判性、灵活性、敏捷性、创造性等品质逐步完善。由于接受专业训练，使学生积累了更多的知识和社会经验。他们能够灵活运用各种思维技能，提出大胆的设想和新颖独到的见解，尝试运用一些新的方法去解决问题；他们喜欢用批判的眼光看待周围的一切，喜欢怀疑和争论，不再简单地满足条件、定理、结论，喜欢探讨问题的本质、规律；他们比较关注自身的发展，能够对自己的过去、现在和未来以及自身素质和潜能进行立体思考，并能在认识和评价自己的同时根据时代的要求来准备自己，对发展自己产生强烈的愿望。

通过对这些特点的掌握，地方本科高校在探讨理科类专业人才培养的教学方法改革时就要做到以下几点。

第一，更新教学方法的指导思想，致力于从注入式教学转向启发式教学。学生的主体性是指在教育活动中，学生作为主体在与客体关系中的地位、能力、作用和性质，核心是学生学习的能动性和自由性。重视学生的主体性，就是要发挥学生在教学过程中的主动性、积极性和创造性。高校学生的身心发展特点与中小学生有很大差别，他们已具有从事复杂的思维活动，独立学习比较高深的理论和比较复杂的技术的身心基础，如果说中小学的教学重点在于知识的传授（讲授），那么高校教学活动的重点则在于引导、点拨、启发学生独立自主地获取知识、运用知识和创新知识方面。因此，高校教学方法的运用必须能有效地唤起学生的学习兴趣，激发学生的求知欲，启发学生独立思考和学习，真正做到有利于调动学生学习的主动性、积极性和创造性，培养学生自我探索、独立研究的精神和技能技巧，充分发挥学生在学习中的主体作用。高校教师要不断地追求"授人以渔"的崇高教学境界，超越传统的讲授法，转向探究发现式的教学方法，尽可能地致力于学生主动性、积极性的激发，使他们掌握自我获取知识的方法，能让他们独立自主地学习，同时注重将创造发现的因素引入教学过程，让学生由学会知识到学会学习再上升到学会研究。

第二，重塑教学方法的功能，致力于从原来的交给知识转向教会学习。教学方法是受教育目标制约并为教育目标服务的。重视知识传授，忽视智能培养，是传统教育存在的一个突出问题。在这种教育目标下形成的教学方法，其主要功能在于重视知识的传递和灌输，而忽视了对学生能力的训练。在现代社会，人类知识总量以成倍的速度增加，科技的发展、网络的盛行，使人们获得知识的途径不断增多，知识的获取也变得越来越容易。在这种背景下，教师不再是真理的传授者，也不可能成为真理的传授者。其原因在于学生通过各种途径获取的知识并不少于教师，尤其在高等教育阶段。因此，地方本科高校教学应由教给学生知识转变为教会学生学习和运用知识，即学生通过学习不仅能掌握系统的知识，而且能获得独立地学习与更新知识的方法与能力。由教给知识到教会学习这一教育目标的转变，势必在教学方法的功能及其体系上带来深刻的变革。这就要求地方本科高校教学方法改革必须实现在以知识传递、灌输为主转到在传授知识的同时，注意发展学生的能力，加强学习方法与研究方法的指导。尤其以提高学生独立获取知识能力、实践能力与创新能力为重点发展学生的应变能力，以利于增强学生的适应性、创新性。

第三，重构教学方法结构，实现从讲授为主到多种方法相结合、以学生自学为主。我国地方本科高校现行的教学方法在整体结构上存在运用单一的讲授方法多，而运用多种有利于学生独立学习的方法少，特别是自学的方法、独立实验的方法、社会调查的方法、讨论的方法、研究的方法采用得少。以讲授为主虽然在知识的传授上有其合理的因素，在教学上也能达到一定的效果，但若仍然以此方法为主则就大大落后于时代的要求，束缚了现代人才的成长，阻碍了教学质量的提高。因此，当前地方本科高校进行教学方法改革，应实现从讲授为主到多种方法相结合的转变，应根据教学科目和教学内容的特点，把讲授法同练习法、讨论法、发现法、实验法等有机地结合起来进行教学。在教学方法结构上不仅要实现多种教学方法的有机结合，还应在教学中充分重视学生自学的重要性，实现以教师的教为主向学生的学为主的转变，以培养学生的自主学习能力。

四、地方本科高校理科类专业实验教学的作用

理科实验教学是培养学生理论联系实际、分析问题、解决问题等能力的重要教学环节，对提高学校教学质量和学生科学素质具有重要的意义。因此，在培养理科类专业人才时，加强实验教学环节，积极对实验教学进行改革探索，以此来发挥实验教学在培养学生动手能力和创新精神方面的积极作用，这不仅是十分必要的，而且是十分紧迫的。对此，地方本科高校在积极探索理科类专业创新型人才培养模式时，十分重视对实验教学的改革，以期通过不断地探索，发挥实验教学的最大效用，从而为开发学生的动手能力和激发他们的创新精神服务。

在理科类专业教学过程中，理论教学和实验教学是理科类专业人才培养的两大教学环节，两者相对独立，相互依存，又相互促进，具有同等重要的地位和作用。理论教学是学生获取基础知识和基本理论的主要来源，在高等学校教学中占有知识传授的重要地位。实验教学具有直观性、实践性、综合性与创新性等特点，是高等学校教学过程中实现素质教育和创新型人才培养目标的重要教学环节，它对于培养学生的实践能力、创新能力和创新精神起着理论教学不可替代的作用。现代教育理论认为，实验教学对学生认知和发展具有促进的功能，它具有直观性、实践性和探索性的特点，具有传授知识，开发智力，训练技能，培养组织能力、创造能力、科学实验素质以及进行思想品德教育等多方面的作用。具体来说，实验教学在理科类专业人才培养中的作用表现为以下几方面。

第一，验证理论，帮助学生巩固和深化所学理论，即实验教学有助于学生正确地掌握那些重要的基本理论，是理论学习的继续、补充、扩展和深化。

第二，开发智力，培养实验能力。实验教学的核心任务是加强学生智能的培养，增强学生获取知识和运用知识的能力，提高学生用科学方法进行探索的能力，这是实践教学最本质的任务。

第三，探索未知知识领域，总结完善科学理论，即把学生参加科研实验纳入教学计划或使学生参加研究型、设计型实验项目，在实验中培养学生探索精神和创新精神。

第四，加强品德修养，培养基本素质。可以使学生在教学实验和科学实验中，培养其求真、务实的科学精神和献身精神等基本素质。

第九章 新形势下地方高校创新型人才培养的战略选择

第一节 新形势下地方高校创新型人才培养的实践探索

一、加强地方高校创新型人才个性化培养的调控

在全世界范围，高等教育的良性发展无不在政府部门的宏观调控和政策引导下进行，我国地方高校创新型人才个性化培养也应当加强高等教育的顶层设计和内部机制体制建设。

（一）谋划高等教育改革顶层设计

我国地方高校进行创新型人才个性化培养离不开国家在宏观层面上谋划好高等教育顶层设计，教育主管部门应当根据不同类型、不同层次高校，系统规划人才培养的质量标准和评价体系，地方高校应当根据教育主管部门的分类标准结合自身情况进行准确定位，构建个性化的创新型人才培养模式。总的原则是，宏观层面的顶层设计宜粗不宜细，为地方高校发展留足空间，避免高等教育同质化现象的发生。

一是构建地方高校分层分类体系。合理的地方高校分层分类体系，应当充分考虑我国高等教育发展现状与趋势，形成层次分明的高等教育体系，对不同层次、不同类别地方高校分别提出不同的人才培养目标。以此为基础，还应当构建相应的办学评价体系，让地方高校办学有着明确的方向和努力的目标。就我国当前高等教育现状来看，如果以人才培养目标为分类标准，大致可以将地方高校分为两个层次：以高层次人才培养为目标的研究型大学，以培养技能型人才为主要目标的应用型大学。在"大众创业、万众创新"的新形势下，不管

是研究型大学还是应用型大学，都面临着培养个性化创新型人才的课题。

二是强化地方高校分层分类指导。不同层次的地方高校有着不同的人才培养目标，同层次的地方高校也各有专业特色和行业要求，因此，每所地方高校创新型人才个性化培育模式必然有所不同，政府层面应当强化分层分类指导，引导地方高校根据生源特点、专业特点和行业需求选择适宜的人才培育模式。就人才培育模式的要素而言，主要有人才培育理念、培养方案、专业课程设置、培育制度、考评体系、创新激励机制等，这些要素都深刻地反映着一所地方高校与众不同的人才培育模式，体现了这所地方高校的办学特色，是地方高校在进行创新型人才个性化培育时应当首先考虑的基本要素。

（二）理顺高等教育管理机制体制

我国高等教育的发展特别是创新型人才个性化培养离不开政府的宏观调控，因此，在政府引导下通过法律、政策等行政手段理顺高等教育管理机制体制显得势在必行。

一是完善相关法律。特别是在提倡创新的新形势下，应当针对现状对《中华人民共和国高等教育法》进行完善，从法律层面保障地方高校创新型人才培养实践，引导地方高校进行合理定位，促进创新型人才个性化模式的形成。

二是落实地方高校办学自主权。落实地方高校办学自主权，就是要赋予学校自主设置学科、专业、课程以及开展特色教育教学的权利。地方高校没有自主权，就会千校一面，迷失办学目标和定位，失去个性。近年来，一些地方高校为何追求高大全，想办高水平研究型大学而不愿安于自身定位，重视科研而轻视教学，就是因为学校没有自主权。

三是实现个性化招生。目前，我国地高校招生还具有严格的计划性，招生自主权受到严格限制。学生往往以考上大学为目标，并没有考虑所学专业是否适合个人的兴趣、能力，甚至不少学生的专业选择依靠的是"调剂"。结果，很多学生尽管考取了大学，但所学的专业并不是自己喜欢的，也不是自己擅长的，其未来的就业状况以及个人生涯发展也就可想而知了。《国务院关于深化考试招生制度改革的实施意见》（国发〔2014〕35号）明确提出，高校要根据自身办学定位和专业培养目标，研究提出对考生高中学业水平考试科目报考的要求和综合素质评价使用办法，要加强学校招生委员会建设，在制定学校招生计划、确定招生政策和规则、决定招生重大事项等方面充分发挥招生委员会作用。同时，还要建立招生问责制，由校长签发录取通知书，对录取结果负责。这一系列意见表明，随着高考改革向纵深发展，地方高校研究并推行自己的个性化招生方案势在必行。地方高校作为招生主体，最主要的功能莫过于人才培养。因此，招生方案必须服务于人才培养，即有利于高校更好地培养具有创新能力的个性人才。地方高校招生方案应符合三大规律：一是要符合因材施教和适应经济社会发展的教育内外部关系规律；二是要符合因材施考、全面评价与兼顾偏才怪才的人才选拔需求规律；三是要符合循序渐进、发掘潜能及因人而异的人才成长规律。

二、凝练地方高校创新型人才个性化培养的理念

在我国，地方高校创新型人才个性化培养积累了一定经验，也提出了一些构想，如国家对于双一流大学拔尖创新型人才培养的期望在于"培养具有历史使命感和社会责任心，富有创新精神和实践能力的各类创新型、应用型、复合型优秀人才"。因此，地方高校应当结合自身传统优势、学科优势、区域优势和文化优势，提出符合国情校情的创新型人才个性化培养理念，夯实创新型人才个性化培养的基础。

（一）强化对创新型人才个性化培养理念功能的认识

人才培养理念是培养主体对于人才培养的本质、人才培养的目标、人才培养的价值等的系统认识，也包含对人才培养的主要任务和原则方式等具体的教育观念。人才培养理念在大学办学活动中处在顶层地位，规定着培养主体对培养对象的培养方向，体现了培养主体的价值判断和理想追求。而将创新型人才个性化培养作为学校办学的指导则意味着这所大学要以创新型人才个性化培养为根本，通过创新型人才个性化培养的本质、目标、价值的系统认识，以及创新型人才个性化培养的主要任务和原则方式的深刻理解，引领学校人才培养所涉及的各个领域，如教学领域、科研领域、学生工作领域、后勤服务领域等，进而通过各方资源的有效配置为创新型人才个性化培养服务。

（二）凝练独具特色的创新型人才个性化培养理念

不同地方高校独具特色的创新型人才个性化培养理念，可以支撑其可持续发展，避免办学同质化现象发生。在漫长的办学历程中，每所地方高校都形成了不同于他校的传统优势和比较优势，也有着不同于他校的办学特色和发展定位，这些优势、特色和定位都是这所高校"个性化"的具体体现，作为不可多得的宝贵财富支撑着这所大学发展完善。因此，在凝练创新型人才个性化培养理念时，应当紧扣这所地方高校的个性化特质，而不能笼统地提出一些大而化之的概念，从而避免人才培养的同质化现象。很难想象，一所没有个性理念的

大学所培养出来的学生能具有创新能力和鲜明个性，这在人才培养的源头就显得先天不足。

马克思关于人的个性发展理论为我们揭示了每个人与众不同的个性存在及个性发展的必要性与必然性，为个性发展特别是人的心理品质、性格特征、感情世界、行为方式和自我意识的形成和发展提供了宏观的哲学理论基础和认知问题的有效启示。个性发展成为个体发展不可回避的重要命题，同时，个性的发展是主体在一定的社会环境中积极作为的过程，客观环境影响着个性的形成、发展与完善。多元智能理论也从心理学层面告诉人们，每个人至少具备八种智能，即语言智能、逻辑－数理智能、视觉－空间智能、身体－动觉智能、音乐智能、自知智能、人际交往智能和认识自然智能，且每一种智能都有其独特的运行方式和表现形式。衡量人才的标准应当多元化、突出人才的个性化。

三、调整地方高校创新型人才个性化培养的方式

特色鲜明的创新型人才个性化培养理念一经确立，地方高校紧接着就应当对现有的培养方式进行调整，以适应创新型人才个性化培养的需要，其中最关键的就是对专业设置和课程设置进行适应性改革。

（一）专业设置及选择上应当更有弹性空间

当前我国地方高校在学生入学之初进行专业分流，专业设置注重专业化、注重与现实工农业生产的对接。这些做法有其历史必然性和现实紧迫性，短期内为工农业生产输送了大批专业性人才，缓解了我国经济发展对专业型甚至专家型人才的渴求。然而这一模式的弊端也逐步显现出来，主要表现在所培养的毕业生过度强调专业性而弱化了综合性，学生不能自主选择理想的专业进行学习，培养过程忽视了综合素养的提升而使得毕业生的知识面狭窄、创新能力不足。

地方高校要想源源不断地培养出具有个性特质的创新型人才，就应当以马克思个性发展理论为指导，借鉴多元智能理论和学习产出理论以及国外高校创新型人才个性化培养经验，对现有的人才培养方式进行变革。在专业设置上可以减少专业数量、扩大设置口径，打破当前专业设置过细的现状，强调学科的交叉和知识的综合，从社会需要和学科发展的角度提高专业的适应性。此外，在专业选择上为学生提供便利，这种便利不仅要为学生自主选择理想的专业提供可能，还应该在专业确定的时间上适当延迟，使得学生在入学后经过一段时间的学习、通过一定的了解通道尽可能地自主确定专业，如一年级以通识课程

的学习为主，二年级再自主选择理想的专业，这对现行的专业设置和课程设置提出了极高的要求。

（二）课程设置应当适应创新型人才个性化培养需要

调整优化课程设置，主要体现在课程结构和课程内容两个方面。在课程结构方面，应降低必修课的比例，增加选修课的权重，其核心在于通过大量优质的选修课程的开设，让学生凭借特长、立足个性，有针对性地自主选择课程，而不是由学校制定大量的必修课程进行学习；还应降低专业课的比例、增加通识课的权重，其核心在于通过大量的自然科学类、人文社科类通识课程的开设，以选修课的形式由学生完成一定学分课程的学习，跨学科、宽基础地掌握尽可能多的知识门类，在此过程中不仅帮助学生扩展了视野，还引导学生找到自己的个性爱好，为将来选择专业奠定基础。

同时，还应当优化课程内容。专业课程自不必说，通识课程则应当花大力气进行质量提升。专业课程和通识课程的衔接过渡也应作为研究和实践的重要课题。具体来说，专业课程应当紧贴学科发展前沿、未来职业发展趋势，重视跨学科专业课程的挖掘，总的原则在于尽可能打通相关学科的专业壁垒，在于开发紧贴学科前沿的专业课程，为创新型人才个性化培养提供坚实的基础。通识课程则应在当前的思想政治理论课、外国语课、体育课等公共基础课的平台上，开发自然科学和社会科学通识课程，特别是人文社科类通识课程的开发迫在眉睫。不仅如此，以专业课程和通识课程的开发为基础，对两类课程的衔接过渡也应当成为地方高校予以重视的环节。

四、完善地方高校创新型人才个性化培养的体系

成熟的创新型人才个性化培养体系应当充分考虑教学组织便于创新型人才的个性化培养，应当以因材施教为原则完善导师制、科研制、学分制、实习制等一系列与教学组织相关的制度体系，落脚点还是从培养体系上保证创新型人才个性化培养。值得指出的是，当前国内大学由于条件的限制和发展的不完善，很难在短期内打破传统的以灌输式课堂教学为主教学形式的藩篱，然而，创新型人才个性化培养最为关键的导师制、科研制、学分制以及实习制等制度应当作为创新型人才个性化培养得以突破和提升的有力武器。

（一）完善导师制

一是做好导师制的顶层设计，在学校和学院两个层面探索建立两级导师委员会，学校层面负责导师制方向的把握、制度的设计、条件的保障以及搭建导

师交流提升的平台，学院层面则重在遴选符合条件的导师、组织导师开展教学活动、收集学生对导师的意见建议、评价导师的工作等。

二是落实导师制的运行机制，大到导师工作的计划安排、考核评价、指导人数，小到导师指导学生的周期频率、范围内容、指导形式等，都要根据各地方高校的办学传统和现实条件进行细化。

（二）完善科研制

地方高校在实施创新型人才个性化培养过程中尤其应当注重学生个性特质的挖掘和发挥，通过导师指导学生参与甚至独立完成科研项目来实现创新型人才个性化培养的目的。

一是可以在课程安排上开设专门的科研课程，从科研的一般规律上引导学生养成科学的思维方式和良好的科研习惯，帮助学生树立探索未知世界、主动从事科研的兴趣和信心。

二是提高具有科研性质的课题、研讨、交流等课程的权重，结合专业的特点将学生从事科研活动纳入教学课程之中。

（三）完善学分制

作为导师制、科研制落实的保障条件之一，学分制的有益之处还在于能合理地协调好选修课与必修课、通识课与专业课、理论课与实验课之间的关系，使得学生在课程选择上更有自主性和选择权，从而让学生凭借个性特质完成学习成为可能。有专家指出，选课制是学分制得以存在的基础，而学分制又牵涉到教师分配制度、学生学籍管理制度等两大方面，因此，地方高校在完善学分制时要连同人事制度改革、学生管理制度改革通盘考虑。

（四）完善实习制

地方高校培养的创新型人才，说到底要回归社会、服务经济发展。创新型人才个性化培养的目的在于依据学生的个性特质因材施教，最终还是要更高效、更匹配地服务生产实践，因此，地方高校在培养创新型人才时应当重视实习制的确立和完善，使得所培养的学生更适应未来社会的发展趋势和用人单位的现实要求。具体做法上可以借鉴国外高校的成熟做法，特别对于工科学生来说应当注重与当地大型企业的合作，同时，将导师制、科研制甚至学分制与实习制一并进行整体设计和规划，如聘请企业工程师作为学生的企业导师，到大型研发企业申请科研课题，实习期间的成绩经过考核后折算成学分等。

五、加强地方高校创新型教师队伍建设

创新型人才个性化培养的核心是全面素质的培养和健全人格的塑造。创新型教师队伍建设是提高学生创新能力的关键因素之一。创新型人才不仅需要掌握专业的基础知识，还要具备一定的实践能力、科学的思维方式、勇于探索和敢于创新的意志品质。地方高校教师必须具备一定的科研能力，教师的科研水平往往与创新能力直接相关，完成的项目数量与质量体现了教师的创新能力及学术成就。地方高校教师不仅要具备科研能力和教学能力，还要了解其他学科的相关知识。教师需要做的不仅仅是单纯的知识传授，而是要引导学生进行问题的思考以及创新能力的开发。教师要能够运用自己的知识、经验和能力，去了解和研究教育对象的特点，充分考虑教育对象的个性特点和差异，尊重每个学生的意愿和兴趣爱好，尊重其个性特长，并尽量提供与不同特征学生相适应的有效学习机会。

加强创新型教师队伍建设还应当树立新型师生民主平等的教育观念，以满足学生自尊和自我实现的需求。在平等合作的师生关系中，教师通过给予学生公正的评价和鼓励，优化学生的心理素质，增强学生的自尊与自信，提高其适应能力。民主平等的师生关系可以满足学生在学习生活中的愉悦感与憧憬感，激发每一位学生对科学、道德、艺术等人类精神文明成果的兴趣和热爱，培育学生内心的学习需求，形成学生探求创新的心理愿望和性格特征。当前，加强创新型教师队伍建设应当着力解决好以下几个问题。

（一）解决教师评价考核制度及职称评定机制不合理的问题

目前，各地方高校对高校教师的管理和评价主要采用一种维持教学秩序、防止教学事故、依照固定程序晋升等常规性、事务性的评价方式，导致教师工作成果的价值完全取决于指定的评价指标而忽略了教师发展的主体价值。教师对创新型人才个性化培养没有意识，或有意识但没有积极性。

（二）解决教师队伍结构不合理的问题

随着高等教育的普及，地方高校教师的数量呈现快速增长的趋势，教师人事管理数字化、行政化倾向严重，多数学校更关注科研型教师的队伍建设，对教学型及应用型教师队伍的建设缺乏重视，这导致很多教师更重视科研而忽视或应付教学，这显然对创新型人才个性化培养是极为不利的。

（三）解决高校内部学科建设不平衡的问题

教师队伍建设是学科建设的基础，学科之间建设不平衡会影响教师的发展。

地方高校在资源有限的前提下将更多资源投向重点学科，而非重点学科经常面临资源短缺的问题。我们知道，学科交叉融合有助于催生重大科学成就、培养拔尖创新型人才，而人为划分重点学科和非重点学科，使学科之间产生机制壁垒，各自相互独立发展，难以融合。资源分配不均、学科建设不平衡，将导致所谓的非重点学科每况愈下。因此，地方高校必须从创新型人才个性化培养的角度出发，打破传统高校各个学科之间相互独立发展的障碍，通过交叉发展加强学科融合，进而推动教师能力的提升。

六、构建地方高校创新型人才个性化培养平台

地方高校创新型人才个性化培养平台是建立在地方高校现有的资源基础上，广泛汇聚政府、科研机构、地方企业等社会资源，协同进行创新型人才个性化培养的载体。平台运行的本质在于资源的整合和优化，瞄准科学前沿和国家发展的重大需求，主动与地方经济发展相结合，充分发挥各自优势，搭建稳固的学校－社会合作平台和良性共赢的利益共享机制，满足创新型人才个性化培养需求。地方高校的职能是为经济社会发展培养拔尖创新型人才，创新型人才个性化培养同样需要在学校和社会两个环境中进行。地方高校作为创新型人才个性化培养平台构建的主体，在学科建设和人才培养方面具有独特的优势，能为平台的运行提供人才、设备等资源。地方高校要善于利用平台优势，将各种社会资源转化为创新型人才个性化培养的优势，转化为提高教育质量的催化剂。社会作为构建创新型人才个性化培养平台的主体之一，在资源融合、技术研发、人才培养、学术交流等方面提供平台。

（一）产学研协同创新平台

产学研协同是指产业发展、人才培养和科学研究三方功能的协同。产学研协同创新，体现了科技经济一体化和知识经济的本质，是建设创新型国家、提高我国产业核心技术创新能力的新思考，也是提升大学和科研机构服务产业与社会发展能力的关键。

高校协同创新的本质就是新的知识生产模式，即高校以及其他科研机构、企业、政府三者在发挥各自的优势、资源为前提的情况下，进行技术、机制、体制等创新，最终达成三方共赢。地方高校是产学研协同创新的重要结合点，企业是产学研协同创新的积极参与者，政府是产学研协同创新的重要推动力量。

创新型人才的创新素质形成是一个由个人、社会及学校共同参与的系统工程。创新型人才个性化培养也是一个系统工程，需要建立一个由个人、社会及

学校共同参与的联动体系。这个系统包括学校的创新能力培育体系和社会实践中的创新能力培育体系。在学校的创新能力培育体系中,学校如何选择培育内容、机制、模式,受到多种因素影响:一是学生的特点,二是高校的特色。地方高校培育的对象,无论是本科生还是研究生,他们的文化素养渐渐专业化,有一定的社会认知,并渴望参与社会实践,其人生观、价值观逐渐形成,处于创新型人才形成的加速期,因此,培育的内容应该侧重于理论素养和实践素养等方面。地方高校通常可分为研究型高校、教学与科研并重型高校和教学型高校。学校不同,在资源拥有方面存在不同的特点,对创新型人才培养的理解和实施也会有所不同。地方高校通过发挥人才资源、学科优势、设施设备及科研环境等方面的突出优势,通过基础研究和应用研究更好地结合,通过与社会(企业、政府)的有效合作,成为国家创新体系中的重要角色。企业是创新的积极参与者,地方高校培育的创新型人才多数流向企业,或为企业服务,企业有责任也有义务为地方高校创新型人才的培养提供便利。政府是创新的重要推动力量,地方高校创新型人才的培养离不开政府的支持,政府可以促进高校与企业的密切合作,为创新型人才个性化培养提供必要保障。

(二)校企合作平台

高校创新型人才个性化培养离不开与企业的合作。在校企合作中,由于企业和学校是两个具有不同性质的组织:学校重在培养人才和知识传授,企业则专注市场、获取利润。企业科技创新方面的优势在于资金及其对市场的精准把握和迅速将成果转化为现实生产力的能力,它可以通过资金投入、提供需求、共同研发对校企合作的方向和进展产生重要影响。企业利用地方高校的力量降低创新成本的风险,寻找更有效的竞争方法而利于生存。现代大学不仅培养学生从事研究工作,还致力于将知识有效转化为使用价值。地方高校通过发挥人才资源优势、学科优势、设施设备及科研环境方面的突出优势,通过基础研究和应用研究更好地结合,与企业合作迅速实现成果产业化。地方高校生产的科学知识对企业创新的作用起着关键的基础作用,知识经济时代很多产业的知识大部分都来源于高校的科研成果,企业只有不断提高吸收外部知识的能力,才能充分利用高校的公共知识。两者有机结合,共同构建创新型人才个性化培养平台,共同培养拔尖创新型人才。创新型人才个性化培养运行模式主要有以下两种。

第一,与地方高校衍生企业进行创新型人才个性化培养运行模式。地方高校的衍生企业是指企业以地方高校为母体,将地方高校科研成果转化后从事产品或服务的企业。它具有两个鲜明的特征：一是企业的创建者来源于地方高校，由地方高校学者个人创办或地方高校组织发起创建；二是地方高校科研成果的转移是企业赖以生存的基础，企业是地方高校知识溢出效应的直接受益者。成功的衍生企业不但为地方高校带来丰厚的经济收益和办学资金，带给学校毕业生更多的就业机会，为在校学生提供更多的实验和实践平台，也对提升行业技术发展水平、提高大学社会声誉、改善地区经济发展发挥着积极作用。

第二，与校外企业合作进行创新型人才个性化培养运行模式。与地方高校的衍生企业不同，校外企业对学校没有依赖性，利益相关度不大，企业的积极性不高，因此在校企合作中，地方高校应积极主动。事实上，地方高校与校外企业合作也是提高高等教育质量、提升企业竞争力、培养创新型人才的重要方式。校企合作强调以知识增值为核心。知识增值可以促进校企双方合作的可持续发展，主要表现为知识增值可以满足学校和企业不同的目标。对企业来讲，能以更低的成本获取创新资源，实现从封闭式发展向开放式发展的转变，引进现成的技术人才，解决生产和经营过程中的问题。对地方高校而言，通过合作，可以将知识转化为资本，以较少的科研投入获取较大的科研回报，同时，企业提供了学校所不具备的生产实践流程，为创新型人才个性化培养提供平台。

校企合作的主要方式有以下几种。

第一，共建研发中心。共建研发中心是地方高校和企业合作的重要途径，以企业为主体，以市场为方向，把生产、教学和科研结合在一起，建立长期而稳定的校企合作机制。研发中心的建立，不仅仅着眼于科研合作，而是在科研合作的基础上着眼于个性化创新型人才的培养。

第二，企业介入人才培养全过程。其中包括及早介入学校人才培养方案的制订，根据学生的特点共同制订个性化人才培养方案，共同参与学校的课程建设，共同研讨课程标准，共同出版教材，共同评价或考核学生。

第三，聘请企业专家担任学生学业导师，或与校内教师联合指导学生学业；企业资深人士深入学校开设讲座，或进课堂为学生授课；企业为学生提供实习岗位、实训基地，为学生社会实践、素质拓展训练等方面提供便利。

（三）其他平台建设

其他平台建设主要有以下几种。

一是创新实践平台。高校应当充分利用校内人才和物质资源，建立具有本校特色的创新型人才个性化培养平台。这类平台一般包括大学生创新创业实践教学基地、大学生创新创业实践研究与培训基地、大学生创新创业实践活动基地、大学生创新创业模拟实践基地、大学生创业训练实践基地、大学生创业示范园等。丰富多彩的校园文化活动是校内创新型人才个性化培养平台建设的一个重要组成部分。举办学生校园文化活动是培养学生创新意识、开发学生创新能力的重要举措。学生可以根据自身兴趣爱好、特长等个性化的具体情况，选择适合的校园文化活动并积极参与其中。校园文化活动不能流于形式，而是要进行科学的指导，使其真正成为激发学生创新精神、培养创新思维、提高创新能力的重要手段。

二是学科竞赛平台。校内外各项竞赛活动为创新型人才个性化培养提供了一个很重要的平台，地方高校应当经常举办校内各项竞赛类活动，还要鼓励学生积极参加校外的竞赛活动。这些竞赛活动的举行，为培养学生创新意识、创新精神，提高创新能力起到重要作用。竞赛活动一般包括学科类竞赛活动、学术作品竞赛活动、专业技能竞赛活动、创业类竞赛活动等。

三是开放实验室平台。开放的实验室为学生创新能力的发挥提供了必要的场所，这些实验室应能做到随时向学生开放，并有教师指导，为创新型人才培养提供个性化服务，而涉及的资金问题也应当得到学校的特别资助。

总之，高校进行创新型人才个性化培养，应当充分挖掘能激发学生创新意识、培养学生创新能力的各种资源搭建平台，分门别类地满足不同个性学生的学习和实践需要，从而为人才培养助力、为具有个性化的创新型人才的脱颖而出助力。

七、发挥个性化思想政治教育的功能

在全国高校思想政治工作会议上，习近平总书记强调，我们的高校是党领导下的高校，是中国特色社会主义高校。办好我们的高校，必须坚持以马克思主义为指导，全面贯彻党的教育方针。要坚持不懈传播马克思主义科学理论，抓好马克思主义理论教育，为学生成长奠定科学的思想基础。我国正处在全面深化改革的关键期和社会转型期，大学生的思想观念特别是价值观呈现多样化，以往群体性、划一性的思想政治教育模式很难适应新时期创新型人才的培养，实施个性化思想政治教育成为必然的选择。所谓个性化思想政治教育，是指一定的阶级、社会及组织，以受教育者的个性特点、兴趣特长为基础，围绕其职业规划、个人发展需求，引导受教育者认同一定的思想观念、政治观点、道德规范而采取的多形式的社会实践活动。地方高校创新型人才个性化培养模式呼唤个性化思想政治教育的出现。

（一）掌握学生实际

从人才培养目标看，又可以将我国地方高校笼统地分为研究型大学和应用型大学。此外，大学生又由于年级的不同而在思想表现方面显得不同。因此，地方高校在进行个性化思想政治教育之前，应当首先掌握学生的实际，从专业特点和年级特点入手，贯穿创新型人才个性化培养理念，配合创新型人才个性化培养体系，整体规划和系统构建以社会主义核心价值观为主要内容的思想政治教育系列活动。

（二）学涯规划导学

根据中国职业规划师协会的定义，大学生职业生涯规划是指学生在大学期间进行系统的职业生涯规划的过程，包括学习规划和职业规划，影响着大学生求学期间的学习质量和未来职业的发展质量。大学生成才意识普遍强烈，除了接受学校系统的第一课堂学习训练之外，优良的职业生涯规划将引导大学生整体协调好第一课堂与第二课堂的关系，全方位、多维度提升成长成才质量。具体来说，地方高校应在常年、适时开展社会主义核心价值观教育基础上，从大学生教育和管理的角度出发，针对大学的不同阶段、各年级大学生的不同特点制定各有侧重的三个教育管理模式：一年级学生应以"适应性教育"为核心，关注高中到大学之间的过渡衔接，注重良好学习习惯、生活习惯的养成，逐步形成今后的职业发展期望；二三年级学生应以"发展型教育"为重点，考虑根据专业的特点系统规划学习生涯，其中理工科学生应当引导其参加各层次的学科竞赛、实验竞赛，参与一定的科研项目，人文社科类学生应当鼓励其进行社会调查、聆听报告等，结合专业特点有选择地阅读相关书籍；四年级学生应以"分类化指导"为原则，注重毕业后选择就业、创业或者深造学生的分类指导，并推出就创业知识讲座、考研经验交流会等活动，满足其不同需求。总之，对大学生进行职业生涯规划，就是将大学生的学习规划、职业规划与经济社会发展、职业要求和行业需求相结合，尊重学生的个人选择而进行的分类指导，以体现个性化思想政治教育的生命力。

（三）完善考核体系

我国地方高校对大学生的考核，除了考试评价体系外，还主要包括学生管理规定和行为准则体系、评优评先体系、奖学金考核评价体系、助学金考核评价体系、贫困生考核资助体系等。科学完善的各类考核体系，规范了大学生的在校行为，在创新型人才个性化培养方面将起到指挥棒式的引导作用。在诸多考核体系中，地方高校应当贯穿创新型人才个性化培养理念，考虑创新型人才个性化培养的方式和体系，将大学生职业生涯规划系列要素囊括其中，形成连贯系统、相互衔接的科学考核体系。例如：在一年级"适应性教育"阶段中涉及的良好的生活和学习习惯方面，可以将学生上课考勤、宿舍卫生等要求做硬性规定；在二三年级"发展型教育"阶段，应当将学生参加各层次、各类别的学科竞赛、专业竞赛、实验竞赛，以及参与科研的情况、听取学术报告的场次、参与社会调查的成果等做规定性要求；在四年级"分类化指导"阶段，可以将学生参与第二课堂活动的内容加以涵盖。如此一来，大学生的行为有了方向和目标，所取得的成绩也得到了学校的认可，在潜移默化之中完成个性化思想政治教育的目的，助力地方高校进行创新型人才个性化培养。

（四）丰富激励手段

根据人力资本相关理论，所谓激励机制是指在组织系统中，激励主体系统运用多种激励手段并使之规范化和相对固定化，而与激励客体相互作用、相互制约的结构、方式、关系及演变规律的总和。地方高校构建创新型人才个性化培养模式，除了完善现有的考核体系外，还应当丰富现有的激励手段。一般而言，激励主要有物质激励和精神激励两个方面，大学生创新型人才个性化培养应当更注重精神激励。

（五）个别辅导跟进

所谓个别辅导，是指教育者根据学生的个别需求，针对学生个体情况，进行具有私密性质的个别谈话。个别辅导是对地方高校宏观层面的思想政治教育的一种有益补充，更能体现个性化思想政治教育的效能。通常，学生在求学阶段会面对各种各类问题，大的方面如职业生涯规划、申报创新项目、就业等，小的方面如宿舍同学关系协调、恋爱受挫、权益受损等。不管是哪一方面存在的疑惑，大学生都希望得到辅导员、班主任的帮助，此时，个别辅导就十分必要了。个别辅导应当给学生充分倾诉的自由，注意谈话双方的平等和尊重，肯定学生的成绩和闪光点，合理运用思想政治教育原理中的"说理引导法"，根据不同学生的不同需求，有针对性地提出令他们信服的解决方案。其对进行个别辅导的辅导员、班主任则提出了极高的要求，他们不仅要通晓宏观政策，还要了解学生实际，更要掌握沟通的艺术。地方高校应当通过专业的培训使得辅导员、班主任能够从事个别辅导，更应当建立起个别辅导的正常渠道，如引导辅导员、班主任考取国家心理咨询师执业证书，提供个别辅导的场地，计算个别辅导员的工作量等，使得个别辅导这项个性化思想政治教育手段发挥更好的效能。

八、挖掘隐形教育在创新型人才个性化培养中的作用

从创新型人才个性化培养角度来看,除了培养理念的树立、培养方式的调整、培养体系的完善、个性化思想政治教育的改进等显性教育以外,诚信教育、感恩教育、第二课堂活动、宿舍文化建设等隐性教育也应当成为教育者予以重视的环节。如果上升到培养人的高度来看待隐性教育的功能,无疑在提升人的素质、促进人的全面发展方面具有举足轻重的地位。这是因为创新型人才个性化培养应当是和谐个性的培养,和谐个性才是创新型人才得以突破自我、回报社会甚至造福人类的基石,而隐性教育的重要功能之一即在于促进大学生和谐个性的塑造。

(一)强化诚信教育

诚信作为人类宝贵的无形资产将影响人的一生,大学作为国民教育系列最后的环节以及人才走上社会前的最关键阶段,特别是想要培养和造就知诚信、有担当的创新型人才,就应当系统规划诚信教育。首先,应当宣传教育诚信的意义,通过教师宣讲、展板宣传、事迹报道、诚信活动等手段营造诚信氛围;其次,应当通过制度的完善和流程的细化,使得大学生在奖学金评定、助学金申请以及贷款取得时强化诚信的观念,杜绝可能失信的制度漏洞;最后,还应当特别注意学术诚信教育,如在参与甚至主持科研课题、参加交流项目以及考试时,应当本着诚信的原则主动展示大学生诚信的品质,这也是支撑其创新活动走上成功的必要条件。

(二)强化感恩教育

不管是创新型人才个体取得成绩,还是创新团队获得成功,无不凝聚了国家政策的扶持、社会各界的关注、教师的辛勤付出乃至家长的殷切嘱托,因此,地方高校在创新型人才个性化培养时不能放松对其进行感恩教育。感恩教育正是教育者运用一定的教育方法与手段、通过一定的感恩教育内容对受教育者实施的识恩、知恩、感恩、报恩和施恩的人文教育。地方高校应当大张旗鼓地开展感恩教育活动,如主题班会、交流讨论会、征文等常规手段,还可以利用新媒体的优势,依托学校官方微信、官方微博等平台讲述感恩故事、开展系列讨论,在潜移默化中达到育人的效果。

(三)重视第二课堂活动

我国地方高校的第二课堂活动作为第一课堂的有益补充,长期受到学校的重视和学生的欢迎,各类文艺类学生社团、体育类学生社团、学术类学生社团、

理论类学生社团常年活跃在大学校园之中。地方高校在进行创新型人才个性化培养时，应当将第二课堂活动为我所用，在宏观上注重引导各类社团的创新意识培养，在微观上重点扶持与学科相关的专业性学生社团的发展，从经费、政策等方面予以扶持，使之作为对课堂教学的补充而长期存在。例如，一些地方高校都成立了"机器人协会"，一般都是由志同道合的学生组成的兴趣小组，此时，如果通过聘请专业导师、给予资金扶持、鼓励科技创新，那么，必然对学生的创新能力和科研攻关水平都起到很好的促进作用。

（四）重视宿舍文化建设

当前，我国大学的宿舍片区主要承担住宿的功能，不妨借鉴西方发达国家特别是美国大学的普遍做法，对现有的宿舍片区从硬件上进行升级改造和功能扩展，为学生举行学术交流提供便利，使得其以往的主要承担住宿功能向提供生活、学习、娱乐为一体的综合性功能过渡。甚至还可以在宿舍片区引入一定数量的导师并以值班的方式入住，为学生生活、学习特别是小型研讨提供咨询参考。总之，地方高校应当利用一切可以利用的隐性教育资源参与到创新型人才个性化培养的事业之中，为国家源源不断地培养、造就、输送大量具有个性特质的创新型人才，助推"中国梦"早日实现。

第二节　新形势下地方高校创新型人才培养的模块选择

一、课程优化模块

课程优化模块涉及面较小，主要在课程组合和学分设置上表现出一定的选择性和灵活性，简单方便。我国地方高校在具体实施上，最初始化的课程模式是就特定课程或一类课程的教育教学方式进行改革，使之能适应创新型人才的培养需要。例如，贯通式的教学模式设计，将课程按属性设计成不同模块，通过系列理论和实验教学组合，提高学生的认知能力、分析能力和解决问题的能力。有的学校在培养方案上做出改革，将通识教育、专业基础、专业课程的比例做出适当调整，扩大应用型、实践型课程的学分组成，针对创新型人才建构柔性课程体系；有学校实行"1+1"双专业复合课程体系，依托自身的专业特长或学科优势，培养既掌握某一传统专业理论和实务，又精通与新兴科技接轨的创新型人才。多学科知识的融合，拓宽了创新型人才的知识面和应用范围，使得课程优化模块成为地方高校构建创新型人才个性化培养的首选项目。

二、分级定向模块

分级定向模块针对不同年级学生的特点，定向设置有针对性的培养课程、参与项目和实践方式。相对于课程优化模块，分级定向模块是以不同年级学生为考察重点，关注年级与年级之间的培养衔接，逐步推进专业培养目标和创新能力的提升。

三、平台搭建模块

平台搭建模块将学分设置、课程计划、创新项目、实践基地、科技园区等要素进行深度融合，形成多样化、层次性、递进式的创新型人才培养平台，不同类群和发展需求的学生都可以借助多种平台和培养方式参与到创新的教育教学活动之中。

四、协同推进模块

协同推进模块在于解构第一课堂和第二课堂的关系，打破校内和校外的界限，改变教师和学生角色，形成面向学生能力提升、适应市场人才需求、突出产业科技前沿、整合参与主体资源的协同运行体系。在传统模块中，第二课堂承担较多的创新培养任务，如相关课程、素质教育、暑期实践、社团活动，以及各种各类的实训竞赛等，常常是学生在课余时间参加，与专业理论课程的兼容性较弱。其项目主题常常是学生个人或小组的兴趣，与教师的科研项目、产业科研的关联度不大，教师的角色一般是辅助性的、间接性的。而在协同推进模块中，上述活动直接被纳入第一课堂体制当中，课程可以直接获得专业主修课程学分，社团活动、暑期实践、实训竞赛等围绕科研项目和企业实际问题而设置，或面向前沿或来自应用。教师不仅是辅助者，更是引领者或团队伙伴。在传统模块中，地方高校个性化创新型人才培养以自我为主，校外合作方（如企业、园区）介入的程度有限，更多地表现为实习场所、实践基地的作用。即使企业与学校有所合作，参与其中更多的是教师而非学生群体。而在协同推进模块中，企业、园区将被深度纳入个性化创新型人才培养过程中来，各类校企合作平台、孵化基地建设，实现了大学生创业项目孵化、产品试验等直接与企业需求对接。

参考文献

[1] 李阳，于晓红，井丽巍. 吉林省高校创新型国际化人才培养本土化模式研究 [M]. 北京：社会科学文献出版社，2019.

[2] 周鲜华，栾世红. 面向新时代应用创新型人才培养的理论与实践 [M]. 哈尔滨：哈尔滨工业大学出版社，2019.

[3] 覃庆华. 校企合作教育对创新型人才创造力的影响研究 [M]. 北京：经济管理出版社，2019.

[4] 徐磊. 艺术类高校创新型应用理论人才培养研究 [M]. 济南：山东大学出版社，2018.

[5] 肖浪涛，夏石头. 多维协同人才培养模式案例及分析 [M]. 长沙：湖南科学技术出版社，2018.

[6] 冯佐海. 桂林理工大学资源勘查工程创新型应用人才培养探索与实践 [M]. 武汉：中国地质大学出版社，2018.

[7] 袁静珍. 普通高校工科学生创新和实践能力的培养途径研究 [M]. 长春：吉林大学出版社，2019.

[8] 张成龙. "设计+"艺术类大学生创新创业人才培养模式及路径 [M]. 长春：东北师范大学出版社，2018.

[9] 李玉民，陈鹏，颜志勇. 机电类专业创客型工匠培养研究 [M]. 北京：北京理工大学出版社，2018.

[10] 洪柳. 创新创业教育视域下高校公共事业管理专业实践教学体系改革研究与探索 [M]. 长春：吉林大学出版社，2018.

[11] 刘媛. 高职院校创新创业教育理论与实践研究 [M]. 北京：经济日报出版社，2018.

[12] 曹俊娜，闫建勋，张瑞祺，等. 当代大学生创业精神培育研究 [M]. 北京：经济日报出版社，2018.

[13] 孟佳，张可，张曼琳. 协同创新背景下高校创新型人才培养探究 [M]. 北京：地质出版社，2017.

[14] 李雪梅，蒋占四. 创新·创客与人才培养 [M]. 西安：西安电子科技大学出版社，2017.

[15] 班秀萍，叶云龙. 全面质量管理与高校人才培养 [M]. 长春：东北师范大学出版社，2017.

[16] 陈权. 情商与高校拔尖创新人才培养研究 [M]. 徐州：中国矿业大学出版社，2017.

[17] 何法江，李智忠，姚红光. 民航人才培养的校企深度合作机制研究 [M]. 北京：国防工业出版社，2017.